李正祥 著

企业文明与企业发展

ENTERPRISE CULTURE AND ENTERPRISE DEVELOPMENT

经济日报出版社

图书在版编目（CIP）数据

企业文明与企业发展／李正祥著．-- 北京：经济日报出版社，2017.1

ISBN 978－7－5196－0055－6

Ⅰ．①企… Ⅱ．①李… Ⅲ．①企业文化－关系－企业展－研究－中国 Ⅳ．①F279.2

中国版本图书馆 CIP 数据核字（2016）第 295299 号

企业文明与企业发展

作　　者	李正祥
责任编辑	张　丹
责任校对	薛银涛
出版发行	经济日报出版社
社　　址	北京市西城区白纸坊东街 2 号
邮政编码	100054
电　　话	010－63567691（编辑部）　63588446（发行部）
网　　址	www.edpbook.com.cn
E－mail	edpbook@126.com
经　　销	全国新华书店
印　　刷	北京建宏印刷有限公司
开　　本	710×1000 mm　1/16
印　　张	18.25
字　　数	260 千字
版　　次	2017 年 1 月第一版
印　　次	2017 年 1 月第一次印刷
书　　号	ISBN 978－7－5196－0055－6
定　　价	38.00 元

序言一

人们常常将商场比作战场，来形容商业竞争的激烈残酷和生死攸关。也有人认为企业经营活动是一种合作博弈，可以实现多赢，因此市场竞合也充满了团队精神甚至不乏温情脉脉。人们也常常将商场比作商海，把企业比作舟楫，来显示市场力量的博大和企业经营的艰难，但坚船利舰却也能劈波斩浪，恣意汪洋，纵横驰骋。也许商场如江湖，英雄豪杰争相建功立业，群雄逐鹿，各显神通，充满了拼搏进取扬名立万之人生传奇和恩怨情仇。根据复杂性理论，商海是多元的或多主体的市场博弈系统，是有序和无序的统一，必然性与偶然性的统一，既有分明的定在，更有恒久的流变，是一个能动的自组织系统。

长期以来，理论及实业家们从不同的范式出发，对市场及企业经营进行了大量的研究和探索，理论著述汗牛充栋，可谓硕果累累。虽然可能仅仅描摹了商海中的一些浪花或洋流，远没有参透那广袤深邃、浪卷波涌的诡秘世界，但是，这些研究著述却在很大程度上增广了人们对商海及企业经营的认识，增强了人们在商海中生存和致富的本领。

本书汇集了本人多年以来对企业商海沉浮的观察和思考，是从不同角度对企业经营进行研究探索。本人习惯于从哲学的高度观察分析经济及企业经营问题，对经济问题的分析不仅仅停留在经济层面。由于工作关系，本人具有近距离观察体味商海的便利，使分析研究紧密联系实际，而不是仅仅浮在理论层面。本文主要特点是哲学视角与经济思维相结合，使读者既能够站在哲学的高度俯察企业经营问题，又能够如身临其境，抽丝剥茧般体察实际问题。本文理论论述寓于形象表达之中，使读者在理论阅读和思考的同时，享受形象美的愉悦。市场是当今社会的经济基础，商业经营是现代人们的总体存在方式，人们无不直接或间接地与商业经营相联系。商海在现代人的心目中是充满传奇的地方，是施展才华的地方，是实现梦想的地方，是令人魂牵梦绕的地方。但愿本书能够助力于欣赏和向往财富传奇的人们行走商海江湖，成就梦想人生。

2016 年 8 月于深圳

序言二

纪录片《公司的力量》讲道：“在过去几个世纪里，公司改写了人与人相处的秩序，国与国之间竞争的规则，今天我们生活的世界里，从有形到无形的种种成就，纷纷写下公司之名，公司是一种组织，一种文化，一种生存方式，一种生活方式，在不同的国家，它呈现出不同的面貌，引领着各自特色的发展道路”。2009 年，全球 100 个最大经济体中，跨国公司占 51 个，公司已成为影响世界经济与政治的重要力量，成为与国家进行交易、互动、博弈甚至抗衡的社会组织。

公司最早产生于古罗马时期，是指具有法人资格的企业，通常也称之为企业。两千多年来，企业在市场竞争中大浪淘沙，演化发展，数不胜数的企业折戟沉沙，消失在历史的长河中，同时一拨又一拨新的企业诞生，扬帆弄潮。是什么力量赋予了企业顽强的生命力，又是什么因素促使企业劈波斩浪，驶向胜利的彼岸，其中奥妙，值得深入探析。

2006 年，大型纪录片《大国崛起》在中国热播后，引起了人们对大国崛起逻辑的广泛讨论。有人认为，大国崛起需要有独立主权和大而统一的市场，具有科技创新的探索精神和强烈的对外扩张的冒险精神。但是，上述都不是大国崛起关键条件，率先崛起的欧洲资本主义国家起初并不是什么大国，崛起之后才成为大国。英国本土面积只有 24 万多平方公里，相当于两个江苏省，英国工业革命及大规模殖民扩张的制度基础是资本主义宪政民主，自由民主、宪政法治才是英国等大国崛起的根本原因。

国家与企业有相似之处，国家就是一个大公司，中央政府相当于集团公司的总部，国家崛起的逻辑对企业同样适用，二者的职责都是制定规则、制衡权力、配置资源和监督协调。《基业长青》的作者吉姆·柯林斯认为，所有伟大的企业都是“务实的理想主义者”，它们追求利润，但更有利润之上的追求，它们追求更加宏大、更具有社会意义和人文情怀的目标，它们形成了一种

“教派般的文化”，具有很强的共同价值观。《基业长青》研究了 18 家平均具有百年历史的卓越非凡、长盛不衰的企业，发现了企业基业长青的文化基因，如果我们将视野放得更长，考察两千多年来企业的变迁演进，将会有更加深层的收获。两千多年来，企业的资本结构、组织形式、管理模式、经营理念等都发生了巨大的变化，如果用一个论断来概括这些变化，那就是企业更加文明。正是企业文明促进了企业的发展，同时企业发展也进一步促进了企业文明。

科幻作家郝景芳创作的中短篇小说《北京折叠》，2016 年 8 月 21 日获得第 74 届雨果奖最佳中短篇小说奖，引起了一些学者的关注。该小说创造了一个极端的情景，作者想象，大概在 22 世纪，北京居民分为三个层级，每个层级轮流翻转在地面生活，精英阶层占据地面时间最长，第三阶层最短，其余时间都在地下处于被催眠状态。在三个空间生活的人有着截然不同的身份地位，之间禁止流动。《北京折叠》提出了未来的一种可能性，这是一种由自动化、技术进步、失业、经济停滞等各方面因素促成的可悲的可能性，似乎技术的发展并没有为社会带来福祉，反而将人类推进了万劫不复的深渊。人类的想象总是丰富多彩的，但并不总是合理且符合事物发展逻辑的，《北京折叠》是作者对北京未来发展提出的警告，但绝不是历史发展的必然，也不符合社会发展的一般规律。

文明超越野蛮，先进战胜落后，这是历史的必然趋势。研究表明，人类社会之所以能够由弱变强，由落后到先进，就是因为人类不断地追求，不断地自我超越，同时又善于合作，乐于合作，人类团体在历史演化中形成并积累了强有力的“利他基因”，如“利他性合作”“利他性惩罚”等，推动着人类不断走向更广泛的合作，走向更大程度的自由。

当然，《北京折叠》中的警示也是必要的，现实世界远未完美，困扰社会的多种负面因素依然存在，社会始终具有滋生不良因素的土壤，人类的追求不会止步，人类的使命永无完结，人类需要不断地研究思索，辨明方向，克服不利因素，奔向新的更加灿烂辉煌的自由王国。企业是社会的重要组成部分，是文明发展的活力之源，适应新的时代要求，开展企业经营构建与价值创造，积极推进新的商业文明，是当今时代的重要课题和企业人士的重大使命。

2016 年 8 月于深圳

目　录

第一章　人性管窥

1

人：宇宙里的信天游

——人性的本体论解读

关于人的认识是全部社会科学的基础，也是人类社会及其组织机构建设和发展的理论依据。因此，人就成为宗教、哲学乃至经济及管理理论研究探讨的焦点，并形成了众说纷纭的解读。本文对人及其属性进行较为综合性的考察，试图对人性有一个本体论揭示。

一、人的名字叫追求

人是谁？他是一粒尘埃，还是一个精灵？他来到这个世界，是神秘精神力量的一个即兴创作，是自然物质规律运行的一个特殊片段，还是其自己的一个希求？不同的思想流派给出了不同的回答。

基督教认为人是上帝的作品。《圣经》记载：上帝于第六天创造了地球上最初的人——亚当和夏娃，并赋予了亚当和夏娃也即人以思想和欲望。但事实上，人的欲望常常越过上帝的界限，因此，上帝多次“赏善罚恶”，于是有“失乐园”“巴别塔”“诺亚方舟”“摩西十诫”等扭转人类发展方向的历史事件。基督教虽然认为人具有心灵的希求和超越的能力，但却又将其置于神秘的桎梏阴影之下。上帝造人传说虽然具有先验的神秘之美，但也堵塞了深入探讨之路，使关于人的认识永远停留在神话状态。

机械唯物主义者认为，人是物质的一种存在形态，生命就是一种“机械运动”。“生命只是肢体的一种运动，它的起源在于内部的某些主要部分”（霍布斯，利维坦·序言，北京：商务印书馆，1986 年版）。机械唯物主义彻底回到了实实在在的感觉世界，对人进行近距离的观察，对人的物质及物理层面有较为真确的把握，比如人的欲望及其满足等。但是，该理论将人理解为物理的机械运动，否认或贬低人的精神因素的存在及其作用，具有很大的片面性。

唯意志主义主张，“人的全部本质就是意志，人自己就是这意志所显现的现象”（叔本华，作为意志和表象的世界，商务印书馆，1982 年）。唯意志主义关于人的认识摆脱了宗教神秘性和唯物的机械性，强调了人的主动性，对于人之本真的研究具有一定的正面影响。但其意志是一种无法遏制的和盲目的生命冲动，在现实社会的矛盾冲突中，其人性论最终滑向了痛苦的宿命论的深渊。原因在于，他拒绝承认人所具有的精神理性之光辉。

存在主义认为，人的存在是第一位的，“存在先于本质”。人就是一个存在，没有什么本质。“人就是人。人除了自己认为的那样以外，什么都不是。”（萨特，萨特哲学论文集，安徽文艺出版社，1998 年 4 月，第 112 页）。存在主义张扬人的本位，避免了关于人的精神本位或物质本位的矛盾及不足。但其存在与本质相分离的逻辑起点却是完全错误的，存在是具有一定本质的存在，没有内在本质的存在是不存在的，人在其存在的那一时刻起，就应该具有人的根本属性。

后现代主义者认为，人是一个创造性存在物，从而开创了关于人的新的视角。“从根本上说，我们是创造性的存在物，每一个人都体现了创造性的能量，人类作为整体显然最大限度地体现了这种创造性能量”（[美] 大卫·雷·格里芬著，王成兵译，后现代精神，中央编译出版社，1998 年 1 月，第 223 页）。

无论是单纯从物质或精神的某一角度观察，还是从虚无缥缈的起源进行推演，都犯了分析过度的错误，即分析超过了客观事物统一体的限度，造成了对该事物统一体的分割，这时所得到的已不是该事物本身或其属性，而是其他事物。对事物的认识必须运用综合分析及抽象的方法。综观迄今为止的人类行为及其发展，对错综复杂的人类现象进行抽象概括，我们往往更容易接近关于人的真理。人是宇宙中的一个存在，但却是一种特殊的存在，是一种有自我追求的存在。这种追求不是有机界的刺激反应，也不是动物界生理上的满足，而是人的心灵的希求。人，就是追求。

二、人的本性是自由

人的追求直观的表现为对物质及精神利益的欲望和占有。“世人都说神仙好，唯有功名忘不了。古今将相在何方？荒冢一堆草没了。世人都说神仙好，只有金银忘不了。终朝只恨聚无多，及到多时眼闭了……”一曲《好了歌》，道出了人们对功名利禄、儿女情长发自骨子里的渴求，同时也显示了一代文学巨匠对世人“执迷不悟”的不解和无奈。

所谓“食色，性也”，我国思想界认为人性就是欲望，并对人性的是非曲直进行了旷日持久的伦理争辩。

荀子认为，人之本性有违“礼仪之道”，故而为恶。“今人之性，生而有好利焉，顺是，故争夺生而辞让亡焉；生而有疾恶焉，顺是，故残贼生而忠信亡焉；生而有耳目之欲，有好声色焉，顺是，故淫乱生而礼义文理亡焉。然则纵人之性，顺人之情，必出于争夺，合于犯分乱理而归于暴。故必将有师法之化，礼义之道，然后出于辞让，合于文理，而归于治。用此观之，然则人之性恶明矣，其善者伪矣。”（王先谦，荀子集解［M］，北京：商务印书馆，1988.1，性恶篇第二十三，第434页）。孟子认为，人有恻隐之心、羞恶之心、辞让之心、是非之心。总之，人性有“礼仪之道”的取向，因而是善。孟、荀以是否符合“礼仪之道”来证明人性之善恶，是不正确的。因为其所谓“礼仪之道”，仅仅是一定历史阶段社会某一阶层的义利观，受历史及阶级的局限，难以符合或代表人生的真谛。此外，孟、荀善恶论局限于对人性的相对微观的考察，没有将人作为一个整体，放在天地人神及物质与精神的大格局中考虑，不可能对人性根本进行深邃的探究，因而陷入于善恶的纠缠，难以触及人性的本质。人性的微观分析固然必要，但没有宏观探究，无法把握人性之根本。如果将人性整体放在无限宇宙的大环境中，我们就会走出善恶之论的浅滩，看到一个实实在在的人性本体。

与我国人性论者不同，西方思想界则倾向于人性实体的探讨。18世纪英国哲学家休谟将人的追求进行了横向的展开，展现了人性现象的多样性。他认为人的“野心、贪心、自爱、虚荣、友谊、慷慨、为公的精神”等情感因素，是人类一切行为和企图的泉源（休谟，人类理解研究，商务印书馆，1997年5

月出版）。

美国著名社会心理学家马斯洛对人的追求进行了纵向考察，他认为人的追求依次分为生理需求、安全需求、社交需求、尊重需求及自我实现需求五个阶段。生理需要是维持人类自身生存的基本需要，是人类最原始、最基本的需要。如衣、食、住、行、性的需要。在生理需要得到满足之后，人就会产生安全需要，如避免职业病及事故，摆脱失业威胁及某些社会保障的需要。再上一层，是社交的需要，如满足归属感，希望得到友爱等。尊重需要可分为内部尊重及外部尊重。前者指希望自己有实力，后者指对地位、威望的需求。自我实现的需要是个人的最高需要，要求实现个人抱负，施展才能。马斯洛认为，上述五种需要是按次序逐级上升的。当下一级需要获得满足之后，追求上一级的需要就成为行动的动力了。

西方思想家上述关于人性的研究，将人性植根于人的生理及心理之中，从而可以得出人性是人之所以为人的根本内在规定，它不是来自外部力量的赋予，也无所谓善恶的结论，使我们对人性有一个中正的认识。其次，上述研究考察了人性的种种表现形态及其相互联系，呈现了人性表现的深广维度。

然而，迄今为止的西方人性论也有明显不足。首先，不善于从欲望的反面分析和观察人性。所谓欲望的反面，就是指“舍弃”，人无时不在进行“舍弃”的选择和努力。人为什么要“舍弃”呢？无非想摆脱名利之累，以求扩大身心自主空间。其次，主要关注人对外部世界的欲望及占有，关于人对其自身的欲望和要求认识不足。人的自我意识、自我要求先于对外部世界的意识和要求。如人为了应对灾害积存财物，为了增广学识乐于苦读，为了长生不老寻仙访道等。人对其自身的欲望和要求，都可以归结为一点，就是身心自如。第三，考察了人性的诸多现象形态，但没有通过现象的分析发掘出人性的本体内核。休谟认为人既贪心又慷慨，既自爱又他爱；马斯洛认为人的追求依次走过了生理需求、安全需求、社交需求、尊重需求及自我实现需求五个阶段，难道人在不同欲望时具有不同的人性？显然不是。人作为一个整体，具有统一的区别于其他物类的特性。透过人的各种欲望及舍弃、外部欲望及内心要求的综合分析，可以发现其统一的推动之源，就是人对自身自主、自如的追求。

人区别于其他物类的特点是，人为一个有自身希求的存在，而其最根本希求就是自主、自如，即自由，一切其他欲望或希求，都是自由希求的延伸或实现途径。由此可推知，人的本性是自由。

三、人永远离开物性走向神性

数万年风雷激荡，无数次沧海桑田，人之存在，难道不早已物变人非？一番番拼搏磨难，一代代进取升华，人性之花朵，难道不更加绚丽多彩？是的，人从历史的长河中一路走来，其身心经历持续的淬炼，资质有了难以估量的提升，人性也得以极大地丰富和发展。然而，人之本性依然如故，那就是追求自由。只不过追求自由的手段及空间范围有很大的发展变化。

自由是无止境的，人的追求也是无止境的。那么人究竟走向何处呢？人总是不断地从故乡走向他乡，并将他乡变为故乡；人总是从已知走向未知，并将未知变为已知；人永远从一个境界走向另一个境界，然后又憧憬着新的境界；人永远地离开物性走向神性。尼采说“人便是一根索子，联系于禽兽与超人间——驾空于深渊之上”（尼采，苏鲁支语录［M］，第 8 页，北京：商务印书馆，1992）。尼采之超人，应该相当于我们理解的神。他全智全能，自由自在，恣意于日月星辰之山水，陶醉于玉液琼浆之华美。神就是人至善至美的境界，是人永无止境的追求。

挥手远去的从前，追寻心灵的信念，梦在天涯。走过云海山外山，历经霄汉天外天，苦乐年华。人是天地之中的行者，宇宙中的寻梦者，是宇宙中的信天游。（2008 年 9 月）

2

人生苦乐逍遥游

一、追求快乐是人生的真谛

古希腊哲人曾说：“快乐是生活的开始也是生活的目的。”人生在世，所处环境、所凭条件千差万别，生活中的取舍也各不相同，但最终目的却十分一致，就是追求快乐。我国西汉著名史学家、文学家司马迁在《史记·货殖列传》一章中说："天下熙熙，皆为利来，天下攘攘，皆为利往。"司马迁这里所谓"利"指的是物质财富，人们追求"利"，实际上就是追求快乐。何谓快乐？快乐是人们身心的一种满足与和谐状态。古代社会，人的生产能力非常低下，物质财富极为匮乏，人们为了避免饥饿，获得温饱，不得不为财货辛苦奔波。追求财货，求得温饱，也就获得了身心的一种满足，获得了快乐，这是一种基本层次的快乐。随着历史的发展，人们的追求逐步丰富起来。清乾隆皇帝游镇江金山时，问一个老和尚，长江里每天来往有多少船只，老和尚回答两条船，一条为名，一条为利。"名"成为那时人们除"利"之外的追求的目标。但追求"名"，也是在追求快乐，只不过是更高层次的快乐。"名"是一种社会认可，是社会对个人人格的美誉和褒奖，是人格升华的里程碑，因而能给人带来更大的快乐。美国著名心理学家马斯洛认为，人的最高追求是自我实现，就是追求最充分地发挥自己的潜在能力，成为所期望的人物。追求自我实现，也是追求快乐，是追求更高层次的快乐体验。

纵观历史，人们的追求具有无限性，这是人的本质属性所决定的，理论研究领域称这种本质属性为"超越性"。人的本性在于超越，人就是要不断地超越现在的状态，达到新的理想的、合意的状态，超越当下，走向未来，超越今天的自我，实现明天的存在。人们具体的、个别的目标追求各种各样，迥异不同，且具有不同的层次性，但其实质上是统一的，这种统一就在于追求超越，也在于追求快乐。人在不断地自我超越过程中，体验着人生的快乐。快乐与超越是人们追求目标的一体两面。人只有超越，才感到快乐。追求超越、体验快乐是人的本质属性，是人生的真谛。

二、痛苦是人生的另一半

当今社会，已经发展到较高的文明程度，物质财富较为充裕，人们已彻底摆脱了饥寒的折磨；科学技术获得了长足的发展，社会更加开放文明，人的寿命也大大延长，人在自然界和社会生活中获得了越来越大的自由空间。总之，人们的生活境遇有了很大程度的提高，今天人们所享受到的快乐，无论从质和量上来说，都远远超过前人。但是，令人不解的是，人们的幸福感并不十分高，不但没有完全摆脱痛苦，甚至常常发现自己深陷于痛苦之中。人们或因工作、生活不称意，或因能力、仕途不满足，时常心生忧烦，产生痛苦。其实，人就其本质而言不能完全摆脱痛苦，痛苦将会永远与人类相伴。人生是有限的，但人的思想和欲望是无限的。人总是想突破有限，达到无限，但却永远也无法实现。人们的每一个成就，每一次生活际遇的改善，都会给人们带来快乐，但也只是暂时的快乐，人们不能长期满足于某一个成就或际遇改善，痛苦也就由此而生。另一方面，理想与现实总难免存在偏差，个人努力的结果也难免与期望值不同，甚至相反，令人感到失望或痛苦。

德国哲学家叔本华认为，“人生就是一场苦难。”这实在过于悲观。逻辑上讲，快乐和痛苦总是相比较而存在的，没有痛苦也就无所谓快乐。同样的道理是，没有快乐也就无所谓痛苦。痛苦不能离开快乐而单独充满人生时空，痛苦是人生的另一半。因此说“人生就是一场苦难”是不正确的。人们追求快乐，却又不能免除痛苦，这就是人生的宿命。但这并不是说人生的追求根本没有意义，有了人们的追求，才促成了人生痛苦的消减与快乐的升华。

三、善对苦乐，逍遥人生

儒家经典教导人们，人生应积极有为，要格物、致知、修身、齐家、治国、平天下，建功立业，青史留名。积极有为才能获得快乐。儒家思想对我国人民影响较为深远，以至于被封建士大夫奉为人生伦理的金科玉律，纷纷以天下大事为己任，“先天下之忧而忧，后天下之乐而乐。”认为这样才能获得人生真正的快乐。道家思想主张顺乎自然，清静无为，忘掉功名利禄，忘掉自己。人们往往认为儒家积极，道家消极。其实并不尽然，儒家也主张“达则兼济天下，穷则独善其身”，道家也欣赏扶摇直上九万里的大鹏。儒、道的共通之处在于，人生既要执着于理想、积极进取、坚强意志，也要顺乎规律、因时制宜、量力而行。积极济世安民、放大自我，善于顺势而为，迂回前行，是儒、道思想人生伦理的精髓。它既指出了追求快乐的策略措施，也指出了面对苦乐所应秉承的济世安民的社会价值取向，是人们追求快乐应取的正确道路。

苦与乐依一定条件相互依存，相互转化。功名利禄能够让人产生快乐，但并不等于快乐，也并不一定总能够带来快乐，有时反而会带来痛苦。刻意追求功名利禄，反而会被其所累，陷入痛苦的深渊。痛苦并不是人生绝对消极的东西，它并不仅仅销蚀快乐，也是生产快乐的土壤，因为只有经历痛苦，才能获得快乐，即所谓不经风雨，见不到彩虹。同一个境遇，不同的人、不同的心态，会有苦乐不同的心理感受。因此，正确认识与对待痛苦与快乐，才能有效地减少痛苦，增长快乐。

庄子认为，只有达到忘我境界的人，才能够不受任何拘束，追求优游自得的生活旨趣，获得人生快乐。本文认为，庄子所谓忘我境界，并非完全忘掉自我，而是指人生修养的一定高度。胸怀旷达，视界广阔，善于在变通中坚守，在曲折中前行，摆脱羁绊，不断超越，就可以赢得十分广阔的人生自由空间，在追求人生幸福快乐的道路上，逍遥优游一生。（2010年9月）

第二章　文化透视

3

文化多维观察

文化是一个十分熟悉的话语，但却又是较为模糊地概念。文化的魅力与日俱增，谈论和欣赏文化、追求与创造文化、积极积累及拥有文化，已成为当今最为显著的社会现象之一。文化是什么，它有什么发生发展规律，它的魅力究竟何在？本文是从不同方面对文化现象的初步观察。

一、文化是生活装束

文化是生活装束，人们的生活不是一个赤裸裸的社会存在或社会现象，生活总会穿着不同的文化外衣，以一定的文化形式出现、展开与发展。古时的峨冠博带、车轿舟楫、之乎者也，今日的西装革履、宝马奔驰、国语西语是生活的展开及存在形式，是文化；旧时的牛拉木犁、镰刀锄头、账房珠算，现今的拖拉机、联合收割机、计算机是生活的战线及存在形式，是文化；埃及的金字塔、秦始皇的兵马俑、纽约的自由女神、法国的人头马、俄国的伏特加、中国的茅台五粮液、诗词歌赋、甚至日月星辰等等也是生活的展现及存在形式，是文化。可以说人们所看到、听到、用到的都是文化，人们生活的每一延续，无不以一种文化的方式进行和展开。

二、文化是意识潜流

人们的生活装束是文化的显性存在，而思想意识则是文化的隐性存在，是文化的历史潜流。思想意识是文化的核心，文化的根基，社会生活的其他方面则是文化的外在，文化的枝叶。世界上流行着基督教、伊斯兰教、佛教三大宗教思想意识潮流，形成了各具特色、相对独立的人类历史文化景象。基督教信仰上帝，相信原罪和救赎。据有关资料，截至2004年，全球基督教信徒有20亿人，是世界最大宗教。随着历史的发展，基督教经历了一些重大改革与发展。基督教新教主张“因信称义”，只要真心信仰上帝就可以获得赦免，不一定拘泥于繁琐的仪式；秉持“天职观”的部分人认为“履行各人生活岗位所带来的世俗义务”，是上帝赋予人们的天职等，基督教改革使其具有了较大的世俗化、自由化及人本主义倾向。基督教文化在世俗生活领域打下了深深地烙印，如基督教在婚姻问题上主张男女平等、结婚自愿、一夫一妻等。伊斯兰教信仰安拉、《古兰经》，认为世间的一切都是由安拉预先安排好的，任何人都不能变更，唯有对真主的顺从和忍耐才符合真主的意愿，只有通过虔诚地向安拉祈祷和努力，真主才会使其结果发生变化。佛教认为人生充满痛苦，其原因是人的欲望，解脱痛苦的方式和途径则主要是通过禅定、智慧净化自心，消灭贪爱欲望，获得心灵的超越，进入涅槃境界。就此而言，佛教的人生价值追求从根本上说是一种精神的、来世的追求，对于现实人生及人自身物质欲求的满足往往持否定态度，因而出家僧尼、断欲修行、清净苦修成为佛教社会的一种特色。除宗教思潮所形成的宗教文化潮流之外，儒家思想等各种人文思想流派，也形成了一定规模层次的文化形态和文化氛围。

三、文化是不断生成中的巨幅画卷

文化表现为社会的各个方面，包罗万象，但它又是一个有机整体，是一幅完整的巨型画卷。对文化作整体性看待，整体性理解，才能正确地理解文化，把握文化的真实图景。社会生活中的个别事物、个别方面，如果脱离一定的文化理念、文化氛围，就不表示一种文化，就不再是一种文化现象。服饰、食物仅仅是一种一般意义上的用品，一种物质或存在，优美的歌声、风声、水声只是流体运动的声响，只有当它们与一定的文化理念联系在一起，凝聚或被赋予一定的文化特质时，它们才表现了一种文化，是一种文化现象，是文化元素的个别存在。日月星辰、山川河流、雨雪风云等本来是一种纯粹的自然现象，天然与文化无涉，但当它们以某种方式进入人们的生活领域，或者以某种方式表达、实现人们的生活或生活特色时，它们就是文化，是一种文化符号，是文化的有机组成部分。“举杯邀明月，对影成三人”，邀月共饮，与月共舞，是人生的一种孤寂与忧郁。“远上寒山石径斜，白云深处有人家”，远山白云营造了一种闲适惬意的生活境界。“落霞与孤鹜齐飞，秋水共长天一色”，则是英气风发、直向高远人生情怀。从上述优美诗句中，我们可以看到自然之物成为人们生活的文化表达，构成、形塑了人们的生活方式，成为社会文化的构成部分。

文化始终处于不断变化发展之中，发展变化是文化的生命运动。人们的思想观念总是在不断发展变化的，文化有机体中各构成部分、各不同文化体之间也无时不在相互影响、相互竞争、相互学习，由此引起了文化的发展变化。文化的发展变化并不破坏其整体性，文化是变化性和整体性的统一，是不断生成中的巨幅画卷。

四、文化是文明的母土

文化与文明不尽相同，文明是有了文字之后的文化，在产生文字之前，人类社会只有文化，没有文明；文明是文化的一种进步状态，文明是从动态的发展的视角所看待的文化。文化是文明的基础，一定的文明是从一定的文化基础上发展起来的。古希腊文化及其文明是较为典型、对后世影响较大的原始文化和古代文明之一。希腊位于欧洲南部，地中海的东北部，包括今巴尔干半岛南部、小亚细亚半岛西岸和爱琴海中的许多小岛。特定的地理条件使得古希腊人主要依靠海上经商来求生存，形成了古希腊人开放、自由、注重个人地位和尊严、注重契约、社会自治的文化基因，并在此文化根基的之上，生长出了光彩夺目的古希腊民主社会文明。古希腊的主权在民的直接民主制度，公民、公民权和公民意识，城邦（国家）的法治精神以及在这个基础上发展起来的一整套国际惯例，对其后社会文明的民主化发展起到了重要影响。

不同的文化会产生不同的文明，贫瘠的土地只能产生微薄的收获，文明的大树依赖文化的沃土。尼日利亚土地肥沃，矿产资源十分丰富，是世界十大、非洲第一大产油国，世界第五大天然气出口国，非洲唯一产煤国家，政治上实行三权分立的议会总统制。尼日利亚人认为财富属于上帝的恩赐，接受别人的馈赠不需要感谢，富人施舍是上帝的旨意，刻苦敬业精神较为不足。因此，尼日利亚优越的资源条件并没有促成国民财富较高程度的发展。2007

年，该国人均国民收入320美元，在世界176个国家排名中居156位，属于贫穷国家。美国文明在当今世界之所以显得如此强盛，亦有其特殊的文化根源。公元1620年，120名不堪忍受宗教迫害的清教徒，为了摆脱旧世界的桎梏，开辟自由生活的新天地，甘冒生命危险，乘一条小渔船离开英国，驶向大洋彼岸的北美新大陆。但当经过艰苦卓绝的拼搏后海岸在望时，船却停了下来。他们认为必须先签订一份公约，约法在先，以便上岸后可以更好地管理这个新的世界避免重蹈旧时老路。由此诞生了《五月花号公约》：为了国王的荣耀，基督教的进步，我们这些在此签名的人扬帆出海，并即将在这块土地上开拓我们的家园。我们在上帝面前庄严签约，自愿结为一民众自治团体，为了使上述目的得以顺利进行、维持和发展，亦为将来能随时制定和实施有益于本殖民地的总体利益的一应公正法律、法规、条令、宪章和公职等，吾等全体保证遵守与服从。从此，虔诚、执者、自由、民主、法治的思想文化在这块新大陆上落地生根，生长出了一方灿烂的现代社会文明。

五、文化是一颗精神种子

文化起源于一种思想、一种理念。这一思想理念起初只是某个人或某一些人的意向或想法，它还不能称之为文化，只是一粒文化的种子。但星星之火可以燎原，只要这是一颗优质的种子，遇到合适的社会气候，它就会发芽生根，发展成为文化。史料记载，释迦牟尼29岁时，由于看到每个人都要遭受生老病死等各种痛苦，他便离家外出，寻师访友，立志探索人生的解脱之道，历经6年仍不得其悟。一日，他坐在菩提树下沉思冥想，经过7天7夜，他终于悟出了“四谛”。从此经过45年的传教，最终在恒河流域诞生了佛教文化。

六、文化是扎根在大众心田里的精神之花

文化是广大群众的思想理念及由其形成的社会生活方式，是扎根在大众心田里的精神之花。文化本质上是一种精神现象，必然只能从人们的心田里生发出来。因此，是否发自于大众的心里，是判断是否为文化的根本依据。社会生活的种种现象，只是文化这一精神存在的有形化、实体化表现。我们通常说物质文化，并不是指物质实体就是文化，其真实意义是物质实体是某种大众思想理念的凝结，或者融进了大众的某些思想理念，因而体现了一定的社会文

化状态，表现着一定社会的文化风貌，是一定文化整体的组成部分。因此也可以说，是否是大众的思想理念，也是判别是否为文化的依据。由此而论，一时兴起的社会舆论，如果没有被大众接受认同的话，就不是文化。法律制度、人们的行为也不一定是文化或文化现象。1645 年，清顺治皇帝发布命令，宣布“自今布告以后，京城内外，直隶各省，限旬日尽行剃完。若规避惜发，巧词争辩，决不轻贷”，即“留头不留发，留发不留头。”此即为历史上著名的“剃发令”。虽然汉民族最终不得不剃发蓄辫，但“剃发令”绝不是当时的汉文化，因为它没有被汉民族大众的心里所接受。

文化往往发端于一些历史思想先驱的思想发现，但这些思想发现，不管是粗浅支离还是深刻完整，无论是付诸雄辩，抑或是镂之金石，都还不是文化。只有经过广泛传播，被大众接受、认同，成为大众的思想理念和生活行为准则时，它才是文化。文化的形成需要一个逐步的发育过程，往往不可能一蹴而就。因为在文化的种子传播过程中常常会遇到强大的社会阻力，使一些优秀的文化嫩苗不幸夭折。另一方面，大众对一个新的思想观念的接受需要一个过程，由此产生的行为风尚也需要一定时间固化。因此，文化的养育，不仅要有优秀的文化种子，而且要有长期的艰苦不懈的付出。（2009 年 8 月）

4

华为文化的另类解读

华为的成功获得了普遍认同，但其文化却倍受争议，形成了企业界的一个“二律背反”。究其原因，在于将华为文化认定为一种狼性文化。推崇者认为狼性文化是市场竞争中的一种勇于进取的强势文化，是一种成功文化；贬损者认为狼性文化过于攻击性，缺乏人文关怀，最终会伤及自己。本文试图从不同角度对华为文化进行解读，以求解决华为企业发展与文化建设在社会认同方面显现的巨大反差。

一、华为文化是“长征文化”

中央革命根据地红军的第五次反“围剿”失败后，中国共产党领导的革命力量处于十分危险的境地。为了冲破国民党军队的封锁围剿，1934年10月10日，中共中央和红军总部从瑞金出发，率领红一、三、五、八、九军团连同后方机关共8.6万余人进行战略转移，向湘西进发，开始了悲壮的、前途未卜的漫漫征程。其间历时两年整，行程上万里，经过无数次激烈的战斗，直至1936年10月红军三大主力于陕北胜利会师。“长征创造了人类的奇迹，改写了中国的历史，更铸造了甘于吃苦、不畏艰难的革命乐观主义，勇于战斗、无坚不摧的革命英雄主义，重于求实、独立自主的创新胆略，善于团结、顾全大局的集体主义”（顾伯冲，光明日报，2006年10月30日）。

20世纪90年代初，华为在通讯产业创新与发展方面进行了一次长征。华为诞生于1988年，赶上改革开放的好时代，此时，我国电信业开始大力发展，华为凭着感觉进入了竞争激烈的通信行业。创业之初，华为注册资本21000元，没有技术、没有资金、没有市场、没有客户，没有人才，几乎一无所有。而此时国际通讯业巨头早已登陆中国，将国内市场分割完毕。这些通讯业巨头已经创业几十年、甚至上百年，有成百亿美元的资本，有上千人甚至上万人的高素质员工，有响当当的金字招牌，有一系列自主知识产权、核心技术和技术标准，有一整套建立在现代经营管理理念上的经营管理制度，有遍布全球的市场营销网络，有自己独特的企业文化和经营理念。华为进入通讯业，就意味着要在这些国际巨头的“围追堵截”中闯出一条出路，开辟出自己的一片天地。华为唯一办法就是坚定信念，坚强意志，满怀激情，奋勇拼搏，于是诞生了“垫子文化”，于是就有了“先生产，后生活”的基本准则。可以说，华为进行了我国通讯产业发展的一次长征。为完成这一长征，华为人付出了健康、享乐、家庭、甚至生命的代价，华为精神是值得人们敬重的。

二、华为文化是以人为本文化

以人为本文化，已成为时代文化的一面旗帜。但能够深刻体悟其精神实质及身体力行者，实为凤毛麟角。所谓以人为本，对于企业来说，应该是把人的因素作为推动企业发展的关键或核心因素，并通过人力资源的培育和发展，来谋求企业的持续发展。所谓以人为本文化，就是秉承通过人力资源的发展，谋求企业持续发展的一种经营理念、思想氛围、方法原则，以及这些经营理念、思想氛围、方法原则在企业架构、经营管理制度中的体现。

华为公司是以人为本文化的探索者和实践者。华为白手起家，没有什么物资资源可凭借，也没有什么技术积淀可依托，它所可依赖的只有人力资源——国内高校培养出来的青年学子。另外，对于致力于科技创新型企业来说，以人为本也是个不二的选择，因为只有通过人力资源的发展，企业才可能获得发展。因此可以说，华为奉行以人为本文化，有其物资条件禀赋和行业特点的客观必然性。事实上，华为公司的经营与发展实践，充满着以人为本思想理念的闪光。任正非认为："华为公司最宝贵的财富就是人才，其次是产品技术，再次是客户资源"（程东升、刘丽丽，华为经营管理智慧，第 89 页）。华为不仅为员工提供了国内最优厚的工资待遇，也为员工开辟了最广阔的职业发展空间。从许多方面来看，华为已成为青年学子历练和成长的首选之地。凭着优厚的工资待遇、广阔的职业发展空间、较为多样化的职业发展通道，华为吸引了大批有志之士，造就了一支有事业心、技术过硬的员工队伍。正是有了这一队伍，华为才取得了通信技术产业长征的阶段性胜利。

三、华为文化是成长文化

华为是一个年轻的企业，今年才满 18 岁，精力充沛，血气方刚，但经历有限，历练不足。因此，华为在文化进取中略显急躁，沉稳中不乏匆忙应对，开明中伴有过分矜持。华为文化距深远肃静，恢宏大气，包孕万物，仍有很大一段距离。令人欣慰的是，华为能够认识到自己的不足，并能够以极大的毅力加以改进。例如，华为奉行与员工分享利润的分配制度。在创业之初，员工普遍持股，每年都有丰厚的分红。但随着时间的推移，老员工持股和分红不断增加，与新员工的差距不断加大，成为公司里的食利阶层，影响了新员工的积极性，也偏离了华为以人为本和按能力与贡献付酬的初衷。为此，2001 年，华为进行了薪酬改革。停止原来的员工持股制度，实行股份期权制度，老员工所持股份也一律按一定比例转换为期权。期权的有效期为 4 年，过期失效。持有期权的员工可以按约定的行权价购买华为股权，也可以取得行权价与华为当年每股净资产值的差价，或者约定推后行权，但不能超过 4 年期限。华为的这一薪酬制度改革，使老员工不能在“吃老本”，使分配制度重新回到以能力和贡献为转移的轨道，使公司重新恢复活力。华为在走向国际化的过程中，不断引进西方管理，但不是一般性的借鉴，而是走过了削足适履的痛苦过程。1999 年，华为花大价钱请 IBM 咨询公司，启动了以“集成产品开发”“集成供应链”为核心的业务流程改造。华为提出了“先僵化、后优化、再固化”的方式，喊出“要穿美国鞋，就必须削足适履”的口号，表达了他的意志和决心。“2000 年之后，华为对企业特色鲜明的传统文化的宣传日益淡化，华为文化中的核心部分，许多也已经被归结为符合职业化需要的普遍性商业文化，如责任、敬业、创新等”（程东升、刘丽丽，华为经营管理智慧，第 249 页）。可以相信，随着华为的进一步发展，华为的文化也一定会更加成熟，更加亮丽。（2007 年 7 月）

第三章　企业形而上学

5

利润是善

新教伦理认为，追求与创造利润是上帝赋予人们的使命，因而不辞辛苦，奔赴使命，是其对人们的必然要求；追求与创造利润是追求善，是做善事。

一

利润是一个十分平常的事物，人人都可以言说。但是，利润的社会属性是什么，是好、善抑或是坏、恶，却一直是一个令国人迷茫困惑的问题。改革开放前，利润是一个不登大雅之堂的话语。人们涉及利润问题时总是讳莫如深。

出现这种现象有其深刻的思想和社会根源。其一，是封建传统生产方式的影响。我国封建社会十分漫长，封建社会生产方式长期占统治地位，致使人们将以谋取利润为目的的资本主义生产方式视为大逆不道。其二，儒家道德价值观的影响。儒家思想在我国源远流长，并长期居于思想界的统御地位，对我国人民具有根深蒂固的影响。儒家“以义为上”的价值取向，含有重义轻利、贵义贱利、扬义抑利的偏向，在人们的思想与行动中留下了牢固的贬抑利的烙印。其三，对马克思经济学说的片面理解。马克思主义经济学以“剩余价值”的发现和资本家剥削秘密的揭露为突破性特征。马克思主义经济学一方面论证了剩余价值产生于工人的“剩余劳动”却被资本家无偿占有的不合理性，但同时也指出，“总资本在物质上是产品的形成要素，不管它作为劳动资料，还是作为生产资料和劳动，都是如此。”“剩余价值是同时由所使用的资本的一切部分产生的”（资本论第三卷，第 44 页）。由此我们可以推知，马克思并没有否定剩余价值本身，一般意义上的剩余价值的存在有其社会必然性。马克思论证资本主义社会分配的严重不公，却被一些人片面理解为对剩余价值的否定。其四，极“左”思潮的影响。“文革”期间，极“左”思潮否定“价值”“利润”“货币”“交换”等构成现代社会基本运作模式的框架范畴，对我国人民思想及行动造成深刻的影响。

二

改革开放后，市场经济建设工作逐步展开，经济发展成为我国人民的中心工作，国民经济持续高速发展，人民生活逐步改善。改革开放的现实使人们恢复了对于利润的本能和直觉，利润是改善人们的生活、增进人们幸福的基本手段。利润是财富，是好事而绝不是坏事。创造利润、实现利润、发财致富成为人们所认同和推崇的事情。然而，这种对于利润的感性直觉在理性思维的盘查考问面前仍显得底气不足，不能理直气壮。理性思维的职责就是检查世间一切事物的合理性与正确性。利润是绝对的好事吗？对利润的竞争追逐导致了贫富悬殊、环境恶化甚至腐败，难道不应该对“利润”问责吗？见利忘义、舍义逐利使风气日下，难道不应对利润快车反思吗？这些似是而非、似非而是的辩解诘问足以使诚实的劳动者疑惑，冒险创业者缓步。我们究竟应该怎样对待利润？我们究竟应该怎样评价利润？我们究竟应该怎样趋近利润？疑团在人们脑海中升腾。

社会的健康发展需要摆正利润的位置，利润应该得到理性思维的认可，疑团必须澄清。上述对利润问责的逻辑推导，虽然也能让人领会到，要制止和惩戒追逐利润的不正当方式与行为这一正确意思，然而无疑也蕴含着错误，传递着误导。这种逻辑推导似乎在表明，“忘义”“腐败”“污染”等是由于人们喜好或过分喜好利润所致，因而利润应为之承担过错，应受到谴责。如著名经济学家张军撰文指出，“他们（CEO）时时面临着披露财务状况的所谓‘透明性’的巨大压力，承受着所谓‘华尔街’季度红利报表的巨大心理负担，甚至（不得已）在财务上依靠长期造假账来应付市场的压力。最近不断被揭露的美国上市公司（如安然、WORLDCOM 等）伪造利润的丑闻就是很好的说明”（上海证券报，2002）。造假、腐败似乎是利润惹的祸。

社会行为、事物之间的关系复杂多样，其中的是非曲直应具体分析，不能进行简单的逻辑推演。任何行为都具有一定的目标指向，通过这一指向关系，行为与目标之间具有了联系，但行为和目标之间并非因为有了这种联系，在质上就完全统一，行为的规范端正与否对目标的品质并没有任何影响。“窈窕淑女，君子好逑”，淑女自为淑女，并不因君子“好逑”过程中的失礼或不择手段有丝毫改变。同样的是，利润可能引发了不良追逐行为，但却不能因行为的不良而推断出利润的不良。另一方面，任何行为都会引起一项或数项结果，行为的不合理、不高尚并不能决定结果一定不合理、不高尚。一个企业运用不正当的手段进行利润的生产，并将利润占有，我们应当谴责它的“不正当手段”，质疑它的“占有”，但利润本身却无可厚非，纵然它是“不正当手段”的结果，“占有”的对象。当然，利用目的或结果的合理来论证手段的正确也是不符合社会现实规律的，利润本身也绝不是“不正当追求”的理由。

尽管有人可能会因为或针对利润实施一些不良甚至恶劣行为，但利润的积极与重要意义是不能否定的，人们对利润的推崇与竞争也是不能否定的。

三

利润能够增进人们的幸福，是人们合理正当的目标追求，理性思维在完成了这一认识之后，它对利润的追根究底并没有就此止步。人们竞争利润难道仅仅为了个人的生活享受吗？如果是这样，那么在人们业已积累了如此巨大的财富之时，按照边际效用理论，可以说这时财富对他们的边际效用曲线已经无限趋近于零，为什么他们仍然对利润热情有加，孜孜以求呢？人们追求利润的终极目的何在呢？人类社会的任何重要范畴，其社会坐标位置，都必须叩问人类社会的终极价值，都必须依据人类社会终极关怀的审视来确定。利润以及对利润的追逐是现代社会最重要的范畴之一，它所引起的矛盾现象，它的社会价值，不借助终极关怀的权威是难以最终解决与确定的。人们追求利润的终极目的何在呢？利润的终极意义是什么呢？

世俗理性提出了这个更深一步的问题，但却没有做出解答，这似乎已超出了世俗理性的能力范围，新教伦理对此作了解释阐明。新教伦理认为：“上帝的神意已毫无例外的替每个人安排了一个职业，人必须各事其职业，辛勤工作。——它是上帝向人颁发的命令，要他为神圣荣耀而努力”（韦伯，新教伦理与资本主义精神，第 125 页）。“一种职业是否有用，也就是能否博得上帝的青睐，主要的尺度是道德标准。不过，另一条而且是最重要的标准乃是私人获利的程度”（同上，第 127 页）。“与善行的伦理评价相近似，（应该）严格的斥责把追求财富作为自身目的的行为；但是，如果财富是从一项职业而获得的劳动果实，那么财富的获得便又是上帝祝福的标志了”（同上，第135页）。新教伦理将财富视为上帝的祝福，将追求财富视同行善，也就意味着利润就是善，因而确立了利润极为高尚的社会价值地位；新教伦理宣称追求利润是上帝的征召，从终极意义上确立了赢利活动在现实社会中的合理性；新教伦理宣称追求利润就是追求善，利润的增加则是善的积累，确立了利润及其求利活动的社会终极意义；新教伦理宣称追求与创造利润是行善，是上帝赋予的职责，当然也就从终极意义上否定了对利润的不正当追求。

新教伦理认为，追求与创造利润是上帝赋予人们的使命，因而不辞辛苦，奔赴使命，是其对人们的必然要求；追求与创造利润是追求善，是做善事，善是其中的目标与结果，因而利润积累的多寡就不应以个人需要为限，而是多多益善。通过社会的再分配等一系列运作机制，个人的财富最终会惠及整个社会，个人财富也会成为整个社会的善，这是不难为人们所理解的。新教伦理的利润观对人类社会实践产生极为深刻的社会影响。许多优秀的企业家及经济工作人士，对上述伦理规范深有领会，身体力行。他们不怕风险，苦心经营；不骄不躁，进取不止；简朴平易，虔诚仁爱，无不让人钦佩景仰之至。（2001 年 8 月）

6

再谈利润是善

一、利润，上善若水

随着生产力的发展，社会财富不断丰富，社会愈加繁荣，人们的生活逐步富裕和丰富多彩。正所谓花开富贵更娇艳，柳绿繁华更妩媚。社会财富的丰富使人生更赋有意义，生命更焕发光彩。显然，财富是人们生命活力的物资和文化基础，是滋养人们生命的春风雨露。

社会财富既有形式上的多样性，也有本质上的统一性。它们均产生于人类社会的生产与再生产，进一步讲是产生于社会生产过程中财富的净增长，在价值核算中通常称之为利润。由此可言，利润是富足天下的果实，滋养人生的甘泉。

人类社会存在以来，人们生存、生活消费需求与物资、文化财富相对不足的矛盾始终存在。进入现代社会以前，饥寒一直是人们的最大磨难，甚至在21世纪的今天，世界上仍有很大一部分人只能勉强温饱，近5亿人在忍受着饥寒的煎熬。联合国人权委员会指出："饥饿是对人的尊严的侮辱和践踏。因此，必须采取各种国家、地区和国际性的紧急措施来消除饥饿。"发展生产，创造更多的利润，解除人们的疾苦，仍是当今最为迫切的任务。

古人云"上善若水"，是说水具有滋养万物生命的德行，故天下最大的善性莫如水。利润之于人生，恰如水之于万物。正是有了利润之水的滋养，人们的生命才得滋生、繁衍，美如柳，艳若花。利润是善，如同水一样是上善。

二、利润，人们用善酿成的蜜

利润的创造和生产过程是一个十分复杂的社会活动系统，需要不同物质和精神因素的共同参与，并通过各参与因素的相互配合、相互作用实现相互融合、相互转化，最后形成财富，产生利润。

利润的创造和生产也是一个人们的体能、智力和情感的投入过程。利润的创造需要人们投入辛劳，往往是十分辛苦的体能支出。"谁知盘中，粒粒皆辛苦"，正是其真实写照。利润的创造需要卓越的智力投入。产品研发、市场研判、运营决策、投资决断，无一不需投入艰巨复杂的智力劳动。利润的创造还需要人们充沛的情感投入。这其中既有不懈追求、精益求精的热情，不畏艰难困苦、勇于创新和超越的豪情；更有满足社会、奉献社会的"爱情"，探求人生真谛的真情。

利润的创造过程更是人们的创新过程。人们用勤劳、智慧及锲而不舍、热情奉献的炙热情怀，创造财富和利润。这种勤劳、智慧及锲而不舍、热情奉献的炙热情怀，是人格之精华，之上品，实乃人格之善。利润是人们用善酿成的蜜。

三、创造利润，我们的神圣职责

对于利润之善，人们经过了一个由否定到肯定，由浅显到深入的认识过程。

封建社会时期，人们对利润持否定态度，认为利润危害人们的道德健康和社会发展，是个不可取之物。我国儒教思想的鼻祖孔子有云："君子寓于义，小人寓于利"，认为士大夫应耻于逐利营生。在儒教独尊的封建社会，逐利营生被认为是低贱的，一直遭到统治阶级的鄙视和限制。无独有偶，西方传统基督教认为：通过经营获得财富的意图及活动是罪恶中的罪恶。是毫无价值、十分卑贱的。

诚然，对利润的不当追求曾经引发过许许多多的不良后果甚至社会灾难，历史上也曾不断上演滥用财富、骄奢淫逸、奴役他人、践踏生命等悲剧。但我们不能因此而怨恨财富，否定利润，而应当反省人性的不成熟、社会良知的欠缺和制度安排的失当，从而进一步促进人们自身及社会治理的完善。

16世纪初期，欧洲出现宗教改革，新教伦理颠覆了传统宗教关于财富、利润是罪恶的观点。加尔文教给予勤劳、节俭、守诺、诚信等积极的道德肯定。它不仅把人们获得财富的冲动合法化，而且把它直接视作上帝这一自然界中最为神圣精神存在的旨意，从而不仅洗清了利润的罪恶，而且给利润戴上了一个神圣的光环。直到改革开放以后，利润在我国才由"资本主义的苗"变为社会主义的"宝"。现在，生产财富、创造利润已成为我国经济建设中最为光荣的事业之一，企业家已成为人们极为尊重的精英和崇拜的偶像。

利润是善，创造利润是世人的神圣职责。加尔文教认为，人们有责任赚钱，因为这是在为上帝增加荣耀。创造利润是上帝的旨意和召唤，因此是上帝赋予世人的职责，是一种天职。新教伦理宣称创造利润是上帝的召唤，从而确立了创造利润是世人神圣职责的宗教论证。而世俗理念则直接从社会实际的体验中，得出了与之相同的认识。当下，我国经济发展水平仍较低，人民的生活水平也不高，为进一步提升人民的福祉，丰富生命的意义，迫切需要生产更多的财富，创造更多的利润。因此，生产财富、创造利润是时代赋予我们的使命。

创造利润，既是自然界中“最为神圣精神存在”的感召，也是人民大众的一种期待，吾辈应为之奋斗终生。（2007 年 4 月）

7

创新生活，兼善天下

——论企业经营之“道”

美国著名管理学家托马斯·彼得斯和小罗伯特·沃特曼在《寻求优势》一书中讲道：“一个伟大的组织能够长久地生存下来，最主要的条件并非结构形式或管理技能，而是我们称之为信念的那种精神力量，以及这种信念对于组织的全体成员所具有的那种感召力”。此“信念”，就是所谓“道”，亦称为核心价值理念。

一、创新是企业生命的跳动

人是一个创造性存在。人通过不断地创造、创新，实现对自由的追求，不断地从自在走向自为。马克思主义认为，人与动物的本质区别在于其创造性。动物仅仅利用外部自然，而人则能动地改造自然，支配自然，使自然为自己的目的服务。人类活动所具有的自觉性、自由性和创造性的特征，构成了人和动物的本质区别。当代存在论哲学家萨特认为，人的存在先于人的本质，因此人是自由的，人通过自由选择、自由创造，创造了人自身。显然，人本质上是一个创造性存在。

企业也是一个创造性存在。企业是人的一个创造性产物，它是人类社会一个巨大的组织创新，凭借这一创新，人构造了实现更大程度创造的社会平台，人的创造性能力由此获得了质的飞跃。作为人创造的社会实体，企业本身是人性的延伸，人格力量的聚合与提升，承担着人所赋予的创造、创新的使命，因此也必然具备人的创造性品格，是一个创造性存在。

企业的生命在于创新。创新是企业生命的跳动，创新的浪潮转化与形成企业江河溪水般的生命之流，停止创新，企业生命也就停止了跳动，企业生命之流也就要归于枯竭。美国通用汽车公司成立于1908年，是汽车行业的后起者。但由于其根据市场环境，在资本经营、企业架构、科技研发、市场营销等方面进行了一系列的卓有成效的创新，使企业迅速强盛，并跃居时代汽车业的巅峰。其恢宏博大的生命气息掀起阵阵狂风巨浪，引领汽车界历史潮流近百年。然而，20世纪70年代，市场环境发生了巨大变化，国际油价从1970年的每桶1.8美元一路攀升，1990年上升到每桶40美元，2005年8月突破70美元，2008年7月突破140美元。油价高涨，低油耗、混合动力车型受宠。令人遗憾的是，这时的通用已失去了既往的创新机智与活力，继续走以往大油耗品牌车的老路，最终销售量严重下滑。怠于创新使通用走向亏损。

二、兼善是企业成长的路桥

企业是兼善的胎儿。现代企业理论认为，企业是由一系列契约关系所构成的联合体，企业的本质是各种生产要素所有者之间契约的集束。各种要素所有者缔结契约组成企业取代市场交易，目的是节约交易费用，提高经济效益，使企业中的各缔约要素主体的福祉都得以提高。不然的话，合理利益得不到满足的要素主体就会退出企业，引起企业重构动荡甚至消解。所以，企业是通过兼善而孕育的结果，而兼善的缺失就会使企业趋于消亡。

兼善是企业发展壮大的必然途径。企业是多种生产要素主体所形成的联合体，只有企业联合体中各要素主体能够共享经营发展成果，他们才能同心协力，共谋发展，企业也才能发展壮大。企业通过产品销售、市场开拓来发展壮大。产品销售、市场开拓是一个自善的过程，也是一个兼善的过程。《国富论》作者亚当·斯密指出："任何人要和别人进行一项什么交易，他都会提议：你把我想要的东西给我，那么你就可以得到你要的这个东西。这就是每一次这种交易的意义……"自然地，一项交易对双方都有利才能进行。因此，自愿交易同时满足利己、利他两个方面。每一次有意义的交易累积的结果，就是企业或交易主体的繁荣和发展，当然也是社会的繁荣和发展。现实中，一些企业由于目光短浅或利欲熏心，常常偏离兼善的正确道路。如有的企业提出“客户第一”，有的提出“股东利益最大化”，也有的提出“员工第一”等等，其实，客户、股东、员工、经营者及社会有关各方的利益，一个都不能偏废。黑煤窑主不惜牺牲员工的生命追求自身利益，毒奶粉公司以坑害消费者谋取利益，安然公司管理层损害股东利益自己却从中发财，他们最终都梦断黄粱。偏离兼善道路，企业的发展进步就会受困，损人利己、危害他人，不会长久，难免可悲的下场。

三、创新、兼善是当今企业之“道”

我国古代哲学家老子在《道德经》中，对“道”作了较为精到的阐述，本文总结如下四个主要方面：其一，“道”就是事物的规律。“大道泛兮，其可左右。万物恃之而生而不辞，功成不名有，爱养万物而不为主”。即“道”无处不在，万物依“道”而生生不息。其二，“道”是兼善。“上善若水。水善利万物而不争，处众人之所恶，故几于道。”最善的人好像水一样。水善于滋润万物而不与万物相争，停留在众人都不喜欢的地方，所以最接近于“道”。其三，“道”就是变化。“道可道也，非恒道也。名可名也，非恒名也。”其四，“道”致昌盛、长久。“侯王若能守之，万物将自宾。……譬道之在天，犹川谷之于江海。”君主如能守“道”，那么万物万民自来宾从。譬如大道在天，就好像江河归于大海。“知常容，容乃公，公乃全，全乃天，天乃道，道乃久，没身不殆。”认识“道”的人是无所不包的，无所不包就会坦然公正，公正就能周全，周全才能符合“道”，符合“道”才能长久，终生不会遭到危险。概而言之，“道”就是规律，变化、兼善是“道”的两个基本特点。老子关于“道”的思想今天仍能给我们提供极为有益的指导。

企业经营也有“道”，创新、兼善就是当今企业经营之“道”。如上文所述，创新、兼善是企业生命的内在规定。而时代的发展更使这一内在规定上升放大为社会性要求和时代特征。社会发展的总体趋势是人类逐步摆脱奴役状态，包括自然界的奴役及社会阶级间的奴役，实现人类的自由与平等。而创新是推动人类社会发展的根本动力。以信息技术为支撑的新经济创新，推动了人类生产方式的根本性转变，形成了当前及未来经济与社会发展的新的模式。其基本特征是：一方面，科学技术成为第一生产力。创新，包括思想、组织、科技等各方面的创新，越来越成为企业竞争、国家竞争、民族发展的主要的、决定性的因素。另一方面，知识工人成为生产劳动的主体，成为人力资本所有者。人力资本与资金资本之间的关系发生了巨大变化，以往那种劳动者对资本家的绝对依附状态、从属及被“剥削”关系逐渐转变为平等关系、合作关系、共赢共享关系。再一方面，新经济追求和谐发展、可持续发展，追求不同地区、不同种族以及当代人与后代人之间利益的和谐与平衡，因此也必然要遵循创新、兼善的理念和原则。新经济发展模式的根本特点是创新、兼善，在新的经济发展模式的今天，创新、兼善是企业经营的时代之“道”。

四、天下竞合道者至高

“道”是客观规律，通过对“道”的领悟形成主观认识，进而成为统御人们实际行动的思想指导，这种“思想”就称之为主观上的“道”或核心理念、价值观等。领悟“道”、信守“道”，是行动及事业成功的关键，即所谓“得道者昌，失道者亡”。我国历史上持续了4年之久的天翻地覆般的楚汉相争，农民出身的刘邦最终胜出。台湾历史学家许倬云在其《刘邦与朱元璋的两种创业风格》（经济管理文摘，2009年第10期）一文中论到：刘邦气量宽宏，有胆有识，胜不骄，败不馁，知人善任，听信谏臣，慷慨大度、政治创业成功后能与功臣共安天下。项羽虽将门世家，勇力过人，但他却气量狭小，不能听谏，止于小恩小惠，分封诸侯不够大度，能胜不能败，终自刎乌江！刘邦胜出固然与其人格优点不无关系，但关键还是在于他在中国当时社会条件下，领悟与信守了政治创业之“道”。企业经营，商场争锋，关键也在于悟“道”守“道”。常言道“大商谋道，小商求利。谋道者，道与利兼得。求利者，道与利俱失。”领悟企业经营之“道”，信守企业经营之“道”，企业才能够充满活力，不断发展、一路辉煌。现实中此种例子举不胜举，此处不再赘述。（2009年8月）

8

企业文明与企业发展

市场竞争大浪淘沙，一批批企业倒下，同时新的企业不断产生，是什么力量推动企业发展壮大，变得今天如此强盛？有关研究表明，企业文化是企业发展乃至基业长青的根本推动和根本保证，企业衰败乃是因为其不良的企业文化，只有良好的企业文化才能使企业生生不息，其实这就是企业文明，文明是指社会的进步状态，纵观企业发展的历史，企业文明推动着企业不断发展壮大，企业发展史就是一部企业文明史。

一、资本架构，从独裁到贵族共和

历史上最早出现的企业形式是业主制，也称单一业主制，只有一个产权所有者，业主拥有完整的所有者权利和绝对的经营权威。业主制企业所有者集出资及经营管理责任于一身，资源能力受到很大限制，风险承担能力较弱，经营视野与理念也较为狭隘和保守。

随着中世纪欧洲沿海贸易的发展，出现了合伙制企业，当时称为“康孟达”（Commenda 契约）。签订康孟达契约的双方，一方合伙人将金钱、商品、船舶等交付于另一方合伙人用于海上经营，经营者利用自己的知识、经验和技术从事海上经营活动，获得 1/4 的利润，对经营的风险承担无限责任，出资人不参与经营活动，仅以其出资为限承担风险，可分得 3/4 的利润。1807 年，法国颁布《法国商法典》，英国于 1907 年引进“两合公司”制度，专门制定了《有限合伙法》，美国纽约州 1822 年颁布第一个有限合伙立法，1916 年美国统一州法委员会通过了《统一有限合伙法》，之后进行了多次修订。相对于业主制企业，合伙制企业扩大了筹资规模，融合了经营与资本两种能力，但合伙制企业股份不能自由转让，对于需要长期投资的商业项目是一大制约，另外合伙制企业的管理集无限合伙人于一身，企业经营能力受到很大限制。

为了从事大规模长时期的海外贸易，17 世纪英国、荷兰等国创造了股份制企业形式，如著名的英国东印度公司和荷兰东印度公司。1844 年，英国颁布世界上第一部《合作股份公司法》，认可公司独立法人地位，确立了以登记方式成立公司的程序，发起人不必得到特许，只要注册即可开业；合股公司的股份可以不经全体成员同意而转让；确立了公司公开的原则，将公司注册登记情况向社会公开，为公众利益提供了有力的保护措施。1855 年英国颁布《有限责任法》，1856 年修订《合作股份公司法》，在根本上确立了有限责任和公司独立人格的关键原则，奠定了现代公司法的基础。

企业组织形式的改变必然带来治理架构的改进。业主制或合伙制实行一种“独裁式”管理模式，业主或无限合伙人一般拒绝利益相关方分享经营权力。随着现代公司制度的诞生，公司演变为资本家共享权利的经济组织。1600 年，伊丽莎白一世颁发章程，允许 216 名骑士、市府参事、商人组成东印度公司，授权范围包括管理航线，以及与公司相关的其他事务。其中，总管和其他 24 人组成“委员会”，即今天的董事会，“委员会”成员由公司每年选举产生。章程基本确立了所有权与经营权相分离，决策、经营、监督三权分立，董事会集体决策等制度框架，成为现代公司治理架构，也是现代公司治理准则。现代公司治理架构克服了业主制与合伙制资本与管理的局限，实现了众多投资人的共治、共享，使企业能够在更为广阔的空间纵横驰骋。

二、劳资关系，从主仆走向伙伴

古代商人社会地位不高，很大部分因其唯利是图、投机专营所致。古罗马商人常常与行政官员勾结谋取私利，被当时著名政治家西塞罗斥之为“害群之马”，罗马法总是将商业与盗贼相提并论，甚至比盗贼更恶劣。考古学发现，古希腊罗马时代的矿工生活条件极为恶劣，由于采矿科技不够发达，地中海地区的地质条件又特别复杂，他们的工作环境充满了各种危险。只有在鞭子的督促下，矿工们才敢于走入暗无天日的矿井。频繁出现的塌方、毒气、浸水和疾病，导致绝大多数矿工都会在参加工作后三年内死于非命。在这种情况下，矿主根本不可能雇佣到足够的矿工，只能使用购买来的奴隶。

欧洲工业化的初期，劳工待遇并没有改善。1863 年 6 月下旬，伦敦所有的日报都用《一个人活活累死》这一“耸人听闻”的标题登载了一条消息，报道一个 20 岁的女时装工玛丽·安·沃克利的惨死。在她工作的工厂里，女工平均每天劳动 16.5 个小时，在忙季往往要一连劳动 30 小时。当时工厂正在赶制一批时装，玛丽·安·沃克利同其他 60 个女工一起连续干了 26.5 个小时，一间屋挤 30 个人，空气少到还不及需要量的三分之一，夜里睡在用木板隔成的一间间不透气的小屋里，每两人一张床。玛丽·安·沃克利星期五得病，星期日就死了。

工人与资本家的抗争从未停止过。资本主义初期，政府就是资本家的代言人，总是站在资本家一边，对工人进行打压。1799 年，英国政府出台了《反结社法》，以强力干预手段来应对日益发展的劳资冲突。该法案规定，任何工匠、工人及其他人，自法案颁布之日起，彼此订立条约、协定、盟约的行为都被认为是非法的，经两名治安法官裁决后，可判处不超过三个月的监禁或不超过两个月的劳役。自法案颁布之日起，任何工匠若通过结社要求提高工资，或减少、改变工时，或削减工作总量；以及任何人通过收买、规劝、诱导、恐吓或以任何恶劣的手段来唆使任何行业的工匠来实施上述行为，或无正当理由而停工的，经两名治安法官裁决后，亦可判处不超过三个月的监禁或不超过两个月的劳役。然而，政府的打压不但没有平息工人运动，反而激发了更大的反抗，引起了越来越多进步人士的同情和支持，最终迫使政府不得不让步。在资产阶级激进派弗朗西斯·普雷斯等人的努力下，1824 年，议会通过了“废除反结社法法案”，工人获得了组建工会的自由。

19 世纪 60 年代，英国工会组建了全国性组织——工会联合会（Trade Union Congress），设立了常设性组织，主张通过合法谈判解决劳资矛盾，并把谈判作为工会斗争的根本手段，迫使政府与资本家通过改善工人待遇、增加工会权利来缓解社会危机。1875 年，英国颁布《密谋与财产保护法》，规定工会罢工时采取的和平纠察行为属于合法，同年以《企业主与工人法》替代《主仆法》，将劳资关系界定为“雇佣关系”，而不是“主仆关系”。

19 世纪 70 年代，工会与自由党签订“自由—劳工联盟”，工会开始派代表参加议会竞选，并且选出了工人议员。从此，工人阶级逐步成为一支政治力量，开始对国家政治施加影响，工人的权益也逐步被纳入企业经营的考量范围。

20 世纪 50 年代，美国一些公司尝试通过给予雇员股份、有限允许雇员分享利润以及其他友好政策来改善劳资关系，雇员购买股票计划成为当时较为常见的一种所有制形式。20 世纪 60 年代初期，美国著名经济学家、律师路易斯·凯尔萨率先提出职工持股计划 ESOP（Employee Stock Ownership Plans），1961 年，凯尔萨联合公司成立了"职工持股计划发展中心"，并创办了一家投资银行，专门支持职工持股计划，凯尔萨本人亦被称为职工持股计划之父。20 世纪 70 年代，员工持股制度风靡世界各国。目前，美国国会已颁布了二十多部联邦法律来鼓励和规范职工持股，有一半的州为鼓励职工持股也进行了立法，员工持股已被广大企业采纳。在中国，雇佣制也日益被合伙制所取代。市场竞争越来越激烈，人才重要性越来越凸显，资本与人才关系的天平开始反转，雇佣制弊端日显，合伙制的必要性日增。正如万科总裁郁亮所言，"我们觉得人才不能跟资本等同，应该高于资本。这几年，我们遇到新的冲击和挑战，在全球互联网时代发现，好像别的资源都还可以找到，人才就成了万科的唯一资本。"2014 年万科实施了合伙制。华为、中兴、海尔、阿里、腾讯、乐视等一大批企业纷纷实行合伙制，也凭合伙制度创造了辉煌。

戴尔认为，即使员工实际上尚未拥有股权，也要把所有的员工当成老板。荣誉感一旦能与强烈的个人投资并存，便会产生神奇功效，建立起更大的责任感。让你的员工拥有知识、能力及权限，可以放手去做他们最在行的事，将其带到"公司属于员工"的最高境地。劳资关系将步入合作伙伴时代。

三、合作共享，走向新商业文明

文明的脚步不可阻挡。随着现代社会生产力的发展，人们由温饱变为富足，教育水平和人文素质获得极大提升，人们更加独立自主，更具有创造性，更具有自我追求，人相对于物获得了更大的主动权，成为企业发展的主导力量，劳资关系由主从与雇佣，演变为合作共赢。信息互联网技术、人工智能技术的兴起和进一步发展，改变了人与人之间、人与物之间的连接，使人们摆脱了科层组织下的单向链接，建立起广泛的、全方位的网络关系，使个体的人能够获得较为丰富的信息和选择空间。发展观念有了新的提升，绿色发展、创新发展、和谐发展成为国家治理与企业运营的指导思想。时代的发展催生了新的商业文明。

新商业文明的价值基础是诚信、分享、平等和责任。企业与企业关系从零和博弈竞争向生态协作发展，从价值链向价值网络转型。企业组织结构从金字塔走向扁平化，走向新的组织模式，依靠“网络组织”，人们就可以凭爱好、兴趣，快速聚散，展开分享、合作、众包乃至部落化行动。一种基于诚信、分享、平等和责任的合作秩序将会逐步形成，人将会从物资资本中获得更大的解放，个人将会拥有更多自主性，获得更多全面发展的机会，企业也将赢得新生。（2016 年 9 月）

第四章　治理之道

9

企业集团的历史使命及立命之本

一、企业集团，为高端价值而生

物竞天择，是自然界的规律，也是社会领域的运行法则。工商企业自 18 世纪 70 年代脱胎于工厂手工业以来，一直处于不断的发展演进之中。19 世纪末期，通过资本积聚、特别是资本集中等方式，企业开始进行规模化扩张，大规模的集团型企业大量产生，形成了人类社会演进中最为引人注目的亮点之一。例如，从 1897 年至 1974 年，美国企业界共发生了三次大规模的企业兼并浪潮，使企业规模不断升级。第一次兼并浪潮产生了摩根、洛克菲勒等 8 大财团。1939 年至 1945 年美国第二次企业兼并浪潮期间，拥有 5000 万美元以上资产的大公司从 141 个增加至 216 个。第三次兼并浪潮之后，在美国 42 个主要工业部门中，由 8 家大公司控制美国全部产量 50% 以上的有 28 个，到 1972 年，美国公司拥有的海外企业约达 8000 多家。从 1974 年开始，美国企业又凭借信息技术优势，展开了全球范围内的第四次兼并浪潮，在世界范围内进一步拓展、优化其企业组织结构布局。

马克思主义认为，大型企业集团的不断涌现，企业的规模化发展，是由市场经济的客观规律决定的。激烈的市场竞争必然使企业两极分化，劣势企业不断倒闭、破产；优势企业则不断发展壮大。“竞争产生着垄断，垄断资本家彼此竞争着，竞争者逐渐变成垄断资本家”（马克思恩格斯全集，第四卷，人民出版社，1975 年，第 178 页）。西方产业组织理论探讨了企业规模化、集团化发展的主观原因。新古典经济学派认为，企业的规模化、集团化发展是企业为了赢得更大的利润和更高的市场占有率而采取的行动，即通过做大企业规模，加强企业对市场行规的主导权、企业产品定价权等，扩大自身的盈利空间。新制度经济学派则认为，企业规模扩大的动因是节约交易费用。科斯指出，当企业的组织与管理费用低于市场的交易费用时，人们就会以企业来代替一部分市场，企业的规模就会因此扩大，直至由于规模的扩大所增加的组织费用等于市场上的交易费用时为止。

本文认为，企业规模化、集团化发展是由企业的本质决定的。企业生存的目的就是追求利润，并不断向高端利润进行深层次发掘。通过做大企业规模，在更加广阔的范围内协调整合生产要素资源，从而创造出一种新的更加强大的企业生产力，攻克经营管理中的高难度问题，突破业务拓展上的重大障碍，捷足先登市场竞争的战略高地，锁定市场高端价值。因此可以说，规模化、集团化企业是为市场高端价值而生，开发市场高端价值，是规模化、集团化企业的历史使命。

二、企业集团，在战略经纬上谋划争锋

古语云：不谋万事者，不足谋一时；不谋全局者，不足谋一域。市场竞争风云变幻，企业运营千难万险。要在业务经营和事业发展中排除困难，不断前进，企业必须进行警觉和审慎的策略运作；然而更为重要的是，企业必须具有足够的深谋远虑，善于在战略层面谋划和解决问题。正确高效的战略运作是企业成功的根本前提。

“小胜靠智，大胜靠德”，蒙牛企业创始人牛根生悟出了企业生死的伦理法则。而从企业经营的运筹谋划层面来看，我们认为，策略性的战术施展足以致小胜，但却不足以求大胜；战略性的、决定性的胜利必须凭靠成功的战略运作。规模化、集团化企业以获取市场高端价值为使命，以获得市场竞争的战略性、决定性胜利为目标。因此，规模化、集团化企业必须将战略层面的运作放在至为重要的地位。规模化、集团化企业应在市场竞争的战略经纬上谋划争锋。

随着企业规模的扩大，企业所支配和调动资源大量增加，使企业集团具备了强大的市场战略冲击力；另一方面，企业的集团化发展也使企业形成了较

为合理的企业内部经营运作分工。集团总公司（总部）从企业的日常经营中解放出来，专司集团整体的战略谋划和战略决策工作，使企业高层次、高质量的战略运筹成为可能。企业集团具备了战略运筹的资源和组织优势之后，市场竞争的规律与格局为之一变，企业集团成为市场竞争的主体，战略较量成为市场竞争的主导，市场竞争的深度和广度空前提升，市场经济效率在高位运行，规模化、集团化企业的价值增值也由此步入快速轨道。

三、企业集团，集智识之大成而立

企业因资本投资而产生，因而人们的第一印象是企业生存是资本力量使然。然而，企业的生长边界并不会随着资本的增大而无限扩张。这是因为企业规模无法逾越由“交易费用”所决定的经济性边界。进而论之，企业的生存及发展规模不仅取决于资本大小及“交易费用”所形成的物理边界，而且，从根本上来说，取决于企业智识乃至品格因素。无论什么类型、什么规模的企业，人始终是企业经营运作的主体。人的聪明才智不仅可以将资本及“交易费用”决定的企业生命边界发挥到极致，而且可以通过优化运作，突破资本及“交易费用”边界，不断扩大企业的疆域。由此而论，企业的实际边界是企业智识因素决定的，它是企业智识之光所能照耀之领域的尽头，也是企业之胸怀所能关爱包容之空间极限。因此，可以认为，企业的规模化发展，企业能否发展成为强大的企业帝国，关键取决于企业是否能够形成足够强大的智识能量和智识资本。企业集团集智识之大成而立。

一般来说，企业都希望做大做强，但最终只有少数企业脱颖而出，成为市场的强者，发展成市场的巨无霸，成就企业帝国千秋大业。其中一个十分关键的原因就是企业的智识资本。大多数企业由于不能孕育生成强大的智识元素，不具备大型企业集团所必需的伟智宏旨，承担不了大型企业集团建设所需要的鸿篇巨制，无力在广阔的市场天地里开疆拓土，支撑不起巍峨高耸的企业帝国架构。

古代秦国原本是西垂小国，经过400年的不懈努力，逐步发展成为春秋五霸之中的强者之一，并最终在诸侯争霸中横扫六国，成就一统大业，其主要原因不仅在于国君胸怀天下，立志高远，更在于其能够广纳天下英才，打造了一个举世无比的智识帝国，然后再以智识帝国之伟力，谋取国家称霸之大业。企业经营，其理亦然。（2007年10月）

10

战略化、知识化、专业化
——浅论现代企业集团公司的职能及组织建构

一、战略化管理是现代集团公司的必然职能

企业集团的管理必须充分发挥总公司与下属企业的两个优势。企业集团总公司与子（孙）公司以及分公司分别处于整个经营流程的不同区段，面对不同的经营环境。总公司处于整个经营流程的最高端，容易把握整个集团的全局性信息，具有总揽全局的功能优势；但是，由于信息传递的时滞、失真等因素，在把握和应对下属企业的个性市场环境中的随机的、非长期性的变动方面，总公司却不具备信息及功能优势。下属企业处于市场的最前沿，能够最先察觉其所在个性市场随机的、非长期性的变化，并可以做出最快速反应，因此，下属企业在应对其个性市场变化方面具有信息优势和功能优势。但是，由于下属企业位于经营流程的末端，处于相对个性化的经营环境之中，不便于把握集团全局性的以及较宏观的市场信息，也不便于对影响集团全局的经营环境的重大变化作出反应，因此，下属企业在集团宏观综合信息的把握及集团总体运作策略的确定方面具有信息及功能劣势。

企业集团管理必须充分发挥总公司与下属企业两个方面的优势。总公司与下属企业两方面的优势构成了整个集团优势的整体，任何一方面优势的失却都会影响集团整体优势的存在。

企业集团管理必须充分发挥总公司与下属企业的两个优势。企业集团整体与集团内个体企业、总公司与下属企业在经营利益上既有共性也有个性，既有统一又有区别。集团总公司与下属企业在资源分配、不同产业投入的多寡、长期利益与短期利益的权衡、风险偏好等方面都存在着一定的差异与矛盾。如在经营者的待遇与企业规模及效益总量挂钩的情况下，下属企业会出现资源占

用最大化及片面追求发展自己经营的产业的现象，在激励不足的“大锅饭”情况下，下属企业“做一天和尚撞一天钟”的现象就会发生，这些都会给集团的整体利益与发展带来极大的不利。

个性利益的存在是企业集团管理中的特殊问题。企业集团的管理必须能够充分调动总公司与下属企业两个方面的积极性，只有两个方面的积极性都得到了充分的发挥，整个集团的经营才具有效率。

实现“两个充分发挥”要求集团总公司专司战略化管理职责。

由于集团总公司与下属企业具有不同的信息优势、功能优势及利益取向，为了充分发挥总公司与下属企业的“两个优势”与“两个积极性”，必须分别赋予它们不同的管理权利。下属企业贴近市场，能够根据自身利益对市场作出快速反应，抓住稍纵即逝的机会，实现最大的经营收益，因而应具有战术决策与日常经营管理权。总公司必须切实把战术上的管理权放给下属企业，不能越俎代庖。总公司位于经营管理的最高端，具有总揽集团全局的优势，又由于总公司是集团的最后总出资人，是资本利益与集团根本利益的集中代表，因此必须掌握集团经营总体性的战略决策权。总公司必须切实运作好战略决策权，并确保战略决策不折不扣的贯彻。

市场分工的优化发展逐渐分化出集团总公司专司战略管理的机能。在市场经济的早期，企业规模较小，企业的战略决策与战术决策出于同一机构。随着市场经济的发展，企业的规模越来越大，企业所处的市场环境越来越复杂，决策信息及决策工作量越来越庞大，由一个决策机构单独完成如此庞大的信息占有及决策工作越来越不具效率，从而引起了集团总公司与下属企业在经营决策上的分工，使企业集团专司战略经营决策功能。企业集团随着集团规模、范围、产业领域、组织结构、外部关联等方面的变化与发展，其决策机制也不断优化发展。

集团经营的整体性决定了总公司必须掌握战略管理权。经营战略上的统一是企业集团的内在要求。企业集团虽拥有众多的下属企业及关联企业，且这些企业都具有一定的独立性，但企业集团在经营上仍然是一个大的整体，必须有一个统一的经营纲领。没有一个共同遵守的纲领，集团内各企业经营缺乏协调的依据，企业就不能从相互之间的互补与合作之中获益，企业自身的优势与积极性就不可能在集团整体的平台上充分发挥；企业之间缺乏统一的宏观调控，不能形成合力，集团的规模优势也就无从实现。不能形成集团合力与整体优势，企业集团的存在就是不现实的，缺乏实质意义的，仅仅是形式上的。

二、知识化是实现战略管理的内在要求

知识化是指员工队伍的知识化，知识化是集团总公司有效实施战略管理的基本内在要求。

战略管理是关于集团长期发展方向、动力资源、方法措施的重大经营问题的决策与管理。这就要求战略管理工作者不仅要具有较为广博的知识领域，更需要他们具有深入独到的专门知识。只有具备了较为广博的知识背景与深入独到的专业知识水平，才能对市场竞争的脉络有更深刻的理解，才能对产业经济发展的历史趋势有更超前的把握。另外，知识在纵向维度上具有“次可加性”，多个知识个体的相加并不能增加知识的深度。因此，专业化知识常常是管理中的瓶颈，应着力加以克服。

市场经济日新月异，科学技术飞速发展，只有不断学习、勇于进取，才能跟上时代的步伐，才能担当起战略管理的重任。现代企业战略管理要求管理者必须不断地进行专业知识的深造与发展。

三、专业化是实现战略管理的组织形式

战略管理必须通过一定的组织框架完成，因为战略管理是一个系统工程，包括信息调研、方案策划、研究决策、贯彻实施等不同阶段，需要一系列工作团队协同工作。战略管理组织应是一个专业化的组织机构。战略管理随着产业及市场环境的不同而不同，不同产业的战略管理系统具有不同的专业知识素质要求和工作特点，因而也就需要不同的专门战略管理团队。由于战略管理具有特殊的素质要求以及不同的战略系统具有各自特殊的业务特点，因此，战略管理组织应是一种专业化组织。集团总体战略管理与不同产业的战略管理具有不同的维度。集团总体战略管理既总揽集团产业全局，又指导集团的长期发展，横向及纵向维度均须较为深广，又要实现整体的协调性。因此，集团公司战略管理机构既要能够总揽全局，推动集团整体战略的实施，又能根据不同产业的特点，深入开展行业战略的研究推进。如果单纯地横断面、跨行业的综合管理，而并不按照不同的战略管理专业（内容）进行相应的专业组织构建，就

很难将战略管理往纵深处发展，因为管理人员很难进行深入的专业化研究与探索，而没有战略管理的深入发展，集团总体战略管理的综合提高就缺乏深厚的基础，因此，单纯横断面、跨行业的综合管理组织结构难以将战略管理深入有效地展开，专业化组织结构是实施战略管理必要的有效形式。

制度经济学认为，组织制度及其运行机制是社会、经济运作的基础。不同的组织机制具有不同的功能特点，也会表现出不同的运作效率。企业集团要进行有效的战略管理，必须根据战略管理这一职能的要求进行相应的组织机制建设，集团总公司组织机制的建设必须以战略化、知识化、专业化，即集团总公司的组织机构应该是战略性管理组织，其职能定位应该以战略管理为界限；集团总公司的员工团队应具有较高的专业知识，是高度知识化的员工队伍；集团总公司的组织建构应该以战略业务为导向，应根据不同的战略管理业务特点组建相应的专业化战略管理组织体系、构建战略管理的流程环节及相应的职能部门。（2013 年 6 月）

11

大股东控制的逻辑及其边界的规治

——企业治理若干问题浅议

在我国现代化企业制度的建设过程中，大股东对企业的控制问题始终是人们关注的一个焦点，其中否定及批评的观点显然处于强势地位，以至于有关部门甚至出台法规对大股东控制加以禁止。大股东控制怎样生成和展开，对企业治理的影响如何，如何有效规治，有必要进一步研究澄清。

一、大股东控制是企业界常态

所谓大股东控制，就是大股东凭借控股地位，控制、主导或左右企业股东会、董事会决策从而影响企业经营的行为。从世界各国企业股权结构状况及企业机关决策的机制来看，大股东控制是企业界常态。

统计资料显示，大股东控股是企业界的普遍现象。有关机构 1998 年对世界最富有的 27 个国家的大企业进行的调研发现，如果持股 20% 及以上视为对企业有控制权，则 64% 的企业大股东拥有控制权，其中 30% 的企业由家族控制，18% 的企业由政府持股并控制，15% 的企业由合作社等社团控制（葛伟军，著，英国企业法原理与案例，中国法制出版社，2007 年 3 月出版）。

大股东控制是现代企业治理中通行的准则。世界上几乎所有国家的公司法都规定，股东会是企业的权力机关（毛亚敏，企业法比较研究，中国法制出版社，2000 年版，第 148 页）。而以股权决定话语权又是股东会决策的基本原则，如我国公司法规定：股东会的一般决议，必须经出席会议的股东所持表决权过半数通过；特别决议必须经出席会议的股东所持表决权的三分之二以上通过（中华人民共和国公司法第 104 条）。大股东控制了股东会决策之后，也就掌握了对企业的人事、财务、审计、战略决策等的控制权，并通过上述控制，直接或间接的控制或影响企业的经营。

在企业集团的治理中，大股东控制表现为控股母公司对子公司的控制。企业集团的产生是市场经济发展中的里程碑事件。企业集团创造了空前巨大的生产力，实现了诸多过去根本无法成就的经济价值。企业集团的产生也改变了市场竞争的模式和格局，使市场竞争从单兵作战转变为联合对抗，也使企业的运作管理变得更加复杂。然而，企业集团治理中基本的权责控制逻辑并没有因企业的集团化而发生根本改变。在企业集团的治理中，通行的仍然是多数股权决定原则。大股东仍然凭借股权控制，控制母、子公司的经营运作，只不过相对于子公司而言，大股东不再是自然人，而是企业法人。由此可见，所谓母公司对子公司的控制，并非当今人们有意制造的产物，而是市场经济发展的必然结果，是大股东控制在企业集团治理中的体现。

在企业集团的治理实践中，母公司对子公司的控制是一个普遍的客观存在。如日本电气所属子公司的董事中，有一半来自母公司各职能部室。1999 年度，日本电气对有产权关联的 24 家上市公司，共派遣了 101 名董事（席酉民主编，赵增耀编著，企业集团治理，机械工业出版社，2002 年 2 月，第 38 页）。董事等作为母公司在子公司的产权代表，有责任就子公司决策及经营中的重大事项向母公司报告（同上，第 81 页），并听取母公司的意见。

二、大股东控制是企业治理的内在机理

首先，大股东或控股母公司（下统称“大股东”）控制有其利益上的必然性，也符合市场经济的权责对等原则。大股东在企业中享有的利益最大，承担的风险也最大，必然更关心企业的经营。按照责、权、利相统一的原则，大股东必然要求有更大的权利，从而才能确保其享有最大的利益和承担最大的风险。

其次，大股东控制具有企业治理方面的合理性。一是大股东是企业的战略投资者，它的利益在于企业的长期可持续发展；而小股东一般是策略性投资者，倾向于谋求短期、快速的投资增值，对企业的长期发展关注较少，一般用脚投票，一有机会就卖出股权，获利了结。因此，相对来说，大股东控制较为有利于企业的长期健康发展。二是小股东在选择与大股东合作时，往往是出于对大股东实力和信誉的信赖，小股东对企业的投资在一定程度上是将其资本托付给大股东经营，试图凭借大股东的实力和信誉，增大自身资本的收益。因此，可以说大股东控制已预先获得了小股东的认同。三是大股东具有控制企业，从而促使企业健康运营的职责。大股东掌握了企业的控制权，客观上就承担了监控企业运营的责任。如果大股东疏于监控，就是对全体股东的失职，企业经营就很可能会偏离股东价值方向，损害股东及企业的长远利益。四是在企业集团的运作管理中，为了实现在发展战略、资源配置、市场竞争以及经营效益等方面的统筹优化与总体提升，控股母公司必须也必然会通过股权，人事、财务、审计等手段，对子公司的决策及经营进行控制。

最后，大股东控制是提高企业经营运作效率和效益的有效条件。综上分析，大股东的利益追求和控股地位，决定了大股东控制在理论上具有逻辑必然性。从市场竞争的客观现实来看，大股东控股型企业的广泛存在，表明该类企业能够经受住一番番市场竞争风雨的洗礼，最终大比例胜出，也足以证明大股东控制的现实合理性。

当然，对于大股东控制也有不少疑虑和否定意见。较为常见的观点是：董事会是企业运作经营的中心，大股东控制侵犯了“董事会的独立性”和小股东的利益，必须加以禁止。诚然，在成熟市场国家，董事会被赋予了大部分经营决策权力，成为企业运作经营的中心。美国企业法专家海斯教授，曾把美

国各类企业章程所规定的董事会的具体领导和管理权进行了归纳，大致如下：1、产品、服务及用工的定价权；2、高级职员任免权；3、企业内部运作细则的审定及撤除权；4、特殊重大事务的审批权；5、资本周转、利润分配等决定权（沈四宝，著，西方国家企业法原理，法律出版社，2007年10月，第270页）。相对于我国公司法关于董事会权责的硬性而空洞条文来说，这种由公司章程对董事会权责进行较有实质内容的界定，更有利于董事会行使权力，发挥作用，从而也有利于企业的治理效率。然而，赋予董事会较多重要的实质性权力，并非必然就否定了大股东的控制，二者之间并没有必然的逻辑否定关系。相反，大股东或者股东会对董事会的授权越多，其控制就应该越有效。西方国家公司法一般都规定，股东会有权随时解聘董事，而且不需要任何理由；至于董事会的权力，也可由股东会根据不同情况决定增减取舍。可见，股东会也即大股东对董事会始终保持较为有效的控制力。另外，“董事会的独立性”并不必然有利于小股东的利益，反之亦然，而且董事会的独立性也不能脱离企业治理的统一性而过于发挥。在通行股权权重决定话事权的企业内部治理时，董事会是无法摆脱大股东的统一性控制的。国内有关人士常常以国有产权所有者缺位为由，主张通过加强董事会独立性建设，禁止国有大股东对董事会的行政性控制，弥补国有产权主体缺位的缺陷。这种做法对于国有企业改革及治理其实是南辕北辙，不但无益，反而贻误不浅。

三、大股东控制的边界及其规治

大股东控制有其合理性，但也有边界。超越一定的界限，大股东控制就失去其合理性。大股东控制的边界可分为大股东能力边界和企业相关者利益边界。所谓大股东能力边界，是指大股东根据自身及所控股企业各自在企业治理中的能力条件，决定对企业的控制程度，其范围可大可小，程度可深可远。所谓企业相关者利益边界，是指大股东控制不能恶意损害企业其他相关利益者的利益。

大股东能力边界的确定，西方国家一般由大股东及企业自行决定。我国《公司法》试图对这一边界进行法律调整，但负面影响较大。如我国《公司法》规定股东会是企业的最高权力机关，同时又规定了董事会的许多法定权利，造成了股东会与董事会之间权限的冲突，不利于企业的内部治理。赋予董事会许多法定权利，可能是出于弥补国有股权主体缺位方面的考虑，但实际上根本于事无补，董事会不能取代股东的权利主体地位。另一方面，《公司法》规定的董事会的权利又过于空洞，如果企业章程不对其加以必要的补充（实际上基本没有补充），使企业的重要决策权力中心过度下移，使股东会权力空洞化，加大了股东会决策和监控的难度。最后，受《公司法》的影响，我国大部分企业的章程一般都规定股东会不能无故解除董事，也为股东的有效控制设置了障碍，不利于企业的内部治理的畅通。

关于大股东控制的企业相关利益者边界，本文认为应该从两个方面加以确定。其一，大股东与控股企业应实行人员、资产、财务分开，机构、业务独立，各自独立核算、独立承担责任和风险。其二，大股东对公司及其利益相关者应当保持诚信，依法履行出资人义务，公平开展与控股公司间的业务往来。如果大股东超越了这两个边界，就是越界控制。

大股东越界控制的事情确实时有发生，这就需要政府及社会对其从不同方面进行规治。就法律政策规治而言，美国的做法是这一方面的典范。在处理企业集团中关联企业的法律关系时，美国法院通常运用以下三个原则。一是揭开公司面纱的原则（piercing the Corporate Veil）。依据该原则，法院在某些情况下，揭开子公司的“面纱”，亦即否认子公司的法人人格，把子公司及母公司视为同一法律主体，因此，使母公司对子公司的债权人负责。揭开公司的面纱针对如下情况适用：1、子公司资本不足。2、控股母公司未遵守公司章程。3、母子公司之间的交易不公正或业务未明确分开等。二是深石原则（Deep — Rock Doctrine）。依据“深石原则”，在子公司不能支付或宣告破产时，母公司对子公司的债权不能与其他债权人共同参加分配，或者分配的顺序应次于其他债权人。在此原则之下，子公司之债权人在子公司发生不能支付或宣告破产时，能获得较好的保障，亦能防止假债权的发生。如果母公司和子公司同时发生不能支付或宣告破产，为贯彻此原则，由母子公司合并组成破产财团，按照比例清偿母公司及子公司的债权人的债权。三是控制股东的诚信义务原则（Fiduciary Duties — of the Controlling Shareholder）。即母公司为子公司的控制股东，必须对子公司负有诚信义务。母公司不能为任何有害于子公司少数股东的行为。否则，母公司必须对子公司的少数股东负损害赔偿责任。

近年来，我国在对大股东越界控制的依法规治方面，也取得了一定的进展。一方面，我国《公司法》明确规定了股东越界控制的法律责任。如《公司法》第 20 条规定："公司股东滥用股东权利给公司或者其他股东造成损失的，应当依法承担赔偿责任。""公司股东滥用公司法人独立地位和股东有限责任，逃避债务，严重损害公司债权人利益的，应当对公司债务承担连带责任。"另一方面，我国对大股东越界控制进行了立法预防。如《公司法》第 125 条规定："上市公司董事与董事会会议决议事项所涉及的企业有关联关系的，不得对该项决议行使表决权，也不得代理其他董事行使表决权。该董事会会议由过半数的无关联关系董事出席即可举行，董事会会议所作决议须经无关联关系董事过半数通过。出席董事会的无关联关系董事人数不足 3 人的，应将该事项提交上市公司股东大会审议。"

令人不解的是，我国《上市公司治理准则》（证监会、国家经贸委 2002 年 1 月 7 日）规定，"上市公司的重大决策应由股东大会和董事会依法作出。控股股东不得直接或间接干预公司的决策及依法开展的生产经营活动，损害公司及其他股东的权益。""控股股东及其下属机构不得向上市公司及其下属机构下达任何有关上市公司经营的计划和指令，也不得以其他任何形式影响其经营管理的独立性。"大股东实际上已掌控着公司，难道还要干预？何谓大股东干预？是非法控制还是所谓"下达经营计划和指令？"本文认为，大股东控制与企业依法决策并不矛盾，如果说《准则》旨在禁止大股东的非法控制，但却没有对非法控制给予界定，只是一以概之的禁止"直接或间接的干预（即控制）"，与我国《公司法》及国外惯例相比不仅没有新义，没有突破，反而引起了认识上的混乱，给当前我国上市公司治理造成了不良影响。所谓"不得下达经营计划和指令"的规定也是无谓之举，因为它不能禁止企业生命的内在逻辑，至多只能改变其表面形式。如大股东通过向其产权代表下达指令，并通过其产权代表将其指令转变为子公司的经营决策。对此，《准则》是无能为力的。

对大股东越界控制进行规治，是企业治理理论及实业界的共同认识。当前的主要问题是探索有效规治的途径。总体上来说，企业治理包括内部治理和外部治理两个方面，内部治理以公司的股东会、董事会等机构的权责、利益制衡为基本脉络，其治理宗旨是企业的健康发展和利润最大化。外部治理是指法律、政策及社会机构对企业的规治，其主要目的是防止和降低企业的外部负效应，防止和惩处企业的强势权利主体损害弱势主体的利益。由于大股东控制是企业内部治理的动力之源和逻辑起点，如果对其简单的禁止，就等于斩断了企业内部治理的根本脉络，企业的存在及运营就失去了内在依据。因此，对于大股东越界控制问题，应当主要从企业的外部治理方面展开，尽量不要干涉以至扭曲企业的内部治理机理。当前，要在完善有关法律规范的同时，积极开展企业规治方面的舆论监督、行业规范、社会审计监督以及必要的行政监督等。以便在充分维护企业自身运作逻辑及生长活力的前提下，有效消除企业的外部负效应，增加其外部正效应，使企业经营在取得良好的企业自身效益的同时，能够产生尽可能多的社会效益。（2008 年 5 月）

12

独立董事难以承受中国上市公司治理之重

——论独立董事制度与中国上市公司治理

一、中国上市公司设立独立董事制度的状况

1990 年，中国政府允许在有条件的大城市建立证券交易所。上海证券交易所和深圳证券交易所于 1990 年 12 月先后开始营业。从此，中国国有企业股份制改造大规模展开，上市公司成为中国市场经济中的重要成员。然而，一直以来，中国上市公司的治理状况并不理想，存在问题较多。南开大学国际商学院最早对中国上市公司治理情况进行了较为系统的研究，并推出了 2002 年《中国上市公司治理评价研究报告》（中外管理，2004 年第 4 期，第 14 至 17 页）。根据该报告，2002 年，中国上市公司治理水平普遍偏低，综合治理指数仅为 49.62%（100% 为满分，50% 为合格），属于治理指数“6 级”，还不到“及格”线。从五大分类指标看，大股东行为平均指数为 53.70%，控股股东行为还很缺乏规范管理。据统计：控股股东与上市公司存在同业竞争的占 58.02%；有 68.16% 的企业存在关联交易；通过关联交易实现的利润占当年利润总额 50% 以上的公司占 61.3%；有 23.48% 的公司存在控股股东违规占用

上市公司资金现象；有 40.37% 的公司为控股股东及关联方提供担保，而这部分提供担保的样本中，有 20% 的公司董事长、总经理和个别董事就有权通过担保决议。董事会管理平均指数为 43.4%，是五大指标中得分最低的一项，董事长仍然包揽一切，董事会尚未有效地发挥应有的决策作用。监事会管理平均指数为 48.64%，得分列倒数第二，说明中国监事会尚不能发挥有效的监管作用。研究结果表明：第一大股东持股比例越大，监事会工作成效也越差。因为，大股东有条件控制监事选举，选出来的多是听话的“亲信监事”。而有多个大股东股份相近的公司，监事工作都较好。经理层管理，包括激励、任免、执行保证等方面，其平均值也只有 47.44%，第一大股东为民营企业、集体企业和外资公司的经理层治理总指数的得分位居前列。信息披露管理是较好的一项，平均值达到 58.44%.

为了改善中国上市公司治理状况，中国政府决定引进独立董事制度。2001 年 8 月，中国证监会颁布了《关于在上市公司建立独立董事制度的指导意见》，规定在 2002 年 6 月 30 日之前，上市公司的董事会成员中应当至少包括两名独立董事；在 2003 年 6 月 30 日之前，上市公司董事会成员中应当至少包括 1/3 的独立董事。独立董事制度以行政规范方式引入中国上市公司的治理结构。2005 年修订的《公司法》第一百二十三条规定：“上市公司设立独立董事，具体办法由国务院规定。”至此，独立董事制度成为中国上市公司治理中的法律强制性规定。

根据中国部分学者所做的调查显示，2001 年底，深沪两市上市公司共 1151 家，其中有独立董事的 95 家；2003 年 12 月 31 日，所有 1290 家上市公司中，设立独立董事的有 1279 家；截至 2007 年 6 月 30 日，两市 1487 家上市公司中没有设立独立董事的 12 家。某些特定行业的上市公司中独立董事的实证数据证实，中国上市公司中独立董事占董事总数的比例多数在 30%~40% 之间，只有较小比例的公司是高于或低于该区间的（申富平、李自娟，独立董事对关联交易监督的实证研究——来自深圳 A 股上市公司的证据【J】，河北大学学报，2009 年第 5 期；吴洁、蓝发钦，独立董事制度与公司绩效的相关性研究——基于中国上市公司的一个实证【J】，经济论坛，2009 年第 7 期）。上述数据表明，目前中国的上市公司中几乎都设立了独立董事制度，但独立董事的绝对人数以及在董事结构中的比例都处于一个相对较低的水平。

中国上市公司中担任独立董事一职的人所受过高等教育的比例很高，并且高学历者较多。统计数据显示，95%的独立董事受过高等教育（指具有大专或大专以上学历），41%的独立董事具有硕士或硕士以上学历。表明上市公司的独立董事是由受过良好教育、具有较高素质的人组成，在高新技术行业尤为突出（王玲，上市公司独立董事行使职权成效实证分析【J】，浙江万里学院学报，2009 年第 7 期）。

二、独立董事制度的公司治理效果

有关研究表明，至今为止，独立董事制度对上市公司治理的改善尚不明显。根据《2008 年中国上市公司 100 强公司治理评价报告》（鲁桐、仲继银、孔杰，首席财务官，2008 年第 9 期），2008 年度所有样本公司综合得分平均值为 52.76，仅比开始引入独立董事的 2002 年高 3.14，刚刚过及格线。“股东权利”部分平均分为 56.88，“平等对待股东”部分平均分为 68.53，“信息披露和透明度”部分平均分为 54.35，设立独立董事后信息披露工作质量反而下降了。“董事会的责任”平均分为 50.83，“监事会的责任”平均分为 39.83，“利益相关者的作用”部分平均分为 27.31。监事会的责任及利益相关者的作用得分最低，独立董事未起到维护公司利益相关者利益的作用，公司的监督机制及利益制衡机制仍不容乐观。

国内学者对独立董事的治理效果进行了不同层面的考察，有关结论如下：

首先，独立董事未能尽到独立、勤勉之责。从学者的调查数据来看（王玲，上市公司独立董事行使职权成效实证分析【J】，浙江万里学院学报，2009 年第 7 期），中国上市公司独立董事参与公司经营、决策事务的状况并不乐观，体现在几个方面：一是独立董事出席董事会议的比率比较低。统计表明，有 5% 的独立董事出席董事会会议，出席率不到 20%，董事会出席率在 21% ~40%的独立董事占 8%，出席率为 41% ~60%的占 23%，出席率为 61% ~80%的占 54%，出席率为 81%以上的占 10%。二是独立董事对董事会会议资料的了解不够充分。针对上市公司给独立董事提供的会议材料是否充分，调查结果表明：48%的独立董事认为仅仅依靠上市公司提供的材料，并不能作出可行性判断；23%的独立董事认为上市公司提供的材料不充分；29%的独立董事认为上市公司提供的材料充分。三是独立董事的观点意见不具独立性。

统计数据表明，独立董事在董事会会议中发言极为踊跃者占 17%，适度者占 63%，很少发言者占 20%；独立董事对于事项附和其他董事意见的占 79%，坚持自己观点的占 21%。

其次，独立董事未能改善公司的规范治理。根据中国学者对 2001、2002 两年（即中国法律要求在上市公司设立独立董事制度的前后两年）的数据进行实证分析的结果表明：独立董事制度的设立有效地降低了上市公司为控股股东及其关联方提供担保和抵押的金额，但是中国在引入独立董事制度后上市公司关联销售并未明显减少，并且独立董事在董事会中的比重增加也并不表示能显著地减少关联销售额。此外，实证数据还表明，引入独立董事后，控股股东及其关联方直接占用上市公司的资金的状况更加恶劣了（封思贤，独立董事制度对关联交易影响的实证研究［J］，商业经济与管理，2005 年第 3 期）。

再次，独立董事没能改善公司经营业绩。吴洁、蓝发钦在《独立董事制度与公司绩效的相关性研究——基于中国上市公司的一个实证》（2009）中证实，独立董事薪酬对公司绩效没有影响，但是随着独立董事薪酬与公司业绩、规模等因素相关度的加强，独立董事薪酬的提高对公司绩效和发展有正向影响；骆品亮、周勇、郭晖在《独立董事制度与公司业绩的相关性分析：来自沪市 A 股的实证研究》（2004）中的实证分析表明：公司设立独立董事前后，业绩有显著性差异，但是公司业绩与独立董事在董事会中所占比例无关，而且引入独立董事后，公司业绩似乎变得更糟。

最后，独立董事没有提高公司的财务绩效。根据毛志宏、李何等人对中国上市公司财务舞弊的研究表明，中国的上市公司中独立董事比例越高、独立董事参加董事会会议次数越多，就越能减少公司财务报告舞弊发生的比例，这从一定的角度说明了中国上市公司中独立董事对控制上市公司财务报告舞弊的发生有一定的成效（毛志宏、李何、张星明，独立董事制度与财务报告舞弊相关性的实证研究［J］）。但是从总资产报酬率、净资产报酬率、销售报酬率等主要的财务指标分析来看，独立董事并没有能提高公司的财务绩效（彭花，中小板上市公司独立董事特征与财务绩效实证分析［J］，湖南财经高等专科学校学报，2009 年第 2 期）。

三、中国独立董事制度失效的原因分析

（一）中国有关方面对独立董事制度存在误解

首先，对独立董事的独立性理解脱离实际。关于独立董事的独立性，中国证监会在《关于在上市公司建立独立董事制度的指导意见》第一条第二款中作了总体性要求：独立董事应当独立履行职责，不受上市公司主要股东、实际控制人，或者其他与上市公司存在利害关系的单位或个人的影响。第三条又以列举的方式表明独立董事不应与所任职公司存在直接或间接利害关系。为了不影响独立董事的独立性，第七条第五款规定，除适当津贴外，独立董事不应从该上市公司及其主要股东或有利害关系的机构和人员取得额外的、未予披露的其他利益。综上所述，独立董事既要独立于股东、也要独立于公司经营管理层、其他利害关系人以及其自身利益，成为一个“完全独立的人”。“完全独立的人”是一种理想化设想，在公司治理中难以立足。市场经济理论认为，市场经济中的人是“经济人”，股东、管理层、利益相关者、独立董事等都是“经济人”，他们都是为了自己的利益而参与到公司的治理和经营。正是基于这一人性基础，美英国家才创立了独立董事制度来监督公司管理层这类“经济人”。如果公司管理层不是“经济人”，就不需要现实中的一系列公司监督制度；如果独立董事独立于股东，不代表股东的利益，反而监督制衡股东行为，股东为了自己的利益就不会推举聘任独立董事。如果设想股东明知独立董事不代表其利益仍实施推举聘任，股东就不是“经济人”，成为“利他人”，与市场经济的“经济人”理念矛盾，与现实也不符。否定“经济人”理论预设，设想股东、管理层是“利他人”，就否定了独立董事的存在意义，也否定了市场经济的社会基础。与中国不同，全美教师保险及年金协会的公司治理结构原则中特别强调：“董事会应当包括大量的独立董事。董事委员会的结构应包括全部由独立董事组成的审计、报酬及提名委员会。为了达到这一目标，独立性是指，委员会当中不得包括公司的现任或前任雇员，或与公司或其管理层有重要的财务及私人关系的人，他们可能会影响董事对股东的忠诚度。”（全美教师保险及年金协会，公司治理结构的原则，载于梁能主编：公司治理结构：中国的实践与美国的经验，中国人民大学出版社，2000 年版，第 200 页）。美国法

学会 1982 年发布了《公司治理原则，重述及建议》初稿，对董事会组成规定如下：“公司法应当规定，任何大型公共持有公司，除非其有投票权的股份多数为某个人或家庭集团所有，则至少该公司的董事的多数应当与公司高级管理人员无任何密切关系”（郭强，独立董事制度与公司化中国，载北大法律信息网）。所谓独立性，在美国是指独立于公司管理层，并不独立于股东，相反，他们应是股东的忠实代表和“利害关系人”。显然，美国法学界关于独立董事的独立性规定较为契合实际，具有现实性。

其次，中国独立董事的职能定位难以落到实处。2005 年《公司法》修订的相关起草文件说明中认为：独立董事应当对上市公司董事会决策过程进行监督，强化对大股东的制衡，更好地维护中小股东的利益（蔡奕，北大法律信息网，2008 年 10 月 22 日）。《关于在上市公司建立独立董事制度的指导意见》中规定，独立董事对上市公司及全体股东负有诚信与勤勉义务。独立董事应当按照相关法律法规和公司章程的要求，认真履行职责，维护公司整体利益，尤其要关注中小股东的合法权益不受损害。总的来看，独立董事既要监督公司管理层，监督大股东，还要维护公司的整体利益。由此可见，中国独立董事是公司各方行为的监督者，同时又是公司各方利益的维护者。中国政府赋予了独立董事维护公司各方利益的重任，仅仅是良好的愿望，实际上无法实现，因为既没有相应的机制使独立董事实现使命，也超出了独立董事的实际能力。在美国，主导的观点认为，如果董事们对过多的“利益群体”（constituencies）负责，其结果只能是对哪一方都不负责。那些与公司发生交易的，例如顾客、工人、供应商等，他们可以通过合同、甚至可以通过威胁要中断与公司联系的方式，来保护自己。然而，股东却偏偏无法通过这种方式来自我保护，因为他们的投资已“沉淀”（sunk）于公司，而且不可撤回（亨利·汉斯曼（Henry Hansmann）、赖纳·克拉克曼（Reinier Kraakman），公司法历史的终结（The End of History for Corporate Law），乔治城法律杂志（Georgetown Law Journal），（2001 年第 2 期，总第 89 卷，第 442 页）。因此，股东的利益才需要独立董事维护。

最后，独立董事的选任制度与其担负职能矛盾。中国证监会《关于在上市公司中建立独立董事制度的指导意见》规定，独立董事由股东会选举产生。现实情况是，上市公司独立董事由董事会提名的占到 54.55%，其次是大股东占 18.18%，约有 12.12% 由管理层提名。90% 以上由股东大会任命，其余形式（如大股东、董事会、管理层）任命不到 40%（孙敬水，中国上市公司实施独立董事制度现状调查——以浙江省为例［J］，经济理论与经济管理，2004 年，第 4 期）。而据申富平、韩巧艳等人（2007 年）对 2005 年河北省上市公司数据的分析发现，上市公司独立董事有 62% 是董事会提名产生，27% 是控股股东提名产生，而实际任命过程中，73% 由股东会任命，27% 由董事会任命（申富平、韩巧艳、赵红梅，上市公司独立董事选择和退出机制现状分析［J］，经济管理，2007 年，第 5 期）。由于中国上市公司“一股独大”现象普遍，董事会也被大股东控制，因此无论是董事会提名，还是股东大会提名，独立董事都在大股东的控制之下。在这种情况下，要使独立董事独立于大股东，切实维护公司有关各方的利益，有点不切合实际。

（二）独立董事制度尚难与中国上市公司治理机制相契合

独立董事制度是一种舶来品，能否恰当的嵌入中国上市公司治理系统之中，发挥其应有的职能，需要逐渐磨合和调试。目前，独立董事制度与中国上市公司治理实际难以契合的现象仍较为严重。中国现行市场经济体制不过才 30 多年，行政力量和传统思想意识仍具有较大的影响，这不仅会影响中国市场经济法律法规的配置、完善和实际运行，也会影响到对市场经济的正确理解，影响到对独立董事及其法律制度的理解和定位。比如，美国意识形态及政治传统向来倾向于“平民主义”，人们对权力的集中有一种持久的不信任感（张义忠，对美国公司治理中股权分散流动的辩证思考，经济问题，2003 年，第 1 期）。中国具有“一元统治”政治及文化传统，强调一统，轻视甚至否定多元制衡，这种治理理念必然会影响到上市公司治理结构的建构和独立董事的定位。美国上市公司审计委员会、提名委员会、薪酬委员会 100% 由独立董事组成，独立董事享有公司董事会成员的提名权、审计监督及薪酬核定权。审计、提名及薪酬核定权是独立董事的基本权利和职责所在，规定审计、提名及薪酬委员会全部由独立董事组成，在公司内部构建了独立董事行使职权的组织平台，对于独立董事行使职权，履行义务是必要的和不可或缺的。而中国《关于在上市公司中建立独立董事制度的指导意见》却没有对上市公司设立审计、提名、薪酬委员会作硬性规定，关于独立董事的职责，也仅仅限于对上市公司提名任命董事、聘任及解聘高级管理人员、董事及高级管理人员的薪酬发表独立意见。这种制度设计实际将独立董事作为公司董事会的咨询与协助单元部分，其目的在于维护由董事长及执行董事主导的公司治理的统一性。中国公司监事会的权限与德国公司监事会相比也大为缩水，其目的也是公司治理的一元统治。再则，我国上市公司股权结构较为集中，股东能够对公司管理层进行控制，而独立董事是在股东对上市公司管理层的控制能力严重不足的环境中产生的，因此它可能会不符合中国上市公司治理的需要，也可能不适应中国上市公司治理的整体环境。行政本位色彩在中国上市公司治理中仍较为严重，必然会抵消独立董事这一市场本位制度的作用。国有上市公司董事长、总经理都是政府委派的，有较高的行政级别，政治及社会资源雄厚，相比之下，独立董事的社会资源显得较为单薄，很难以一己之力与上市公司高管制衡。

（三）独立董事难以解决中国上市公司治理中的深层问题

中国上市公司治理问题具有其特殊性，主要表现在如下几个方面：其一，市场经济模式尚不成熟。20 世纪 80 年代末，社会主义国家开始进行经济及社会制度改革，东欧各国先后废除了公有制，实行了产权私有化，建立了以私有制为基础的市场经济制度。与此不同，中国认为原国民经济的问题产生于计划经济，是计划出了问题，需要改革的是计划，公有制产权制度没有问题，需要加以完善和维护，经济体制改革也就是计划体制改革。《中共中央关于经济体制改革的决定》（1984 年 10 月 20 日中国共产党第十二届中央委员会第三次全体会议通过）指出，经济体制改革，就是建立自觉运用价值规律的计划体制，发展社会主义商品经济，自觉运用价值规律实现经济计划。市场经济是在西方私人产权制度的基础上发展起来的，可以说私有产权是市场经济的天然土壤。中国要在公有制基础上人为的建设市场经济，既没有前人的经验，也没有现实中的同道者，是否能够成功，理论界有不同观点，现实中尚在摸索，尚待检验。当前，中国市场经济模式中仍存在各种各样的问题，其规范程度及有效性均有待提高。

其二，中国公司治理理念及治理机制建设存在偏差。所谓公司治理，就是通过一套包括正式或非正式的制度来协调公司与所有利害相关者之间的利益关系，以保证公司决策的科学化，从而最终维护公司各方面的利益。公司治理的主体包括股东、经营者、职工、债权人、其他利益相关者。各种治理主体在公司的利益不同，因而在公司治理中的地位也不同，参与公司治理的程度不同，但资本产权主体始终处于公司治理的主导地位。要实现公司有效治理，各利益主体均要有权且能够自主的参与公司治理，有效地表达意见，行使权利。各种治理主体参与公司治理的主要途径不同，有的（如股东）主要通过内部治理手段实现自己的目的，有的（如外部利益相关者）主要通过外部治理环节达到自己的诉求，公司治理的各个环节，各种途径都必须保持畅通有效。中国政府及有关人士对公司治理的理解和把握往往存在较大偏差。如，中国国务院国资委主任李荣融就公开表示："在市场经济条件下，企业搞好搞坏，跟所有制没有直接关系，不同的所有制里都有好的企业，也都有差的企业，关键看是否按经济规律和企业发展规律办事"（叶檀，李荣融郎咸平异曲同工 产权论已遭抛弃，每日经济新闻，2005 年 10 月 19 日）。在其对新加坡国有企业治理情况的考察中，李荣融表示，"我们这次是带着国有全资企业该怎么建立好董事会这个问题来的。通过考察学习，我们得到了圆满的答案"，而答案就是"建立现代企业制度，规范董事会是最核心的问题。央企外部董事要占一半以上，不能内部人占多数，要独立公正发表意见，要能独立承担责任，落实经济责任"（同上）。科斯定理告诉我们，在交易费用为零的情况下，不管权利如何进行初始配置，当事人之间的谈判都会导致这些财富最大化的安排；在交易费用不为零的情况下，不同的权利配置界定会带来不同的资源配置；因为交易费用的存在，不同的权利界定和分配，则会带来不同效益的资源配置，所以产权制度的设置是优化资源配置的基础。抛开有效的产权制度，我们无法建构现实有效的市场机制，也无法建构现实有效的公司董事会。学术界一般认为中国公司实行的是"二元制"内部治理结构，其实不然。中国的监事会根本不是公司治理中独立的一元，它的地位远远低于董事会与经理层，更没有德国公司监事会那种任免董事的权利。中国公司的董事会在形式上与德国公司监事会相同，但实际上中国公司的董事会往往兼公司决策与经营权于一身，中国实际上实行的是"一元制"公司治理结构。这种表里不一的治理结构与中国错误的治理理念是分不开的。治理从本质上讲就是分权制衡，但中国"一元统治"的传统十分根深蒂固，难以动摇，致使科学的公司治理理念难以确立。

其三，产权制度失灵。南开大学国际商学院 2002 年《中国上市公司治理评价研究报告》表明，中国上市公司治理中存在的种种问题，与中国上市公司普遍存在国有股“一股独大”有着直接的关系。这一论断也得到了其他专家研究的印证。王秀治博士实证研究发现，“国有控股对上市公司绩效的影响是负的”（王秀治，股权与治理——股改前中国上市公司制度安排的实证研究，上海财经大学出版社，2009 年 10 月第 1 版，第 189 页）。山东大学副教授张立达通过对 2005 年中国上市公司的资本结构与公司治理绩效关系进行了实证研究，结论为：“在控制了第一大股东性质后，第一大股东持股与绩效正相关，但若第一大股东为国有股东则负相关，并且国有第一大股东使公司价值平均降低 4.81%，国有第一大股东控制的公司中仍然存在着相当程度的政企不分，相对于其他公司，它们在公司治理以及企业内部资源配置和使用方面效率不高”（张立达著，上市公司资本结构与公司治理绩效关系研究，经济科学出版社，2008 年 9 月第一版，第 113 页）。企业国有股权名义上属于全国人民所有，人民的全体是所有企业国有股权的股东，在这种产权模式下，“人民股东”不可能对企业行使股东权利，因此，中国《企业国有资产监督管理暂行条例》（2003 年 5 月 13 日中国国务院第 8 次常务会议讨论通过）第四条规定，“企业国有资产属于国家所有。国家实行由国务院和地方人民政府分别代表国家履行出资人职责，享有所有者权益，权利、义务和责任相统一，管资产和管人、管事相结合的国有资产管理体制”。《中华人民共和国公司法》（中华人民共和国第十届全国人民代表大会常务委员会第十八次会议于 2005 年 10 月 27 日修订通过）第六十七条规定，“国有独资公司不设股东会，由国有资产监督管理机构行使股东会职权”。国有资产监督管理部门不是真正的股东，不可能承担股东的责任，但却依法享有股东的权利，全体人民是股东，承担了股东的义务，却不能享有股东的权利。权利义务完全错位，使产权约束与激励机制弱化甚至彻底丧失。

其四，市场及法治环境缺陷致使公司治理失效。美国公司股权十分分散，容易产生“内部人控制”，但由于市场机制效率较高，法治环境较为完善，“内部人控制”现象得到较为有效的抑制。美国具有严格的市场法规监管体系，法治机制健全，效率较高。另一方面，美国市场机制完善，竞争充分有效。健全的法制及市场竞争机制，构成了美国强有力的公司外部治理系统，弥补了股东对公司管理层控制能力的不足。中国上市公司股权十分集中。截至

2008 年 9 月 30 日，沪市、深市 A 股上市公司中，有 60% 以上的第一大股东持股比例处于 20%~50% 区间，两市中第二大股东持股比例低于 10% 的公司占比却分别高达 77.13% 和 59.83%（邓辉，中国法学，2008 年，第 6 期）。大股东控股一般情况下能够避免“内部人控制”现象，如德国、日本公司。然而，中国公司的“内部人控制”却与“大股东控制”同样严重。当然，中国的“大股东控制”其实也是“内部人控制”，是“代理人”违反代理义务，违规行使股东权利的一种现象，中国的“大股东控制”与“内部人控制”同样是一种代理人权利的越位和错位。中国公司“大股东控制”与“内部人控制”同时存在，表明中国不仅存在着产权失灵，法治与市场机制也不健全。当前中国还没有职业经理人市场，产权市场远没形成，产品市场也受到种种限制。另外，中国法制环境尚不健全，司法不独立，有法不依，执法不严的现象较为严重。全国人大原常委会副委员长成思危撰文指出，腐败的存在造成了对民营企业更多的“拿卡要”。曾经有国企领导说，要我不受贿可以做到，但是要我不行贿做不到，因为不拿钱就办不了事。这就说明，腐败是当前非常严重的问题，特别是对民营企业来说，不拿钱开道简直是寸步难行（成思危，当前腐败非常严重民企不拿钱开道简直寸步难行，法制日报，2010 年 01 月 12 日）。

“上市公司治理的规范化，是个复杂的工程，独董制度只是其中一部分，它不是灵丹妙药，也不可包治百病。有人把独董喻为裁判，虽能使比赛更规范，但却不能阻止人们犯规，更不能指望他来提高比赛成绩；甚至，当比赛规则不完善时，他也可能吹黑哨。因此，我们不必迷信独董，尤其是投资者，切不可因为有了独董就高枕无忧”（王东京，不必迷信独董制度，新浪博客，2007 年 1 月）。上市公司治理是内外部治理的有机统一体，有效的上市公司治理，不仅取决于严谨的公司内部治理，也取决于健全有效的公司外部治理，既需要具有有效的产权约束、公司内部治理机制约束，也需要高效有序的市场竞争和公正廉洁的法治环境。独立董事制度只是公司治理系统中的一个辅助性环节，在整个治理系统中存在产权失灵、法治不严等重大缺陷的情况下，指望靠独立董事制度消除上市公司治理中的种种问题，是不现实的。

四、完善独立董事及中国上市公司治理机制的对策建议

（一）深化国有上市公司股权改革，塑造有效的公司国有产权主体。北京

大学教授经济学家张维指出：改善独立董事的作用如同在麻袋上绣花，不换麻袋就很难彻底解决问题。他认为，在中国目前情况下，上市公司股权结构的问题没解决，社会信誉及相关法规没有建立起来，如果把“宝”全压在独立董事身上，希望依靠独立董事彻底防范上市公司的内部人控制、保护中小股东权益，显然仍旧不太现实（完善独立董事制度如麻袋上绣花，北京晚报，2001年07月03日）。深化国有股权改革可以从两个方面入手，一是明确国有股权的具体责任人，加强国有产权代理主体的监管，使国有产权主体确实承担起产权主体应有的权利义务；二是适当降低上市公司国有股权比重，将国有产权民营化，降低国有产权在国民经济中的比重。

（二）加快市场法治建设。美国贝克莱加州大学和清华大学的钱颖一教授对于好市场经济与坏市场经济的区分作了分析。他指出，在目前的世界上，宣称实行市场经济的国家占了绝大多数，但是建立起规范的市场经济的国家并不多。许多国家仍然在无规范的、由权力支配的市场经济，或者叫做坏的市场经济的陷阱中挣扎。原来实行计划经济国家进行市场化转轨，弄得不好，也往往陷进这种坏的市场经济的陷阱。转轨国家落入这种陷阱的概率很高的原因是：改革是在保持原有行政权力体系的条件下从上到下推进的，在利益结构大调整的过程中，某些拥有行政权力的人往往有方便的条件利用手中的权力谋取私利。如果一个国家建立了有效的民主制度和法治环境，抵制权力资本的能力就会强得多。反之，在行政权力的主导下，一个国家虽然也能够在一段时间内取得某种程度的经济成就，但终究会因为法治不行而落入坏的市场经济，或称权贵资本主义的泥坑。这种经济至少存在三个问题：第一，政策的随意性增大了经济活动的不确定性，导致经济活动缺乏效率；第二，政府官员的行为缺乏规范和约束，导致权力的滥用、腐败和社会不公；第三，公民的基本权益缺乏保障，公民缺乏安全感和从事经济活动的积极性，使经济缺乏长期的活力（吴敬琏，呼唤法治的市场经济，中国报道，2009年10月20日）。中国政法大学教授江平认为，市场秩序主要存在三大问题：商业欺诈、商业贿赂和商业垄断。这些都是中国今后完善市场经济法律制度建设更大的任务（深圳新闻网，2008年10月2日）。当前中国上市公司治理中的许多问题，都是由法治不健全引起的，改善上市公司治理，必须加强法治建设，堵塞法治漏洞，提高法治水平。

（三）完善市场体制建设，提升市场竞争的有序性和有效性。当前，国有产权市场化转让还受到许多限制。完整的产权是使用权、收益权和转让权的统一，不能转让的产权就不是完整的产权。由于国有产权不能转，产权主体权利的实现就受到很大限制，产权对经营者的约束也无法彻底实现。土地、矿产资源由国家控制，市场化配置无法实现。政府对市场行政干预较为严重，如价格管制、行业准入限制等，严重影响了竞争机制的发挥和市场机制的实现。在人力资源市场方面，由于户口制度、身份等的限制，农村居民与城市居民、不同地区不同身份劳动者之间的难以公平竞争，企业经理人市场还没有形成，上市公司特别是国有上市公司经理人的市场化竞争无法实现。上述因素必须尽快加以消除。

（四）正确定位独立董事的职能。独立董事是美国上市公司治理中较长时间演化的结果，具有其特殊的作用。随着世界经济的全球化发展和公司治理的相互借鉴及改革发展，独立董事在中国上市公司治理中必然也会有一定的用武之地。然而，独立董事制度是公司内部监督的工具，其作用就是监督上市公司管理层，将其作用进行夸大或者用在其他方面都是不正确的，中国必须改正关于独立董事的不切实际的职能定位。

（五）合理设计公司治理结构。

首先，设计公司治理结构必须本着经济有效的原则，根据公司股权结构及市场环境的不同设立不同的监督制度。目前中国上市公司治理结构中存在监事会制度，履行公司内部监督工作，在引进独立董事制度时，既要考虑其适应性，又要避免重复建设及资源浪费。本文认为，宜实行上市公司任选监事会或独立董事制度的法律制度，让公司根据自身情况选择合适的治理制度。一般说来，股权比较分散的上市公司宜采用独立董事制度，股权比较集中的上市公司宜采用监事会制度。其次，借鉴美国独立董事及德国的监事会制度，优化调整中国上市公司独立董事及监事会制度。中国必须进一步扩大独立董事及监事会的权限，如赋予独立董事对执行董事的提名权、董事会经营业绩审计及董事、高官薪酬核定权，赋予监事会临时股东大会的召集权、特殊情况下的公司代表权、公司董事的任免权等。应该要求上市公司设立董事会薪酬、审计、提名委员会，增加独立董事在该类委员会中的比重，使独立董事能有效地发挥在各专业委员会的作用。独立董事的存在最终是为了保证董事会的独立性，所以，若独立董事在董事会中的比重过小，就会影响其作用的发挥，又不利于董事会的独立性。关于独立董事及监事会制度的具体设计，美国与德国具有成熟的经验，中国应当认真加以研究，改正自身在独立董事及监事会法律制度中的错误与不足，在此不再赘述。再次，国有控股上市公司应实行监事会制度。比较美国的独立董事制度与德国的监事会制度，二者的共同点是都代表及协助公司股东对管理层进行监督，不同点是监事会是公司的常设机构，具有任免公司高管、批准公司重大经营事项的权利，对公司管理层的监督作用更强，加之监事会不干预公司经营管理业务，因而监事会在对公司管理层实行强约束的同时，也切断了股东对公司日常经营的干预，对于制衡公司股东对公司经营的不当干预也有一定的作用。由于国有控股上市公司存在产权失灵，既有产权主体缺位现象，又有大股东越位现象，因而应在解决产权失灵的同时和基础上，实施德国公司二元制治理模式的监事会制度。这样既可以实现加强对管理层的监督，抑制“内部人控制”现象，又可以在一定程度上防止大股东的越权干预。（2010 年 3 月）

13

《劳动合同法》是非谈

似乎还没有一部法律像《劳动合同法》那样引起如此大的反响和争议。有人叫好，认为该法加大了对员工的保护力度；而质疑、否定者也大有人在，其中不乏资深学者和专业人士，有人甚至危言耸听，称《劳动合同法》会“伤害员工”“搞垮经济”。一时间，《劳动合同法》价值疑云四起，其立法价值是非难辨。本文力图从不同角度及不同侧面谈一些认识，希望对问题的澄清有所裨益。

一、《劳动合同法》不是伤害，是迟来的爱

国内劳资分配关系失衡已是一个不争的事实。据报道，山西黑煤窑、黑

砖窑工人几乎在从事奴隶般工作，繁重的劳动，粗糙的食物，野蛮的管理，迅速消耗着工人的生命。“黑砖窑”事件爆发后，山西全省共解救农民工 359 人，其中童工 15 人，智力残疾人员 121 人（山西副省长薛延忠，2007 年 8 月 13 日）。廉价劳动和资源使投资者迅速暴发，禁不住到处张扬挥洒财富的自豪和自负。2005 年北京车展上，山西煤炭老板一次性集体购买了 20 辆悍马越野车，有位太原煤老板一人就拥有 3 辆不同颜色的劳斯莱斯豪华轿车，2005 年 9 月到 11 月不足两个月的时间内，山西老板斥资近 5 亿元购买北京建外 SOHO 豪华楼盘，其中一位一次性买房 12 套，花费 6600 万元。2006 年 10 月，山西购房客转战上海，一举卷走宝山一幢商铺楼盘 30 套房源，大部分一次性付清数百万房款（煤老板春秋、商界，2007 年第 3 期）。2007 年 11 月 12 日，太原老板为儿子举行奢华婚礼，花费达到千万元之多（扬子晚报，2007 年 11 月 14 日）。山西黑煤窑、黑砖窑中的劳资冰火两重天并非特例，2007 年 7 至 8 月，全国范围内开展了整治非法用工专项行动，成效十分显著。截至 7 月 30 日，共责令 9.8 万户用人单位为 149.8 万名劳动者补签劳动合同，补发 11.6 万名劳动者工资和经济补偿金 1.3 亿元，财政垫付 2265 名劳动者工资或生活费 428.6 万元，督促用人单位为劳动者办理社会保险 53.6 万人（孙宝树，新华社，2007 年 8 月 14 日）。从总体上看，我国城镇职工的工资收入也呈持续下降趋势。1990 年至 2005 年间，我国劳动者报酬占 GDP 比重从 53.4% 降低到 41.4%，降低了 12 个百分点；而同期营业余额占 GDP 比重却从 21.9% 增加到 29.6%，增加了 7.7 个百分点。1998 年，国有及规模以上工业企业工资总额是企业利润的 2.4 倍，到 2005 年降低到 0.43 倍（中国社会科学院工业经济研究所，中国企业竞争力报告（2007）——盈利能力与竞争力，中国社会科学文献出版社，2007 年 11 月）。劳资分配失衡如此普遍，部分层面已相当严重，国家法律出手调节，实乃劳动者期待已久。

《劳动合同法》伤害论者的逻辑，是《劳动合同法》将使企业利润化为乌有，由此迫使企业关闭、员工失业。较为一致的判断是，《劳动合同法》的实施会使企业人工成本增加 5% 至 7%。即使增加 10%，人工成本占 GDP 的比重也仅会由目前的 41.4% 增加到约 45.5%，公司利润比重则从 29.6% 降至约 25.5%。企业利润化为乌有之说缺乏依据，伤害论纯属主观臆断。有些投资者怀着淘金者的心态，对我国人力资源采取榨取式开采利用，待我国人力资源宝藏消耗殆尽，就一走了之，这不仅是对我国劳动者的伤害，也是对我国国民经济乃至中华民族健康发展的伤害。《劳动合同法》实施之后，这类投资者有可能提前撤离，但这正是我国经济健康发展所需要的，也是《劳动合同法》要达到的目的之一。

二、《劳动合同法》不是逆行浪，是扬帆风

《劳动合同法》抑制了“榨取式”用工，无疑会增加公司负担。静态分析，对企业似乎不利；但从动态的角度来看，《劳动合同法》对企业的可持续发展却大有助益。企业经营，从根本上来说是企业各要素通力合作、共同创造财富和价值的过程。企业的发展，最终取决于企业各要素的共同发展，仅有强大的物资资本要素，而人力资本要素落后、弱小，或者不能有效发挥其实际能力，企业的经营和发展能力注定是十分有限的。只有劳资双方利益共赢共进，企业才能创造更大的价值。有些人将企业经营看作资本和人本的零和博弈，将人力成本的增加看作资本盈余的绝对减少，将利润的增长建立在对员工收入的占有之上，是不符合现代企业经营客观规律的，是不正确的。

充分发挥劳动者的积极性和创造性，是企业成功和发展的关键。美国哈佛大学威廉·詹姆斯一项研究表明，员工在受到充分激励时，可发挥其能力的80%至90%，而在仅保住饭碗不被开除的低水平激励状态下，员工仅发挥其能力的20%至30%（苏怡滨，黑龙江对外经贸，2006年第6期）。日本企业战后迅速崛起，跻身于世界强者之列，创造了世界经济发展史上的“东亚奇迹”，辉煌成就与其较为宽厚的劳动者工资待遇及和谐的劳资关系不无关系。日本企业有较为特殊的三大管理制度。一是“终身雇佣制”。即员工不轻易跳槽，企业也不轻易辞退员工，使日本企业形成了一个命运共同体。二是“年工序列工资制”。基于业务能力和技术熟练程度与本人年龄增长成正比的认识，日本企业员工工资随年龄增长逐年增加，形成了企业与员工的利益共同体。三是在上述两项制度下，日本企业工会与企业管理者的目标很容易达成一致，因而工会与企业的沟通更充分，对企业的监督和支持更有效（王晗、黎俊初，浅谈日本经济飞速发展的原因，经济研究导刊，2007年第03期）。受知识经济的冲击，上述“终身雇佣制”“年工序列工资制”有所变革，但其基本制度内核及用工理念并未废弃，仍是现今日本企业奉行的准则和制胜法宝。与上述制

度及企业理念相适应，日本经济的发展一直伴随着工人工资的较快增长，进入 20 世纪 60 年代以后，增长进一步加快。1961 至 1970 年，日本制造业工人工资的年均增长率达到 6.75%，进入 20 世纪 70 年代以后，日本的经济年均增长率下降到 4.5%，但是日本工人工资依旧保持在 6% 以上的年均增长，（陈建军，“无限供给”走向终结，IT 经理世界，2004 年第 21 期）。

企业经营的每一个进步，产业经济的每一次升级，都离不开人力资源素质的提高，从而也离不开人力资源投资的增长。美国之所以能率先发展新经济，美国企业之所以能够在市场的角逐中屡屡胜出，是与其较高的人力资源投资及人力资源素质的快速提升分不开的。根据 2002 年《美国经济评论》的一份报告，美国和英国经济在过去 50 年中，劳动收入占 GDP 比重一直在 65% 到 80% 之间（国投集团，每日经济，2007 年 12 月 27 日）。美国公司在员工福利规划方面也是做得最好的，90% 以上的大公司有周全的员工福利计划（吴可，北京青年报，2001 年 2 月 19 日）。

较长一段时间以来，我国企业一直靠着低人力成本、高资源消耗，在产业价值链的低端循环，实现着近似于原始形式的资本积累。长此下去，企业无前途，国民经济发展无希望，业已引起有识之士的极大担忧。政府曾多次提出和推行相关政策，以图促进企业经营和产业发展的升级，但成效始终不如人意。《劳动合同法》的颁布与实施，将是企业经营及产业发展突破低水平循环，步入螺旋式上升轨道的一个有力助推。

三、《劳动合同法》不是“终极关怀”，是大道通未来

《劳动合同法》为企业健康经营和可持续发展指明了道路。首先，企业应当实现由劳资双方矛盾对立思想向和谐共赢思想的转变，要认识到和谐共赢是企业健康可持续发展的根本前提。其次，企业应当由粗放式人力资源管理向精细化管理转变。将员工的招聘、劳动合同的签订、岗位定位、薪酬待遇、培训晋升等各个环节，都纳入法制化、规范化、科学化、高效化轨道。使人力资源管理为企业的健康持续发展提供强有力的人才支撑。其三，企业应当从压力式管理转向激励式管理。抛弃“胡萝卜加大棒”手段，利用感情激励、待遇激励、事业激励等人性化管理措施。使劳资双方成为事业的合作者，价值的分享者，美好未来的共同创造者。

法律的积极作用在于有效实施。美国《基督教科学箴言报》引用美国法律专家哈里斯的言论："中国法律一直存在的问题就是：新法律是否能执行，能执行到什么程度，针对谁执法"。疑虑不无道理。《劳动合同法》生效之后，积极落实者有之。如富士康总裁郭台铭率领集团三千多名高管和六十五万名员工学习《劳动合同法》，并规定 8 年工龄优秀员工即可签无固定期限合同。严肃应对，积极调整用人制度者有之。如华为动员 10 年及以上工龄员工全部买断工龄，重新竞争上岗。有人认为华为消极执法或者消极抵制，但《劳动合同法》引起了华为的高度重视，并促进了华为用人制度的调整和优化。也有一些企业对《劳动合同法》没有给予足够的重视，缺乏应对措施，在人力资源管理中继续因循成规。

进而言之，即使《劳动合同法》能够不折不扣的实施，积极、契合的劳资关系也并非水到渠成。确立企业发展所需要的健康的劳资关系模式，实为法律难以承受之重。不同行业、不同企业劳资双方利益格局千差万别，劳资双方在不同的发展阶段也诉求各异，其间的利益、文化、发展目标、价值取向等各方面的相容、契合，实际上是在法律、社会、舆论等方面的共同作用下，劳资双方长期博弈的结果，是一个动态的过程。因此，大力开展媒体监督，积极发展工会等社会调节，是当下我国急需采取的重要措施，也是建立和谐劳资关系的必由之路。（2007 年 7 月）

14

我国外商投资企业制度失衡透视

——外商投资企业制度的新经济学视角

一、当前我国外商投资企业中存在着制度供给不足

考察一下外商在华投资动向，可以发现外商在投资中的制度规避行为越来越明显，主要表现在如下几个方面：1、在新设公司中选择独资规避合资、

合作。例如，受国内外环境的影响，1999 年我国合同利用外资和实际利用外资比 1998 年分别下降了 21.08% 和 11.95%。然而外商独资企业下降却非常小，其在利用外资中的比重比 1998 年分别上升了 10 个百分点以上，合资合作企业比重下降幅度较大（吴正章，2000 年）。2001 年前三个季度，我国外商直接投资恢复性增长。前三季度实际外商直接投资 322 亿美元，同比增长 20.7%，而中外合作企业却下降 3.0%（王政，2001 年）。2、在存量合资、合作企业中，外方千方百计通过增资实现控股和独资。2000 年 6 月，宝洁（中国）有限公司提前终止了与北京日化二厂合资合作，成为独资公司，与此同时广州宝洁公司外方增资至 99% 的股权，中方仅保留象征性的 1% 的股权。1980 年诞生的中国第一家中外合资企业——中国迅达，也于 2001 年 1 月 16 日演变为外商独资企业。西门子公司从 1990 年起，在中国共建了 59 家企业，其中 12 家独资、45 家合资、2 个 BOT 工程。然而到目前为止，西门子公司只在 5 家公司不控股，在其他合资企业中均已获得了控股地位（刘坚，2001 年）。3、利用离岸公司投资内地公司。很多西方投资者来中国投资时，不是直接在中国成立外商独资或与中方成立合资、合作企业，而是先在英属维尔京群岛、开曼群岛或百慕大这些离岸司法管辖地区成立一家离岸公司，然后再以这家离岸公司为投资者来华投资（卢贵平，2001 年）。

上述外商规避行为可分为两类。一是规避合资、合作制度，二是对我国外商投资企业制度进行整体规避。外商规避合资、合作企业制度的原因，一是由于中外双方管理人员的业务素质、价值取向、经营理念、人事机制等存在很大差别，致使在企业经营管理工作中摩擦较多。二是根据我国合资、合作企业法规定，企业资本的增加、减少等问题必须经过中外双方一致同意才能实行，致使一些决策难以形成。如克来斯勒在北京吉普的合资中，早在合资初期外方就建议不分红，把税后利润拿来再投资，以扩大生产规模。可中方却感到年产几万辆的规模已经不错，没有必要急着追加投资，不如每年两三亿的利润拿出来实在。外方后退一步，要求单独增资，又遭中方拒绝。结果矛盾越来越深，企业很快走向亏损。

外商通过离岸公司进行投资，其目的是规避我国对外商投资退出权的限制制度。我国合作企业法规定，“合作企业注册资本在合作期限内不得减少。但是，因投资总额和生产经营规模等变化，确需减少的，须经审查批准机关批准。”对于合作一方的退出则没有规定。我国外商独资企业法规定，“外资企业在经营期限内不得减少其注册资本”“外资企业注册资本的增加、转让，须经审批机关批准。”中外合资企业中一方转让股权的，还需另一方同意。因此外方很难中途抽回资金。但是，由于客观情况在不断地变化，外方转移或抽回资金是必要的规避风险的资本运作，我国外商退出权的限制，无疑增大了外商的风险。通过离岸公司投资我国，外商退出时，只要将其离岸公司转让就行了，不会受到任何限制，也不需交纳任何费用，从而规避了我国对退出权的限制。

外商对我国外商企业制度的规避说明了我国外商投资企业制度存在不足，外商对我国外商投资企业制度的需求没有得到满足，我国存在着外商投资企业制度的供给不足。

二、世贸导向制度变迁难以消除当前的制度失衡

为了适应入世的需要，最近我国对外商投资企业法进行了修改，表现在如下四个方面：1、删除了外汇平衡条款。因为该规定与世贸组织规则不符，《与贸易有关的投资措施协议》规定，世贸组织成员不得使用强制外商投资企业外汇平衡的投资措施。再则，我国现已实现经常项目下的外汇的自由兑换，外汇平衡的规定已无实施必要。2、删除了当地含量条款，将原条款中的“在同等条件下，应当优先在中国购买”改为“按公平、合理的原则，可以在国内市场或者国际市场购买”。其原因是该规定违反了世贸组织协议关于禁止成员使用强制外商企业当地含量的投资措施，而且其与市场经济的原则也不符。3、删除了企业生产计划备案的规定。4、放宽了设立外商企业的限制，删除了设立外资企业，必须采用先进的技术和设备，或者产品全部出口或者大部分出口的规定。

从上可知，我国外商投资企业制度的变革基本上是入世导向的，是为了应对世贸组织规则的要求而作的变革，这种变革无疑使外商投资企业的经营环境更加宽松，有利于外商投资企业的经营和发展。然而，这些变革并没有触及当前外商投资企业制度失衡的根本问题，没有满足外商对企业制度创新的根本需要。在企业的各项制度当中，股权运作制度、内外部治理制度是核心和关键，而“外汇平衡”“当地含量”等只是附加给企业的额外义务，虽然对企业

的运作具有巨大的影响，但它们却不是企业制度的核心与根本，不能决定企业运作和治理的模式，因而不能从根本上决定企业的运营效益。当前外商对我国外商企业制度的规避，主要是对其股权运作、治理机制等核心制度的规避，而不是对“外汇平衡”“当地含量”等非核心制度的规避，而且，随着市场化的推进，“外汇平衡”等制度已经失去效力，无须再进行规避，因此，这种入世导向的制度改革不能消除我国外商投资企业中的制度失衡。

三、在新制度经济学视野中寻找制度均衡

新制度经济学认为，制度安排的主要目标之一就是经济效益原则（卢现祥，1999 年），制度的先进性、适宜性在于它能最大化地发挥生产要素的效力，能够实现企业组织的最大经济效益，否则，就应该变革，就应该被淘汰。我们进行企业制度改革的原则只能是经济效益原则，而不能局限于满足世贸规则的要求。

当前，外商投资企业制度对经营效益的制约作用是十分明显的，例如，现代市场经济形势千变万化，变化速度加快，为了适应变化的形势，企业必须进行快速经营决策，而双方一致同意的规定往往是决策延误或久拖不决，使企业暴露在风险之中。从理论上来看，在这种情况下，其中一方可以通过行使退出权，进行自我保护或迫使另一方对风险警觉，但是在我国现行法律制度下，退出权的行使几乎是不可能的。因为无论是直接撤资或是通过与第三方股权置换进行撤资，都必须获得对方的同意，并经过政府的批准，手续繁杂、程序漫长，而且成功的可能性很小。因为外方撤资影响企业的持续经营，对工人就业、财政收入、领导业绩等都会造成极为不利的影响，中方股东和政府一般是难以同意和批准的。这就是外商进行制度规避的真正原因。

新制度经济学认为，影响制度变迁的原因可分为三类，即经济因素、政治因素和意识形态因素。我国企业制度供给实行的是中央政府统一供给，对于外商投资企业制度供给的不足，可能主要是出于经济方面的考虑。我国对外商在华投资给予了一系列的优惠政策，如税收优惠、土地使用优惠等，允许外商任意撤资，怕外商享受完优惠政策之后就撤资，投机专营于政策租金，或者利用这一政策损害中方合作者利益。但是，笔者认为，这种考虑的道理是不充分的。上述考虑包括市场主体之间和市场主体与政府之间的两层关系。就第一层

关系来说，在市场竞争之中，任何市场主体之间的关系都是平等的，政府无权也无责任专门保护任何一方。就第二层关系来说，政府完全可以在不限制退出权的情况下，利用其他办法防止外商对优惠政策的单纯寻租和有害利用，从而实现更加灵活的企业股权运作和更加有效的企业治理。

跨国投资，合资、合作经营，具有优势互补、规模经济等多种优势。外商投资企业对于我国改革开放和建设社会主义现代化的宏伟事业，起到了并将继续起到巨大的推动作用，以新制度经济学的视角审视我国外商投资企业制度，推动其改革和创新，是发展我国外商投资企业的需要，更是加快我国现代化建设的需要。（2002 年 1 月）

第五章　理念争锋

15

管理深处是激励

一、激励是活力的策源地

《追求卓越》一书的作者对美国卓越公司进行了调查，得出的结论是，依靠人来提高生产力，是卓越公司成功的主要原因。

人是经营的主体，也是经营的客体，企业经营首先是人力资源的投向、分配、沟通和协调。经营的目的是满足人的需要。决定一个企业经营的策略、运营水平、运作力度以及经营效果的是人不是物，是人的积极性和创造性的发挥。

一定的刺激是人们行为的必要前提。激励是以一定方式组织起来的群体中的一种自觉的、有目的的系统刺激行为。它克服了一般刺激的盲目性、随机性，能够更有效地激发人们向着既定的目标行动。哈佛大学的威廉·詹姆斯在对激励的研究中发现，激励可以充分发挥个人的能力。在临时雇员按时计酬的情况下，一般只会运用20%~30%的能力来应付工作。若给予充分激励，则他们的能力可发挥至80%~90%。激励不仅可以使人们发挥才智释放能量，它还是人们能量再生，才智发展壮大的必要条件。

引导和影响，即激励和策动，是领导者的作用和职能。领导和激励策动密不可分，离开激励和策动，领导行为也就无从实施，也就无领导可言。因此，即使占据了领导地位，如果不能有效地激励策动人们去努力实现既定的使命，也不能算真正意义上的领导。

企业家只有极大地激发工作人员的积极性和创造性，才能确定正确的经营目标。企业家并非先知先觉，事事高明，其正确思想、科学方略来自于实践，来自于观察总结，来自于集思广益。广大工作人员思想的火花，是企业科学经营目标的重要来源，员工的积极参与是这一思想来源的根本保障。

企业家只有极大地激发工作人员的积极性和创造性，才能圆满的创造性的实现既定目标。一个好的计划，如果没有人去实施，只能是一纸空文。无论怎样好的计划，如果实施不力，也达不到应有的效果。企业经营，不仅要有好的计划，更重要的是实现计划，获得经济效益。

企业家只有极大的激发工作人员的积极性，才能使企业经营卓有成效。正如哈佛商学院著名教授、世界著名管理行为和领导科学权威约翰·科特在其《现代企业的领导艺术》一书中论述的那样，李·艾科卡使公司资产收益率由原来的年平均负 8% 一跃成为年均近 20%。不仅仅是因为他为其公司提出了大胆而切实的新设想，而且更是因为他鼓励，并促成大批工作人员为实现这一设想而热情饱满的工作。正是因为此，艾科卡被公认为近年来成功领导企业的典范。

企业家只有有效地激励其工作人员行动起来，为了一个共同的目标而努力工作，才算尽了其应有的职责。企业家是企业兵团之帅，调动有生力量，占据战略高地是其责无旁贷的责任，稍有不力，贻误战机，其企业家的头衔也就难保了。

二、激励是妙笔杰作

要有效地激发人们的才能，企业家必须明确了解人们的各种需要及其强度，恰如其分地进行激励。人们的种种需要往往缺乏直观的表现，常常深藏在其心理活动之中。企业家必须具有敏锐的洞察力和分析判断能力，透过现象，深切了解人们的真实需要。

激励是一种特殊的社会活动，有其特殊的规律性。企业家的激励必须符合这些特殊的规律，才能取得预期的效果。首先，激励必须以物资利益为主导。物资利益需要是人类现阶段最基本的需要。“人们奋斗所争取的一切，都是和其物资利益相联系的”。物资利益激励应该是最基本的激励措施，虽然随着社会的发展，人们的需要及其结构有所变化，但物资利益的核心地位仍没有改变。在当今发达的西方社会，物质激励仍是最主要的激励手段。其次，激励必须具有规范性。健全的激励制度是有效激励的前提条件。企业中人员结构复杂，激励措施多种多样，激励工作面广量大，只有通过设计精巧的激励制度，才能使激励有效地进行。IBM 对员工的激励是非常成功的，该司有一套规范化的激励措施。其中包括：1、提供丰厚的退休金及集体人寿保险、医疗保险待遇。2、为职工家属办乡村俱乐部，一年只需交会费 3 美元。3、对愿意重返学校深造的员工补贴学费，并设有公司培训中心网和学校，让职工学习从编制计算机程序到国际金融等各类课程。第三，企业的激励应该具有联动性。一项正确的激励不仅要能对被激励者产生预期的推动作用，同时对其他具有同样要求的人也能产生一定的良好的推动作用。进而，这一激励产生的结果反过来又对激励者产生正面的影响。这样才能在企业内部形成一个相互激励的联动链条，使企业活力不断地被激发出来。第四，激励必须具有公正性。要客观地评价工作人员的成绩，并依一定的规则给予相应的激励。既不能拔高或贬低，也不能厚此薄彼。否则，激励就会产生不良甚至相反的效果。第五，激励应坚持效用最大化原则。一项激励，其手段和方法不仅要有利于企业的短期利益，而且更要有利于企业的长期利益；不仅要能够一般的促进企业的利益，而且要能够最大限度地促进企业的利益。日本索尼公司总裁盛田昭夫认为："对有功之人应该颁给奖金——而不是地位，地位应颁给那些具有相应才华的人"，否则就有碍于公司的可持续发展。第六，激励应具有系统性。激励形式多种多样，而且还大量的存在于无形之中，企业领导的一言一行都会对其工作人员产生某种激励。员工之间也无时不在相互激励。企业家要对这些激励进行引导调节，使其朝着有序、有利、有效的方向发展。形成一个有利于员工行为良性循环的企业氛围。最后，激励应不断创新。新的更有效的激励形式可以起到事半功倍的效果。另一方面，人的需要是不断发展变化的，激励手段和形式也必须随着花样翻新。激励创新成效如何，在很大程度上是能否进一步强化企业活力的关键，也是企业家聪明才智及创造性能力的重要表现。微软公司为了留住技术人才，在公司技术部门创设了特殊的晋升机制，使那些高技术人才能够得到与经理同样的待遇，取得了很大的成功。

激励是一门综合性艺术。企业家必须具有深厚的阅历，丰富的经验，世事洞明，人情练达，才能形成胜任愉快的艺术造诣。激励理论基础广博深厚，操作艺术复杂，企业家必须充分发挥其聪明才智进行高水平的运作。激励需要企业家的妙笔杰作。

三、激励是人生的一种高度

许多人认为管理就是利用一套规范进行控制，这即使在泰罗时代也是一种偏见。管理本质上是激励，是激励别人把事情做好。得人才者得天下，得人心者得人才，可能道理不难理解，但成功实践却并非易事。古往今来，无论是政治争霸或商场争雄，都在持续不断地上演着令人振奋或顿足扼腕的盛衰成败故事。其中道理十分令人深思。知人善任，率众兴邦对大多数人来讲是人生难以企及的境界。它需当事者具有深谋远虑的胆识，知人善任的睿智，海纳百川的胸怀，人格素养达到脱俗至圣的高度。正因为如此，它也是管理者追求的一种深度，是志士仁人持之追求的一种人格和人生高度。（2006 年 6 月）

16

西方管理理论的三重境界

西方管理理论形成于 20 世纪初，经过不断丰富发展，形成了流派众多、范式各异的管理理论丛林。但从大的方面来看，西方管理理论可以分为三种范式或三重不同的境界。本文试通过对管理理论的三重境界进行分析，以期对当前企业管理与经营有所启示。

一、科学管理

管理由经验知识上升为科学理论和科学实践，就产生了“科学管理”。泰罗认为：“诸种要素——不是个别要素的结合，构成了科学管理，它可以概括如下：科学，不是单凭经验的方法。协调，不是不和别人合作，不是个人主义。最高的产量，取代有限的产量。发挥每个人最高的效率，实现最大的富裕。”泰罗关于科学管理的定义概括了科学管理的基本思想。

科学管理产生于资本主义机器大工业形成初期，随着科学技术的进步，生产社会化程度不断提高，市场范围和企业规模的扩大，特别是大公司的兴起，使企业管理工作日益复杂，对管理的要求越来越高。资本家单凭个人的经验和能力管理企业，包揽一切，已不能适应生产发展的需要，客观上要求资本所有者与企业经营者实行分离，由那些具有专门管理知识的经理、厂长、工程师来代替资本家管理企业，以提高管理的水平。科学的进步、企业规模的扩大、所有权和经营权相分离促成了科学管理论的产生。20世纪初至二战结束，科学管理替代了传统的经验管理，管理进入了一个新阶段。

科学管理的主要代表人物有泰罗、法约尔和韦伯，泰罗被称为“科学管理之父”。泰罗提出了科学管理的主要措施，具体包括：1、工作定额原理，即管理的中心问题是通过制定合理的工作定额来提高效率。2、第一流工人原理，即为工作挑选适合于其工作而又有进取心的人，并对他们进行培训和教育。3、标准化原理，对工人的操作方法、工具、劳动和休息时间的搭配，机器的安排和作业环境的布置等进行分析，消除各种不合理因素。4、差别计件工资制，即根据工人完成定额的不同而采取不同的工资率，而不是根据工作类别来支付工资。5、把计划职能和执行职能分开，变原来的经验工作法为科学工作法。6、实行职能工长制，即设立监工。7、实行例外原则，即企业的高级管理人员把例行的一般日常事务授权给下级管理人员去处理，自己只保留对例外事情的决定和监督权。8、劳资双方的“精神革命”，即雇主和工人之间建立良好的合作关系。

法约尔确定了管理的十四条基本原则，即劳动分工、权利与责任、纪律、统一指挥、统一领导、个人利益服从整体利益、人员的报酬、集权、等级制度、秩序、公平、人员稳定、首创精神、团结精神。

韦伯的主要贡献是提出了理想的行政组织理论，他认为理想的行政组织体系是建立在正式、合法和权威基础上的，是最符合理性原则、高效率的一种组织结构形式。这种组织系统包括以下内容：实行职责分工、自上而下的等级系统、人员的任用必须称职、职业管理人员任命产生、遵守规则与纪律、组织中人与人的关系遵循理性原则，不计个人感情。

科学管理理论主要理论贡献有三个方面：一是第一次使管理从经验上升为理论。把科学的知识和科学的精神应用于管理的实践和理论探索，使人类社会的管理观念和管理方式进行了一次哥白尼式的变革，实现了由经验管理向科学管理的转变。二是注重制度和流程的科学化，通过大量调查研究总结出一套科学管理的方法，如劳动定额、操作规程、作业标准化、奖励工资、职能分工等，并主张把科学管理的方法纳入企业规章制度。三是重视工人积极性的激励。泰罗认为劳动生产率的提高主要取决于个人积极性和潜力的发挥。物质刺激只有与对工人的真诚关心和友好接触相结合才能有效激发工人的积极性。

科学管理理论对企业经营效益的提升起到了巨大的推动作用。1913 年，亨利·福特推广泰罗制，创建了世界上第一条流水生产线。福特不仅设计出完善的装配线和统一精确的通用零部件，还创造出依靠非熟练工人在中心装配线上使用通用零件的大规模生产方式，进一步降低了对工人手工技能的依赖，工人无须动脑思维就可以完成单一而简单的工作，实现了机械化的大批量生产，成本大幅度降低，使轿车很快进入了普通家庭。1908 年，福特生产了 6000 辆 T 型车，每辆售价 850 美元；到了 1916 年，卖出 6 万辆，每辆售价为 360 美元；在 T 型车销售的最后一年中，卖出 1500 万辆，售价仅为 290 美元。

科学管理对企业经营的促进作用十分显著，因而十分流行，至今仍在广泛应用，特别是在发展中国家更是如此。然而科学管理确实存在很大缺陷，主要是其“经济人”的假设和 X 理论。这种假设认为：人十分懒惰，总想办法逃避工作；大多数人没有雄心大志，不愿负任何责任，而甘心情愿受别人指导；多数人的目标和组织的目标是矛盾的，必须用强制、惩罚的方法，才能迫使他们为达到组织的目标而工作；多数人干工作都是为了满足基本的需要，只有金钱和地位才能鼓励他们工作。这种关于人性的假设较为片面，对人的自身发展重视不够。

二、人本管理

“人本管理”思想有两个来源。一是人本思想，二是实验科学。人本思想源于古希腊，一直如星星之火传承下来。20 世纪 60 年代，现代人本主义在哲学界再次突起，宣扬人的价值、捍卫人的尊严、关注人作为人的前途、特点和利益，以提高人的地位为使命。

人本管理思想的另一来源是实验科学。20 世纪 20 至 30 年代间，美国国家研究委员会和美国西方电气公司合作进行了有关工作条件、社会因素与生产效率之间关系的试验。由于该项研究是在西方电气公司的霍桑工厂进行的，因此，后人称之为霍桑试验。霍桑试验表明，职工不仅受金钱的影响，还受社会和心理影响，生产效率主要取决于职工的积极性，取决于职工的家庭和社会生活以及企业中人与人的关系。美国心理学家亚伯拉罕·马斯洛于 1943 年在《人类激励理论》论文中所提出了需求理论。该理论将需求分为五种，像阶梯一样从低到高，按层次逐级递升，分别为生理上的需求，安全上的需求，情感和归属的需求，尊重的需求，自我实现的需求以及求知和审美需要。

人本思潮以及实验科学的新发现，促成了人本管理理论和实践的诞生。梅奥等人根据霍桑试验，于 1933 年出版了《工业文明中人的问题》一书，书中认为：职工是社会人，是复杂社会系统的成员，金钱并非刺激员工积极性的唯一动力，新的激励重点必须放在社会心理方面，从而使人们之间能更好协作以提高效率。新型领导必须善于倾听和沟通员工意见，提高员工的满足感，关心职工在生产中的人际关系和社会需要的满足，鼓励员工参与管理，重视沟通协调，发挥非正式组织的作用，提倡集体奖励等。

德国 1920 年至 1989 年间陆续通过并实施了《工厂委员会法》《共同决策法》《工人共同决策法》和《工厂制度法》等一系列法律，保证了企业雇员可以通过工厂委员会和共同决策制享有参与权和决策权。工厂委员会由所有雇员选举代表组成（不包括管理阶层），委员会每月与雇主举行一次联合会议。委员会有权了解任何会对雇员造成重大影响的生产经营方面的决策以及公司的财务状况。如果委员会发现劳动条件的改变损害了工人的人性化需要，可以要求雇主予以改变或补偿。共同决策制规定，劳资双方在董事会中占有同等的席位，双方再共同选举一位中立代表，中立代表只有在双方投票平局的情况下才进行表决。雇佣劳动者不需要借助于资本、知识等条件即可参与企业决策，这意味着对“以资为本”的突破和“以人为本”的开端。

赏识管理是人本管理思想的重要理念之一。美国哲学家威廉·詹姆斯认为：渴望得到别人的认可和赞赏，是人类埋藏最深的本性。这一观点被称为詹姆斯定律或欣赏定律。辛迪·温特莱斯提出了赏识管理观念，他在《赏识管理》一书中指出，有效的赏识要素是赞扬、感谢、机会和尊敬。领导的一个重要工作是培养良好的赏识习惯，在赏识员工的同时，引导和鼓励员工相互赏识。很多企业领导认为津贴、礼券、奖金就是赏识。但员工的看法并不完全是这样认为，他们更愿意看到这些手段所应该表达的含义而不喜欢这些手段流于形式。员工深信，心意最重要。对于表达赏识的奖励，员工需要真正感受到企业对他们出色成绩的承认和对他们个人价值的由衷赞赏。在企业里，任何一种开支的预算都可以削减，唯一不能削减的预算是赏识预算。赏识预算可以有多大做多大。领导的赏识预算越大，优秀的员工越多，团队的卓越程度越高，企业的核心竞争力就越强。

通用电气前任CEO杰克韦尔奇认为，团队管理的最佳途径是致力于激励员工完成自己的构想，并说道："给人以自信是到目前为止我所能做的最重要的事情"；美国钢铁公司总裁查尔斯史考伯曾说道："我认为，我那能够使员工鼓舞起来的能力，是我所拥有的最大资产。而使一个人发挥最大能力的方法，是赞赏和鼓励。"

人本管理与科学管理的区别是，科学管理关注的重点是利润、是机械设备的改造、是组织流程的优化，因此可以归结为"物本管理"；人本管理更强调人的价值，强调管理必须以人为中心，必须满足人性需求，必须实现人的自我发展。目前对人本管理的理解可区分为两个层面的理解。第一个层面即把人的因素当作了管理中的首要和本质因素。即首先确立人在管理过程中的主导地位，继而围绕着调动人的主动性、积极性和创造性去展开企业的管理经营，以便创造更大效益，实现更大发展。第二个层面是通过以人为本的企业管理活动来锻炼人的意志、脑力、智力和体力，实现人的全面的自由发展，或者说人与企业共成长。本文认为上述两个层面分别为人本管理理论发展的不同阶段。

三、神本管理

本文所谓"神本管理"，是指以基督教教义为行为原则，以神的荣耀为宗旨的企业经营管理。"神本管理"思想主要特点有以下方面：

一是天职观。忠于职守、尽职尽责是上帝的要求，是为了上帝的荣耀。企业家也要把赚取财富当作天职来对待，神圣地圣洁地挣钱、神圣地省钱、神圣地捐钱。在工作中要效法上帝的公义、圣洁、慈爱、智慧和创新意识。天职观肯定了劳动的神圣、致富的神圣，同时也为劳动致富预设了正义原则。

二是平等观。美国思想家马格利奇说，"在基督教里，每一个人，无论是男是女，患病的或健康的，聪明的或愚拙的，美丽的或丑陋的，都被他的创造者所深爱”。另外，基督教认为每个人的工作都是上帝赋予的职责，都是神圣的，因而也是平等的。因此，以基督教以为原则的管理更注重平等、感召、分权、协同和分享。

三是服务观。《马太福音》20章第25至28节中讲道：“耶稣叫了他们来，说：你们知道外邦人有君王为主治理他们，有大臣操权管束他们。只是在你们中间不可这样。你们中间谁愿为大，就必作你们的佣人；谁愿为首，就必作你们的仆人。正如人子来，不是要受人的服侍，乃是要服侍人，并且要舍命，作多人的赎价。”基督教“为首为仆”观对西方管理理论与实践产生了很大的影响。

1970年，美国电话电报公司的CEO格林里夫在《仆人式领导》(The Servant As Leader)一文中首次提出了“仆人式领导”的概念。在文章中，他对仆人式领导做了如下的描述：仆从领导理论认为，领导不是无所不能的天神，不是光耀史册的帝王将相，也不是具有传奇色彩的英雄，领导首先是仆从。该理论源自于这样一种真切而朴素的观念：每一个人都需要服务，然后，他才希望得到引导。当人们得到一个人的服务和引导时，他们转而会服务、引导更多的人，推而广之，更广大的员工、消费者乃至整个社会都会感受到这种服务。因此，一个最有益于组织发展与社会进步的领导，首先必须是一位诚心诚意为他人服务的仆从。

四是羊文化。羊文化是基督信仰在经济、社会文化领域的彰显，是文化基督化中重要的一环。其本质在于：奉献、牺牲、担当、爱、服务、双赢、顺服规则、温柔、善良、宽容、多元、民主、圣洁、公义、慈爱、荣耀等等。羊文化的方法论是以善胜恶，不是以恶报恶，是从自我更新开始，更新社会。羊文化是要求从个人悔改开始，从更新自我更新企业开始到更新整个市场社会文化。

神本管理在西方科研院所较为普遍，在一些大型高科技企业也开始流行。英国皇家科学院的实验室门前写得好：“为荣耀造物主和为人类福利而奋斗”。大哲学家、科学家培根说：上帝是一切科学发现和创造的源泉，“谦卑地、崇敬地致力于展现上帝创世活动的画卷。”

神本管理与人本管理的不同点在于：它彻底摆脱了工具理性对管理的影响，消除了把人当作手段的一切理论根据，从而才有可能把人作为目的，平等、博爱才成为可能。科学管理、人本管理与神本管理体现了三种不同的人文关怀，因而称之为管理的三重境界。但它们都是人类文明发展的结晶，凝结着人类的智慧，对企业与社会管理起到了巨大的推动作用。今天看来，三种理论均对企业经营具有指导意义。科学管理越来越注重业务流程的研究优化，创造了诸如流程再造、平衡计分卡、六西格玛、全面质量管理等管理理念和管理模型，为管理界所接受和利用；人本管理是当今管理理论的主流，其对人的需求的研究、对人的自我实现的重视、激励机制的设计创新等，已成为促进企业经营与发展的重要理论支撑和技术手段；神本管理强调用神圣的爱、正义、奉献等来唤起人们的奋发进取和积极向上，对于促进企业进步和社会文明，具有不可替代的作用，因为正如诺思所说："自由市场经济制度本身并不能保证效率，一个有效率的自由市场制度，除了需要有效的产权和法律制度相配合之外，还需要在诚实、正直、公平、正义等方面有良好道德的人去操作这个市场。"（2013 年 9 月）

17

为有麾下多才俊，再造今朝黄金台

——知识经济时代人才方略浅议

一、知识经济时代，人才是核心竞争力

所谓知识经济，是指在知识技术的支撑和推动下，社会及经济呈现出的一种高速度、低能耗、协调可持续的新型发展态势及发展模式。20 世纪 70 年代以来，知识与科技进步日渐成为经济发展的决定性因素，成为经济发展的基本推动力量，世界经济逐步进入知识经济新时代。农业经济时代，社会财富的增长主要取决于天然资源禀赋及自然劳动力数量。工业经济时代，经典力学及电力电器技术推动了生产力的发展，但自然矿产资源及简单劳动在经济增长中仍占有重要甚至主要地位。知识经济时代，劳动与知识的结合达到新的水平。知识化的劳动者运用新知识新技术支撑着社会经济发展，创造出数倍于体力劳动者所创造的社会财富。脑力劳动者已发展成为庞大的阶层，成为创造财富的

主体。在实现全部自动化生产情况下，体力与脑力耗费的对比仅为1∶9。“专家预言，随着全球信息高速公路的全面开通，知识经济对经济增长的贡献，将由20世纪初的5%提高到90%”（魏建新、李燕萍，21世纪人力资源管理与人力资源战略，冶金经济与管理，2003年第5期）。

知识经济时代，一个企业能否发展以及发展到什么水平，完全取决于它所拥有的人力资源水平及其进一步开发的能力。正如美国知识管理大师奎恩（Quinn）所说：“在知识经济时代，几乎很少例外，企业的经济实力和生产能力更多的依赖其智力资产和服务能力，而不是那些硬资产：土地、工厂和设备”“大多数成功的企业是那些能够学习怎样管理和构建知识的企业”。进入知识经济时代，人才竞争越来越激烈，人才竞争成为市场竞争的主旋律，成为企业经营者首要关心的问题。全球四大会计师事务所之一普华永道，2008年3月推出了第十一届全球CEO年度调查。该报告显示，89%的CEO表示人才问题是他们第一关注的问题，其中最为关注的方面是人才应对商业环境不断变化的能力。相对而言，中国CEO们对人才的创新和创造性能力较为偏重，有75%的CEO认为创新和创造能力最为重要，对创新的重视超过对技术能力的强调。

二、知识经济时代，人力资源战略成为核心战略

知识经济时代，经济发展和市场竞争对人才资源日益倚重，人才资源是企业获得竞争优势的战略性资源，使人力资源管理具有了战略性地位，企业为获得竞争优势而部署的人力资源管理政策、实践以及方法措施等上升为一种战略系统。1984年，戴瓦纳（Devanna）在《人力资源管理：一个战略观》中首次提出了战略人力资源管理的概念。指出所谓人力资源战略，是指企业制定或形成的一个完整的人力资源战略系统，是企业在对内外部环境分析的基础上，清晰勾勒出的企业未来人力资源发展愿景以及与之相匹配的人力资源管理机制、可行措施等规划体系。

科学有效的人力资源战略，可以更加有效地提升企业运作效率，形成市场竞争的战略优势，推动企业的战略性发展。实施人力资源战略管理，推行科学有效的人力资源战略，成为企业战略性决策和管理的重要和中心内容。首先，实施人力资源战略，能够从整体上合理确定人力资源发展目标及其措施，建立和形成人力资源开发建设的长效机制，减少人力资源开发建设中的盲目

性、被动性及失误与不足，提高人力资源开发建设效率。其二，实施人力资源战略，能够有效地消除企业总体发展战略中的人才瓶颈，实现人力资源与企业发展总体目标及其不同目标阶段的优化配置，保障企业总体目标的实现。其三，实施人力资源战略，可以拓展企业人力资源管理视野，引导企业有效开发高层次人才，形成高水平的人力资源团队，占领人力资源制高点，掌握未来市场竞争的主动权。

人力资源战略管理是人力资源管理理论与实践的深化和创新，有效实施人力资源管理，必须在思想和行动上进行一系列的变革。其中最重要的是，要抛弃见物不见人的经营管理思想，树立人才、人力资源是第一生产力的思想理念，将人力资源的开发建设作为企业经营运作中的重中之重，将事业的发展转变到依靠人力资源的发展与提升上来。世界各经济体发展的经验一再证明，不是因为拥有了资源、财富，才有人才，而是因为有了人才，才能真正拥有资源、创造财富。二战前，德国培养的诺贝尔奖得主是美国的3倍，火箭、导弹也是德国最先发明，但因为不同的人才思维及人才战略，爱因斯坦等大批德国尖端人才从当时的世界中心欧洲来到了美国新大陆，导致了世界科技中心的转移，也成就了美国战后经济的快速发展和综合国力的快速崛起。其次，要正确理解和处理事业发展与人力资源发展的关系。一方面，人力资源的发展要适应事业发展的需要，以事业发展为导向，为事业发展提供有效支撑；另一方面，人力资源的发展也必须具有一定的相对独立性。人力资源应当相对超前发展，只有人力资源超前发展，才能抢占事业发展的未来先机，不断开辟进一步发展的道路。仅仅维持人力资源与事业发展的被动适应是不够的，其后果必然是后劲不足，前进受阻。人力资源的超前发展是成功企业的普遍经营策略。一些企业不惜重金进行基础理论研究，进行第三代、第四代等未来产品开发，就是人力资源与研发技术的超前发展战略。此外，人力资源发展方向除与主业保持基本一致外，也需适度多元，适度向新的产业方向发展。这样企业才能开辟新的产业增长点、淘汰落后产业、实现向新产业的切入和转型，才能实现产业格局的动态优化和提升。最后，要善于战略思维，善于从战略层面思考问题、解决问题，将工作重点从人力资源的事务性管理、常规性管理转向人力资源的筹划开发、激励培育、团队优化建设等战略层面上来，确保企业人力资源战略的科学性和运作的有效性。

三、知识经济时代，需要再造人才黄金台

中国历史上存在着“王道”与“霸道”两种用人理念。所谓“王道”，即“内圣外王”，君圣臣贤，君臣协力。管理者要像圣人一样严格自律，成为大家的楷模，以此延揽众多追随者，成就一番事业，雄霸一方，成为王者。王道管理出自儒家，由孟子系统化。孟子认为，国家的王道治理以尧舜为楷模。“圣人，人伦之至也。欲为君，尽君道；欲为臣，尽臣道。二者皆法尧舜而已。不以舜之所以事尧事君，不敬其君者也；不以尧之所以治民治民，贼其民者也”。人们认为，唐太宗李世民是实践王道管理较为典型的代表。李世民礼贤下士、天下归心、乘匹马去、拥万乘来，成功缔造了大唐帝国，率中华民族登上了农业文明的历史巅峰。“霸道”思想出自法家，由韩非子形成理论体系，提出了以“君尊臣卑”“尊君抑民”为基本理念的愚民驭人之术。其中最具代表性的是“条达之道”。指君主要像树枝那样向各方伸展开来，层层布置暗探，对臣下严密监控。朱元璋是奉行“霸道”的代表。朱一朝登基，便专横跋扈，阴险毕露，罗织罪名，滥杀无辜，功臣元老无一幸存，宫廷内外人人自危，朝中俸员纷纷隐退，在野才干不敢思进。然“不为所用”反而罪加一等，更难逃被杀戮的命运。朱的“霸道”将明朝推上了万马齐喑，国运衰微的不归之路。王道思维及其经治措施，是中华民族的积极文化传统，在中华民族兴旺发达、成就华夏盛大文明的过程中，起到了巨大的思想统帅和组织推动作用，值得我们进一步发扬光大。但无论是“霸道”或“王道”，均没有摆脱主客二分、君臣殊道，君为臣纲，臣为君用的封建礼教法统，在现代人文思潮及社会文明环境下，有必要加以发展和提高。

西方社会存在科学管理与人文管理两个基本流派。泰罗于 19 世纪末 20 世纪初开科学管理之先河，提出了对工人的操作及生产工艺进行规范化、标准化、定量化、精细化，以有效利用工时，提高工效，使雇主及雇员的财富最大化等一套理论与方法体系。科学管理是管理理论与实践的一次深刻革命，对劳动效益的提高起到了巨大的推动作用。科学管理理论延续至今并不断深化创新，20 世纪 50 年代兴起的“精益化管理”“全面质量管理”、90 年代“六西格玛管理”、当今的“供应链管理”等，丰富了科学管理的内涵，成为企业经营运作不可或缺的管理技术系统。但是，科学管理也有明显的不足。科学管理的“经济人”假设不能真正理解人的现代本质，不能切实满足人的本质需要，

难免会引起工人的抵触，其效果往往会因不能得到人力资源的配合而大打折扣。美国一些企业在实施泰罗制时，就曾经引起工人的罢工抗议。美国国会要求，任何企业在引入科学管理之时，都必须避免给劳动者带来不利影响。其实，科学管理涉及更多的是组织架构、工艺流程设计，从其内容特点及发展趋势上来讲，如果说其是经营管理理论，不如说是一门组织优化、工艺流程设计科学更合适。

人文思想在西方源远流长，特别是文艺复兴、启蒙运动、近代人本主义哲学等社会思潮，张扬人性，反对神性，主张“人是一切价值的尺度”，为人文管理的产生与发展提供了思想土壤。1932 年，美国行为科学家梅奥对人的组织行为通过长达 9 年的实验，提出了“社会人”假说，指出新的领导能力在于提高工人的满意度。梅奥实验引发了人们对人性的一轮探索，相继提出了“自我实现人”“复杂人”等人性假说，“以人为本”的人文管理理论得以逐步形成。德国 1920 年至 1989 年间陆续实施了《工厂委员会法》《共同决策法》《工人共同决策法》和《工厂制度法》等一系列法律，以保证企业雇员可以享有参与权和决策权，开“以人为本”社会化行动之先河。“以人为本”管理思想的基本内涵是：将人作为事业的根本动因，将人的需要作为根本依据，在管理中重视人、尊重人、发展人的素质，激励人的潜能，充分发挥人的积极性和创造性。“以人为本”管理思想是西方人文思想发展的管理理论结晶，符合人的基本属性及人类社会的发展趋势，因而能够成为现代不同文化背景社会中，组织管理的主导思想理念。然而，由于西方“人本主义”思想根源中存在着“人类中心主义”“自我中心主义”基因，这种不正确因素的过分发展与强化导致了人对自然的疯狂掠夺以及人与人之间的冷漠无情和对立冲突，造成了经济与社会的畸形发展甚至灾难后果。当前，人们对一些“所谓人本主义”的行为开始进行了越来越多的反思。

知识经济时代展开了人类社会发展的新时空，人力资源、知识技术成为经济活动及经济发展的决定性、主导性因素，同时，人的知识及技术化发展也从根本上丰富了人性的内涵，提升了人性的品格，人已经由过去的“经济人”“复杂人”等发展为“文化人”，由“工具人”转变为“目的人”。人不仅是工作的主体，还是创造的主体、情感的主体、道德的主体、信仰的主体。人不再是实现目标的工具，而是目的。知识经济需要新的管理思维，“后现代管理”破土而生。所谓“后现代管理”，并不是对现代管理的否定，而是现代管理发展的一个新的阶段，是对现代管理的超越、优化和提升，也是“以人为本”思想理念的进一步体现和管理依归。“后现代管理”认为：管理是一种平等主体间的对话与交往，应以尊重人格个性、价值多元、和谐互善为基本理念，以人的发展为事业发展的前提和根本目的。“后现代管理”成为当前企业制胜的有效方略。1994 年，斯坦福大学教授詹姆斯·C·柯林斯和杰里·I·波拉斯通过长期研究发现，目光远大的公司以人的发展促进企业的发展，以企业的发展带动人的进步，在追求理想时也得到了利润，获得了巨大成功（赵英，从“工具人”到“目的人”的必然性，现代企业，2007 年，第 12 期）。

大约公元前 310 年，燕昭王为振兴国家，报复强齐的侵略，筑黄金台，以“卑身厚币”招徕人才。一时大批人才归燕，其中有魏国著名军事家乐毅等等。落后的燕国一下子人才济济，逐渐成为一个富裕兴旺的强国，后兴兵报仇，打败齐国。燕昭王倾国家之力，降尊纡贵，请贤求才，成就了一番历史辉煌，传为历史佳话。21 世纪的今天，企业要在现代市场竞争中有所建树，挥写华章，更需要构建人才黄金台。不同的是，现在所要打造的应是一座全新的黄金台。现代黄金台应该更加气度恢宏，海纳百川，涵括天地间傲岸峥嵘；现代黄金台不再以帝王将相的一己之私为目的，而是让志识之士实现人生价值，演绎人生风采；现代黄金台不是以功名利禄建构的权宜之计，它是用现代人文精神、人生理想、人间大爱营造的永不落幕的人生大舞台。（2011 年 10 月）

18

善于沟通需涵养“软权力”

一、企业是生命，沟通是血脉流动

沟通是指让意见、观点、信息、思想和感情等等，在个人之间或群体之中传递交流，目的在于增进了解互信、形成共识、促进协作和行动。沟通无处不在，沟通是社会组织形成、存在与演进的前提条件。

企业是以生产销售商品，创造价值为目的的社会组织。企业运营由市场发现开始，经过资金投入、产品设计、生产资料采购、产品生产、市场营销、资金回收，再回到市场发现，循环往复、不断演进。企业运营必须通过大量的信息沟通来完成，包括内部沟通与外部沟通两个方面。内部沟通是企业各职能单位、人员等之间的沟通，以便协调工作，提高质量和效率，增进内部和谐；外部沟通是与投资者、客户、合作伙伴、竞争对手、政府部门、社会组织等的沟通。通过外部沟通，了解客户诉求、行业形势、合作意向、经营情报、社会需要等，同时阐释和传递企业的价值理念、经营宗旨、产品特色、企业优势等，推广产品、提升形象、赢得公众、征询合作、推进发展。

有效沟通是企业成功的关键。美国著名未来学家奈·斯比特曾指出："未来竞争是管理的竞争，竞争的焦点在于每个社会组织内部成员之间及其外部组织的有效沟通上。"有关研究表明，企业中 70% 的问题是由于沟通障碍引起的。优秀企业都十分重视沟通管理，通过提升沟通的质量和效率，达成卓越的经营业绩，实现企业的健康发展。美国沃尔玛公司总裁萨姆·沃尔顿曾说过："如果你必须将沃尔玛管理体制浓缩成一种思想，那可能就是沟通，因为它是我们成功的真正关键之一。"万科引领国内房地产业数十年，善于沟通、强于沟通是其保持生机、快速发展重要因素之一。万科内部建立了 12 条员工沟通渠道，包括上级经理门户开放、高层领导走近职员、让职员走进高层领导的办公室、E-MAIL 交流、BBS 网上论坛交流、员工满意度调查等。为了便于员工沟通，万科集团设立了员工关系专员岗，接受和处理职员表达的想法、意见和建议，保证在正常工作日 36 小时内给予答复，并为职员的身份保密。

沟通是当前国内外企业运营的短板。美国加利福尼亚州立大学的一项调查显示，来自领导层的信息只有 20% ~25% 被下级知道并正确理解；从下到上反馈的信息不超过 10%。有关国内的调查情况是，高层的信息被中层接收和理解的比例大约在 60%~80%；被基层接收和理解的比例约 40%~50%；被操作层接收和理解的比例在 20%~30%。

二、沟通是职业经理人的"炼金术"

现代企业组织是人类社会最伟大的创造之一，它极大地提高了社会生产力。职业经理的职责就是将企业员工组织成团队，将个人的力量进行协调配置，创造出一种不同于单个员工所具有的新的、更大规模、更具效力的生产力。同时，职业经理人还必须有效协调企业外部各种力量，通过沟通协调，创造出一种更加有利的经营环境，化敌为友，化不利为有利，化坎坷为坦途，更大地发挥企业的潜力和优势。沟通是一项创造性的工作。通过沟通，职业经理人将企业中分散的、相对简单、相对弱小的生产力，变幻成一种新的、更高级的生产力，可以说是炼石成金，化平凡为神奇，沟通就是职业经理人的“炼金术”。

一项对美国三百位企业界成功人士的调查显示，85% 的人认为成功是因为自己的沟通及人际关系能力超人一等。他们善于沟通，善于说服，善于推动自己的理念，让外界愿意来帮助他。只有 15% 的人将成功归功于自己的专业知识和技巧。

三、沟通能力是职业经理人的“软权力”

工业化的初期，市场范围小，市场波动不大，技术更新慢，基本是以产定销；劳动者以体力劳动为主，以机器及产品线流程为中心，照章办事，没有激烈的创新竞争；社会开放程度相对较低，人的主体意识、自我发展意识尚未充分展开。这一时期普遍实行的是科学管理，职业经理人规范员工行为，调度要素资源，一靠制度，二靠职权。随着知识经济的发展，“柔性管理”逐渐兴起，并形成一种新的潮流。“柔性管理”的特点在于它更多地依靠人性解放、民主管理，从内心深处来激发每个员工的内在潜力、主动性和创造精神，使他们能真正做到心情舒畅、不遗余力地为企业开拓新的优良业绩，成为企业取得竞争优势的力量源泉。实施“柔性管理”，除制度、职权之外，更需要职业经理进行引导、激励，需要职业经理人具有较强的沟通协调能力。

上述沟通协调能力不依赖于职业经理人的职位权限，也不来自于规章制度，而主要决定于其精神境界、人文情怀、知识素养、表达技巧。沟通能力不是职权意义上的权力，但它却能起到职权所具有的作用，甚至超过职权权力所能起到的作用，因而称为职业经理人的“软权力”。

约瑟夫·奈博士在其《软实力：世界政治中的成功之道》一书中指出，“软权力”是一种影响别人选择的能力。“软权力”包括四个方面：一是传播力，即主动传播你的意识，在传播中控制传播声音、传播范围的技术能力；二是结盟力，即使有价值的人士向你靠拢，与你结成同盟；三是感召力，即能够用理想、境界、关爱、激情等感召别人，让别人愿意与你一道干事兴业；四是交易能力，即善于谈判、交涉、进取、让步，灵活地实现自身目标。由此可见，“软权力”的有效发挥，取决于职业经理人的沟通能力，沟通能力也就是职业经理人的“软权力”。

四、提升沟通素养，涵养“软权力”

提升沟通素养，涵养“软权力”，需要从以下做起：

（一）修德明志，敦品善行。职业经理人首先在思想上要有一个高标准，不断提升个人道德修养，培养自己的优良品德，增强人文情怀，提高管理理念、思想境界。由此，才能形成光彩照人的道德魅力，才能在沟通中以道立义，以理服人，对员工产生巨大的吸引力。

（二）钻研业务，增广见识。职业经理人应该具备较为系统的专业知识和经营管理经验，而且应该加强学习，积极进取，增广见闻，不断提高自身分析问题和解决问题的能力，提高管理沟通的内涵质量。市场竞争日趋激烈，产品更新加快，行业生命周期缩短，竞争手段、经营方略花样翻新，从产品竞争到服务竞争、研发竞争、产业竞争、战略竞争、商业模式竞争等，竞争模式不断升级；从竞争到竞合，从零和到多赢，竞争策略不断优化提升。职业经理人只有永不自满，不断进步，才能适应时代的发展。

（三）雄辩是银，倾听是金。沟通从倾听开始，通过倾听，摸清情况，了解真相，经过分析判断，做出结论。有关研究表明，成功的产品推销员，70%时间让顾客讲话，自己倾听，30%时间自己用来发问、赞美和鼓励顾客说话。职业经理人的沟通也是一种推销，其推销的是产品，更是思想、观点。高山不辞细土，大海不让溪流，要有包容的心态，宽容的态度，兼容并包，兼收并蓄，才能汇聚大海一般的力量，才能成就一番事业。

（四）慎思谨言，言必有中。沟通言说的规范和技巧多种多样，如观点要经过深思熟虑，用词慎重、准确、负责任。要注意对象、场合、身份。古代先贤对此有深刻论述，孔子曰：“可与言而不与之言，失人；不可与言而与之言，失言。知者不失人，亦不失言。”有智慧的人要看讲话的对象，既不错过人，也不浪费言语。要注重时机，把握分寸，宁学雄鸡，莫学塘蛙，该说的时候再说，说到点子上。

（五）积极主动，遵循规范。

首先，职业经理人要积极主动沟通，做沟通的发起和推动者，善于根据沟通主题，选择或拟定沟通形式，引导沟通向正确的方向发展，利用沟通积极有效地开展工作。

其次，要遵循一定的规范，合规、合法、合理地开展沟通。要规范沟通语言，使用专业术语、管理语言、礼仪语言；要遵循法律规定、行业规则、文化传统、文明礼仪等。企业管理需要多种组织沟通形式，包括个人之间的沟通和组织沟通，组织沟通包括业务谈判、产品推介、工作协调、专题研讨、总经理办公会、民主生活会、董事会、股东会等。不同的沟通形式适用不同的沟通规范，体现了不同的沟通目的和沟通风格，职业经理人必须遵循既定的规范，才能开展有效沟通，实现沟通的目的。平等、有序的交流，致力于信息发掘和共享，是组织沟通的共同点。为此，组织沟通还具有一些共同的规则。目前组织沟通中较为流行罗伯特法则，该法则对组织沟通程序、方式方法等进行了精心设计，对于保障沟通秩序，广泛征求意见，积极互动，达成共识十分必要，值得借鉴。

（六）善于造势，出奇制胜。客观条件千差万别，需要解决的沟通课题各种各样，职业经理人为此不仅要遵循规范，更要创新，能够根据需要，利用新的客观条件和技术手段，创造出恰当的沟通方式，妥善解决沟通难题。

1915 年 2 月 20 日，巴拿马万国博览会在旧金山开幕。这是 20 世纪初世界范围内最大的一次国际博览会，参展单位超过 20 万家，茅台酒是中国参展的产品之一。由于中国较为贫弱，知名度不高，加之产品用土陶罐盛装，不能吸引眼球，一直无人问津。展会即将结束，一位中国代表心生一计，佯装失手摔坏了一瓶茅台酒，顿时酒香四溢，评委们一下子被吸引住了，经反复品尝后一致认定茅台酒是世界最好的白酒，于是向茅台酒补发了金奖，从此茅台酒开始兴旺起来。茅台酒巴拿马万国博览会上的成功推销，是沟通创新的一个典型范例。

随着互联网的广泛使用，微信沟通、网络社区沟通开始流行，起到了较为有效的沟通效果，值得我们研究利用。（2012 年 5 月）

19

事实也需雄辩，语言力敌千军

一、职业经理人必须提升语言素养

我国著名文学理论家刘勰说："一人之辩，重于九鼎之宝；三寸之舌，强于百万之师。"战国末期齐国人鲁仲连（约公元前 305 年～前 245 年）口才超群、谈锋机警，善于出谋划策，常周游各国，为他人排难解纷。赵国孝王九年，秦军围困赵国国都邯郸。迫于压力，魏王派使臣劝赵王尊秦为帝，赵王犹豫不决。鲁仲连以利害说赵、魏两国联合抗秦。两国接受其主张，秦军因此只好撤军。7 年后，燕国将领攻占了齐国的聊城，齐国派田单收复聊城却久攻不下，双方损兵折将，死伤严重。鲁仲连闻之赶来，写了一封义正词严的书信，射入城中，燕将读后，忧虑、惧怕，遂拔剑自刎，于是齐军轻而易举攻下聊城。鲁仲连一箭书信收复失城，创造了中国军事史和论辩史上的典范。

语言的力量如此巨大，是因为它具有触及灵魂、直指人心、改变价值取向、澄清认识、激发情感、增强或消解意志等作用，从而改变或促成人们的决策和行动。任何事情成败的关键在于人，而人又取决于思想。影响、改变一个人，关键在于影响、改变他的思想，而改变思想必须靠言。

语言的力量如此巨大，是因为它是人的能力得以发挥的根本支点和有效路径，是人的各种能力的集中体现。春秋战国时期著名的思想家王诩（鬼谷子）说："口者，心之门户也；心者，神之主也。志、意、喜、欲、思、虑、智、谋，此皆由门户出入。"一切精神力量、智慧力量的载体是语言，语言是精神和智慧的门户和关键。一个人的学识、才智只有凭借语言，才能更好地发挥作用。否则就如同珠沉大海，玉埋深山，无法显现其价值。

语言的力量如此巨大，因为语言的运用是人的各种能力的综合发挥，并通过语言运用促进人的能力的进一步发展。无论是演说、倾谈、讲述、论辩，语言中无不凝聚着演说者知识、智慧、意志、情感、逻辑、机敏及人文修养等各种能力和品质素养，人的各种知识素养通过语言得到了协调和综合发挥；人的语言言说才能对人的各种能力的发挥具有限制或增进作用，较强的语言才能够使人的知识素养得以充分发挥，甚至可以超水平发挥；此外，语言才能还可以反过来促进人的知识素养的提升，逻辑语言会使人的思维缜密，高雅的谈吐也会使人心灵净化。前苏联著名诗人马雅可夫斯基曾说：“语言是人类力量的统帅。”此为语言重要性的深刻而形象表述。

职业经理人必须提升语言素养。职业经理人的主要职责是凝聚人心、集合力量、促进行动。为此，要善于沟通言说，将思想意图、工作要求、行动要领传递给同事和下属；要善于思想沟通、感情交流，协调行动，形成工作合力。因此，职业经理人不仅要具有较高的知识素养和较为丰富的经营管理理念，也要具有较高的语言才能，才能胜任凝聚人心、集合力量、促进行动的工作职责。

二、职业经理人要谙于商道

所谓商道就是经商之道，也是企业经营之道，包含企业经营中的技术与人文知识与规律，如行业发展、市场竞争、社会进步、人类心理与行为的规律以及管理科学、管理工具等。

职业经理须精通一定的专业知识，熟悉专业思维、概念及语言。不同的行业具有不同的知识和概念体系，如房地产开发经营，涉及的知识有土地政策、金融政策、节能环保政策、经济发展与房地产的关系、文化与社会形态对房地产的影响、新材料新技术对房地产业的影响、商业模式对房地产企业的影响、市场需求及其趋势、市场竞争焦点等；也包括立项审批、规划审批、设计施工、土地出让、施工许可、施工招标、竣工验收、房屋预售等房地产开发建设环节的相关知识。

职业经理人需要具有企业经营管理工具方面的知识，如财务会计、金融、质量管理等。财务会计是重要的企业管理工具，财务语言是企业管理的专门语言。职业经理人要能够阅读分析财务报表，理解财务报表披露的信息，理解资产、负债、资本、资本公积、所有者权益、少数股东权益，以及投资、收入、主营收入、成本、主营成本、税赋、利润总额、净利润、可分配利润等之间的勾稽关系。要能够利用财务信息对企业经营进行分析诊断和经营决策。当前，金融创新、质量管理等工具创新层出不穷，职业经理人必须不断学习，掌握和利用新的金融、质量管理等工具和方法技巧。

职业经理人需要具有企业经营模式方面的知识。此处所谓企业经营模式，指的是企业通过什么方式组织和整合资产，开展产品生产和营销，谋取价值增值。随着工业经济从最初的个体手工业到机器大工业，再到当今的信息化工业的发展，随着市场疆域越过国界以及高山大洋的阻隔扩展至整个世界，企业的组织形式从个体企业、合伙企业逐步演变为现代公司制企业；企业的竞争焦点由产品竞争、研发竞争、产业链竞争、上升为商业模式竞争；企业的竞争策略由对抗走向竞合，由战术走向战略，由零和走向多赢；企业管理由科学管理走向人本管理。职业经理人需要研究企业经营管理模式的发展变化及其实质意义，掌握要领，善用机制，赢得经营主动。

职业经理人要具有较高的人文情怀，要善于观察人、理解人，调动人的积极性。人是世界的主体、企业经营的主体、同时也是消费、享用、拥有的主体，人是企业经营的目的，因此企业经营必须以人为出发点和归宿。人的积极性和创造性的发挥取决于人的思想认识、感情状态和意志强度。企业经营首先要经营人的思想、感情和意志。提升人文素养和团队建设与领导能力，是职业经理人的必修课。

三、职业经理人应精于布道

职业经理人不仅要谙于商道，也要精于言道、布道。言道、布道就是将企业经营之道讲清楚，使之深入人心，变为员工的自觉行动。

精于布道，就要使沟通言说达到信、达、雅、情。信就是实事求是、言之有物。不讲正确的废话、漂亮的空话、严谨的套话、时髦的新话、违心的假话；达就是要准确中的。不用模糊语言、不规范语言、不专业语言，尽量用事实说话、实例说话、数据说话、逻辑说话。雅就是文雅。要力求用高尚的语言、悦耳的语言、灵动的语言、和谐的语言等，不说脏话、粗话、怪话、丑话；坚决杜绝尖酸刻薄、恶言秽语。情就是要用感情进行沟通。要使语言充满仁爱、感谢、感恩、友谊、关怀、关心、赞赏、鼓励、肯定等积极的情感，使布道言说触及灵魂、直指人心，传播正能量。

职业经理人要善于利用管理科学，构建企业“模式语言”。“模式语言”

是美国建筑学家亚历山大提出来的建筑和城市设计概念。旨在使每一个充满活力的完整的社会都有它自己独特而清晰的模式语言。在每一个领域中，都有几代人积累下来的解决各种问题的经验，这些成熟的经验一旦被识别出来并按照特定格式撰写为模式，则可以指导同类问题的解决而被反复使用。以亚历山大“模式语言”理论为指导，将企业组织中各种知识、经验、价值观、制度规范等进行编码、模块化、系统化，成为企业知识库的一部分，员工可以通过学习模式，从中学到解决问题的一般性方法和他人的经验，从而促进组织内知识的共享和传递。(2012 年 6 月)

20

解读企业的长寿基因

据统计，我国企业平均寿命只有 7~8 岁，民营企业仅为 2.9 岁，而世界企业 500 强的平均寿命为 40~42 岁。是什么原因使一些企业萎靡不振，如流星般逝去，又是什么原因使另一些企业蓬勃向上，长盛不衰呢？企业作为一种生命有机体，也具有生老病死及其规律。根据现代生命科学理论，企业的盛衰和生命的长短也应取决于企业是否具有长寿基因。

一

企业的战略管理就是企业的长寿基因。所谓战略管理，就是企业内部一定职能机制，围绕企业的长期发展和繁荣而进行的企业重大运作方案策划及其实施过程。战略管理通过充分调动企业内部和外部的高智能资源，对社会经济趋势、市场竞争动向和企业发展远景等进行深远的前瞻性分析，能够尽早发现市场机会，使企业捷足先登，为企业在前进的过程中确定正确的远景目标，从而避免或减少走入弯路或歧途。战略管理深远的前瞻性延展了公司的时间年，增加了公司的时间资源，使企业能够为实现未来的目标进行充分的调整和准备，形成必要的实力。战略管理在对企业内外部资源、环境系统分析的基础上，根据企业战略目标统筹分配和布局企业资源，能够使企业资源得到最佳整合和最有效利用。战略管理在更加广阔的视野里对企业进行宏观策划、运作，因而它能够为企业运营展开和提供更加广阔的舞台和更加丰富的手段，能够大大丰富企业的运营能力。显而易见，健全的战略管理必定能够使企业在市场竞争的大洋里乘风破浪，胜利远航。

吴晓波在其《大败局》一书中对我国许多企业家失败的原因进行了探索，指出“普遍缺乏道德感和人文关怀，缺乏对规律和秩序的尊重，缺乏系统的敬业精神”是他们失败的原因。希望集团董事长刘永好认为，我国企业 70%~80% 的失败是决策的失败，而《财富》杂志在对数十位失败的美国企业 CEO 进行了数年的跟踪研究后得出的结论是，这些 CEO 的失败是执行的失败，归结起来一是办不成事，二是优柔寡断，三是不兑现承诺。这种将企业的失败归结为企业家个人的失败，进而将企业家个人的失败归结为其某些思想和行为缺陷的逻辑值得进一步探讨，但上述论述的确从一个侧面显示了这些企业的战略管理是非常欠缺的。在战略管理健全的企业中，CEO 纵然能对企业战略决策起到至关重要的作用，但其不良思想和行为倾向一般能得到战略管理机制的矫正而不至于对战略决策和执行造成重大不良影响。显然，并非所有的失败都是战略的失败，但战略经营上的失败却基本上都是战略管理不善所致。对那些失败企业进一步考察，会发现他们的失败确实是缺乏战略管理使然。如山东秦池酒厂为了开拓市场，分别以 6666 万元和 3.212118 亿元，于 1995 年和 1996 年先后两次获得中央电视台新闻联播后 5 秒黄金标版，3.212118 亿元相当于其 1996 年全年度利润的 6.4 倍，更为滑稽的是这一数字竟来自于秦池酒厂厂长的电话号码，决策的戏剧性可见一斑。无独有偶，沈阳飞龙医药保健品集团的创始人姜伟，也把决策的浪漫化、模糊性和急躁化作为其失败的原因。可见，战略管理缺位导致企业的失败是十分显然的。如果我们把目光转向《财富》杂志排出的世界企业 500 强，我们会发现另一种不同的现象，这就是它们一般都具有把握时代经济脉络，洞察未来发展方向，适时作出科学决策的能力；它们均具有善于创新，不断进取的智慧和胆识，它们均具有坚忍不拔的意志和克服困难、扎实推进的实践能力。没有健全有效的战略管理机制，是难以达到如此之境界的。

二

当前，实业界对战略管理存在一些不正确的认识和做法。其一，认为世事难料，规划跟不上变化。社会经济现象纷繁复杂，发展变化扑朔迷离，但并非没有规律可循，其规律也并非不可认识。经济现象的变幻多端也不能说明战略管理无能为力。相反，战略管理的目的之一就是透过对经济现象的分析，洞察经济发展和变化的先机，为企业赢得市场竞争的主动。如北电网络和朗讯两公司互为光通信领域里的主要竞争对手，在这一竞争中，朗讯一直保持着一定的优势，但近期北电网络占了上风，成为赢家。原因是北电网络洞察到了光纤产业发展变化的动向，率先投入到10G光纤系统的研究，一举将广阔的光通信宽带市场锁定在自己的掌握之中。其二，认为战略管理务虚求远，经济效益子虚乌有。这些人更关注企业的当前经济效益，乐于忙忙碌碌于企业的日常经营。兢兢业业的日常经营管理在一定时期内确实也能取得较好的经济效益，但它却单独形成企业的持续发展和繁荣，有时甚至和企业的长远发展南辕北辙。其三，认为战略管理可以偶一为之，可以一蹴而就，忽视战略管理机制的建设。其实，战略管理是企业运营的一个重要组成部分，一个重要的子系统，是企业高层管理活动的核心。战略管理只有建立在规章制度之上，形成机制，融会贯通于企业文化之中，才能得以完善，战略管理及其完善绝非一朝一夕之功。

三

随着市场经济和市场竞争的深入发展，战略管理越来越受到理论和实业界的重视，战略管理理论研究日益深化，旨在促进战略管理的法规制度逐步确立。我国公司法中对股东会、董事会的决策权限和运作机制作了明确规定，对企业的战略管理进行了规范。西方企业中CEO长期以来对企业的战略决策一直具有垄断地位，以至于使企业决策受CEO个人知识结构及性格爱好的影响比较大。但这种状况在1990年以后有了很大改变，大量独立董事进入了董事会，增强了企业的决策能力，改善了企业的决策机制。为了促进和改善企业的战略决策和战略管理，在对董事会的考核中，人们越来越强调对可持续发展指标的设计和考核，其理论研究和实践工作均取得了很大的进展。战略管理已成为人们的共识，成为企业运作的一个焦点。战略管理是企业管理的最有力杠杆，它一定能为越来越多的企业撬开成功之门。（2001年7月）

21

战略——沙场逐鹿的制空权

“上兵伐谋，其次伐交，其次伐兵，其下攻城”，我国孙子兵法较早的对战争策略进行了系统的论述，但还没有提出战略概念，也没有对战略进行相对独立的深入研究。随着军事及商战实践的发展，关于战略的研究和认识逐步深入。美国参谋长联席会议关于战略的认识是：“运用一国武装力量，通过使用武力或以武力相威胁，达成国家政策的各项目标的一门艺术和科学”。企业战略理论研究的鼻祖、美国著名管理学家小阿尔弗雷德·D·钱德勒在其《战略与结构——美国工业企业史的考证》一书中，将战略解释为“确定企业的战略基本目标与目的、选择企业达到这些目标所遵循的途径，并为实现这些目标与途径而对企业重要资源进行的管理”。战略具有全局性、长期性、复杂性等特点，本文拟对战略及其战略竞争的特殊性及特殊意义作进一步阐释，以期对企业的战略思维与战略运作有所启发和帮助。

一、战略行动是向愿景目标的跨时空奔袭

战略的重要特殊属性之一是其目标指向性。战略不以短期的、较低层次、较小价值意义事项为目标，它是企业中长期、更高层次、更具价值意义的追求。譬如，军事行动往往以从根本上降伏或打垮敌人、夺取或建立政权等为战略目标；企业的战略目标追求的是经营规模的突破式增长、经营业务的重大优化重构、经营模式质的变革、市场地位大幅度提升等。一般来说，战略不以当下为目标，它的目标在远方、在未来，在另一个不同的时空界域。战略目标不在当下而又源于当下，但它不是当下线性的逻辑展开，它与当下的联系是非线性的、非连续的、和否定之否定的，它是当下的质的飞跃。由于战略目标的生死攸关性、彼岸性、与当下世界的异质性等特点，战略目标和行动路线的确立是一项人们智慧的极限性运用和发挥。独到的、高水平的战略目标及其行动

路线是战略主体成败盛衰的关键。

汉末时期，天下大乱，群雄逐鹿，刘备与曹操交锋屡屡败北，不得不寄于刘表篱下。后在诸葛亮的协助下确立了避开曹氏，修好孙权，占据荆、益二州，确立刘氏政权，等待时机成熟再谋全国的战略目标和行动路线。刘备根据这一战略路线图果断出击，不仅保全了势力，而且使三分天下有其一，成就了一番帝业。

大连万达集团创立于 1988 年，2009 年 12 月整体变更为股份有限公司。万达早期投资过超市、酒店、足球、制药、电梯、酒业、房地产等多个行业。在不断的探索中，万达敏锐地发现：国内商业业态单一，规模太小，不适应经济和城市发展对“一站式”商业服务的需要；中国人口众多，正处于城市化发展的加速阶段，大型商业中心的发展前景巨大；大型跨国商业公司选址均锁定在开发较为完善的中高档城市社区，一般只租不买，对高档商业物业具有较为确定的持续增长的需求。万达确信商业地产商机无限，并于 2001 年起转型专攻商业地产。当时，商业地产并不为地产同行看好，有人认为商业地产项目很难取得较高比例和长期的融资支持，如果搞出租型商业地产而自身没有资金实力，则必死无疑；如果搞出售型商业地产，则会遇到经营管理上的致命麻烦。万达以“订单商业地产”模式创新，成功化解了资金瓶颈，并以“订单商业地产”及“新型城市综合体”开发为战略导向，迅速向全国推进。

截至 2009 年底，万达公司已经在全国 21 个省、自治区和直辖市的 32 个重点城市投资建设了 37 个万达广场，其中已开业 13 个，2010 年将新开业 15 个万达广场，新运营 7 家五星级或超五星级酒店。如今，万达已发展成为中国商业地产的领军企业，亚洲商业地产第一品牌，正在向全球商业地产行业的领军企业、“国际万达，百年企业”的愿景疾步前行。

二、战略运作是竞争优势的横空建构

战略目标追求的是高超的、领先同侪、傲视同侪的竞争优势，战略体系的构造和运作是关于政治机构或企业实体竞争优势的横空出世的建构。战略目标及其措施不是现存事物的简单重复和自然延续，它是思想理念的深刻革命，是现有资源和社会有生力量的解构与重构，是方针路线和行动模式的推陈出新。高水平的战略规划及其实施，能够有效地为战略主体打造和确立难以逾越的竞争优势，从而锁定未来的竞争目标。

解放战争初期，国共力量悬殊，面对国民党绝对的军事优势，共产党要取得胜利，靠常规的战争和路线不行，必须具有大智慧、大谋略，利用有效措施，对社会力量格局进行重新解构和重构，营造中共的战略优势。当时中国为农业社会，农民是社会的主体和最雄厚有生力量，由于国民党政权代表大地主、大资本家的利益，广大农民政治权利和土地要求无法得到满足。以毛泽东为首的党中央通过对当时中国现实情况的透彻分析，提出了土地改革这一具有颠覆性力量的战略措施，即通过土地改革发动农民群众，赢得农民群众的支持。土地改革成功地将当时社会力量进行了解构和重构，使广大农民群众归依到共产党的阵营，彻底改变了国共两党战略力量的对比，奠定了共产党解放战争胜利的战略基础。在延安的时候，当外国记者问毛泽东能否在和国民党军队作战中取胜时，毛泽东断然回答："那就要看我们的土地改革工作完成得好不好。蒋介石肯定要失败，因为他反对农民的土地要求，如果我们能解决土地问题，我们就一定会胜利。"（王树增，解放战争的历史启示——政治变迁，2009 年 9 月 26 日）。于光远 1947 年撰文指出："一年来的事实证明，土地改革为当前争取全国独立、民主、和平的爱国自卫战争开发了无穷力量的源泉，为这一战争的胜利提供了最可靠的保证。由翻身农民所组织的军队，结合广大翻身农民热烈的支援参战，这一力量是无敌于天下的（于光远，一年来的解放区土地改革，解放日报，1947 年 1 月 1 日）"。

金风科技成立于 1998 年，2001 年改制为股份有限公司，2007 年 12 月 26 日在中小板上市。金风科技致力于风力发电事业，确立了"为人类奉献白云蓝天，给未来留下更多资源"的历史使命和成为"中国的金风，世界的金风"的宏伟目标。该公司根据自身及国内外行业形势的特点，确定了"研发 + 整合制造 + 市场"的独特商业模式。金风科技将重点放在科技研发和整机设计环节，形成科技和整机设计核心竞争力。金风科技不生产风机零部件，也不生产风机，但通过对关键零部件和整机制造商提供技术支持，对制造环节进行了有效整合，为自己构建了一个稳定的零部件及整机供应链体系。在风场开发、运营环节，金风科技利用自己的经验和技术，并通过一定的投资，整合外部资本开展风场开发投资。金风科技通过对风力发电行业要素体系的解构与重构，建立了自身的优势战略架构体系。经过十数年的不懈努力，金风科技现已确立了在风电设备设计制造业中的领先地位，在国内的市场占有率达到三成，占国内国产机组市场份额约八成，已跻身风电整机制造业全球八强行列。

三、战略竞争是沙场争锋的制空权之争

1932年，世界空军先期理论家、意大利将军朱里奥·杜黑在其论著《制空权》中指出："掌握制空权表示一种态势，能阻止敌人飞行，同时能保持自己飞行……掌握制空权就是胜利。没有制空权，就注定要失败，并接受战胜者愿意强加的任何条件。"海湾战争后，美国国防部在论述制空权问题时指出："在未来对付拥有军事高技术装备之敌的冲突中，争夺制空权的战斗将是战争胜负的决定因素。"

在企业市场竞争中，同样存在着制空权，掌握了制空权，企业就可以无往而不胜。所谓市场竞争的制空权，就是指企业所具备的具有压倒性的战略优势。高超的科技研发能力、资源整合能力、市场发现与开发能力等是企业所具有的具有压倒性优势的战略能力，然而这些能力的根源及其维持均在于企业的战略运作能力。战术性行动只是企业个别目标、个别据点的争夺，战略竞争并不刻意计较局部的、个别的得失，它是关于企业长期的、整体性的战略优势的争夺，是企业市场竞争的制空权的争夺。

政治或商业竞争最终决定于其战略比拼，所有重大的根本性的胜利都一定是战略竞争的胜利。只有确立了高水平的战略，能够开展高水平的战略运作，通过对政治或市场目标的超前性发掘定位和行动模式的高水平创新建构，才能在战略竞争中获胜，确立战略优势，确立沙场逐鹿的制空权。因此可以说，战略就是沙场逐鹿的制空权。（2010年5月）

22

战略竞争，华山论剑

所谓战略竞争，就是总揽全局，高瞻远瞩，参悟天地造化，洞察时势流

变，合广众之智力，振御宇之长策，开拓创新，攀登新的事业高峰，问鼎新的人生境界。我国战国时期，群雄争霸，曾先后上演过合纵抗秦、连横破纵、远交近攻、商鞅变法等战略竞争。当今市场竞争中，企业无时不在展开市场高端目标的角逐、行业主导权的争夺等战略竞争。战略竞争古已有之，于今为烈。应该认真研究和深刻认识。

一、战略竞争，时代的竞技场

当前，世界经济呈现三个主要特征，其一是经济全球化。经济活动日益突破国家及地区界限，走上全球大舞台。20 世纪 80 年代后，全球化浪潮进一步加速。世界各国商品出口额占 GDP 比重在 1995 年为 18.5%，2007 年达到 25.6%。国际贸易的发展，使市场边界扩展到整个世界，同时也促进了生产和经营的国际化分工，形成了世界性的产业链条新格局。其二是经济金融化。金融对经济的渗透越来越深入，直至经济的细枝末节，金融已成为现代经济的命脉，经济发展越来越倚重金融的支撑，金融甚至成为直接创造财富的手段，以金融资产为表现形式的财富占人们财富总量的比重越来越大。如美国的金融资产总量从 1975 年的 7.48 万亿美元增长至 2007 年的 147.07 万亿美元，32 年平均年增长率为 9.76%。英国的金融资产总量从 1987 年的 3.65 万亿英镑增长至 2007 年的 25.63 万亿英镑，20 年平均年增长率为 10.23%，而同期 GDP 平均年增长率为 6.13%，金融资产总量的扩张速度超过 GDP 的增长速度约 4.1 个百分点。其三是经济知识化。知识成为经济发展的第一推动力量，20 世纪初，科技在经济增长中所占比重只占 5% ~20%，70 年代超过 50%，80 年代在发达资本主义国家里已占 60% ~80%。知识是创造财富的主要因素，是构成财富的主要成分。

经济发展的全球化、金融化及知识化，揭开了市场经济全新的一页。首先，市场竞争的广延度获得了全球范围内的最大程度的扩张，企业开始面临着全球范围内的众多厂家的多重竞争。其次，市场竞争向纵深度深入发展。一方面，市场竞争由单纯的产品竞争逐步深化到科技竞争、金融竞争、人才竞争、文化竞争、制度竞争、模式竞争等全方位竞争，竞争手段复杂化、高级化、模式化；另一方面，市场竞争也从利润竞争深化到品牌竞争、产业竞争、市场地位竞争、未来发展空间竞争，竞争目标趋于战略化。最后，市场竞争的量能急剧膨胀，市场效率大幅提高。凭借现代科技、现代金融工具和世界市场的大舞台，企业能够更大规模、更快速率的调动资源聚集能量，形成巨大的运作能量和市场冲击力。规模化、集团化竞争、大范围、长期化的协同竞争成为主旋律。在这种形势下，市场竞争不仅需要临机应变的战术措施，更需要大智慧、大谋略、大思路，需要战略思维和战略竞争。

20世纪80年代，面对新的市场竞争形势，企业必须进行战略思维，寻找适合自身的战略路径和战略措施，企业管理思想开始由过去的过程管理向战略管理转变，钱德勒的《战略与结构——工业企业史的考证》一书，首开企业战略竞争研究之先河。纵观当今世界市场形势，各种竞争力量崛起消长、风云变幻、纵横捭阖，掀起阵阵惊涛骇浪，扬起巨大的历史冲击波。在竞争不充分、不激烈、波及不深远的时期，依靠临机应变式的战术甚至因循陋术，尚能取得一定的成效，赢得一定的自主时空，但在竞争的大潮排山倒海、纵贯千里之时，就再也无法赢得根本性的立足。只有具有战略眼光、长远大计、持之以恒的努力和科学合理的愿景目标追求，才能立于不败之地，成就辉煌。世界经济形势的发展揭开了战略竞争的一页，当今世界是战略竞争的大舞台。

二、战略竞争，天下英雄的生死场

中国古代《战国策》用一个南辕北辙的故事，深刻地阐明了战略与战术的关系。故事说一个人出魏国驾车北去，并说要去楚国。当告诉他楚国在南方，为什么要往北走？他却说他的马好、路费多、车夫本领好等等。显然，战略方向错了，战术再精良也只能适得其反。战略比战术更具有决定性意义，战略是决定胜负的根本。在战略错误的大前提下，战术的正确往往会失去其积极的意义，甚至会适得其反；战术的失败也往往容易补救，不足以造成根本性的失败。而战略性错误则会招致巨大创伤或毁灭性的打击，甚至可能导致整个企业全军覆没，整个人生一败涂地，而且永无东山再起之日。只有战略正确，才能获得最终的成功，才能走向光辉的顶点。

东汉末年，汉室式微，豪强并起，逐鹿中原。公元200年，袁绍与曹操在官渡决战，袁绍军队10万，曹操军队不足1万，兵力悬殊。曹操采取声东击西、突然袭击等战术，斩颜良诛文丑，赢得开局胜利。两军对峙期间，曹操又采用许攸计谋，亲自率领步骑5000，偷袭乌巢，烧毁袁军全部粮草。袁军军心动摇，曹军乘势出击，大败袁军。袁绍仓惶带800骑退回河北、两年后惭愤病死，所据之地尽并于曹操。官渡之战，曹操凭借其高超的战术，以少胜多，然而支撑其获得胜利的深层因素是其深谋远虑的大战略。公元195年左右，曹操担任兖州长官，高级谋士毛玠提出了“奉天子以令不臣，修耕植以畜军资”的战略性建议，曹操深以为是。几乎同时，袁绍的谋士沮授、田丰等人也劝袁绍“挟天子以令诸侯，畜士马以讨不庭”，袁绍不从。公元197年八月，曹操亲至洛阳朝见献帝。随即挟持汉帝迁都许县，曹操被封为大将军、武平侯。同年，曹操在许下募民屯田，当年即大见成效，得谷百万斛。曹操高举“奉天子以令不臣，修耕植以畜军资”的战略大旗，赢得了道义、赢得了人心、赢得了资源，各路人才多为其用。如郭嘉、许攸等一流人才均先后弃袁绍投靠曹操，两人在官渡之战中起到了重要作用。在官渡之战相持之中曹操军情十分危急的时刻，许攸献奇计，扭转了战局。曹操善于战略竞争，终于先后扫平吕布、袁术、袁绍、张绣、马超等各路豪强，成就一统中原大业。袁绍由于不识时势大局，缺乏战略眼光及战略竞争能力，输掉了战略，输掉了历史机遇。

经济竞争道理亦如此。柯达公司始创于1880年，2002年，其全球营业额达128亿美元，其中一半以上都来自美国以外的市场，全球员工总数约7万人，其中3.9万人在美国。公司在美国、加拿大、墨西哥、巴西、英国、法国、德国、澳大利亚和中国设有生产基地，向全世界几乎每一个国家销售种类众多的影像产品，是当时时代的象征。但随着数字技术的发展，柯达遭受巨大危机，从巅峰迅速跌落下来。柯达2009财年第三季度数据显示亏损1.11亿美元，预计全年亏损将达4亿美元。柯达被富士、索尼等竞争者远远地抛在后头。由于对于现有技术带来的现实利润和新技术带来的未来利润之间的过渡和切换时机把握不当，造成柯达大量资金用于传统胶片工厂生产线和冲印店设备的低水平简单重复投资，挤占了对数字技术和市场的投资，致使其在数码影像领域的技术领先优势几乎丧失殆尽，传统业务领域的巨大投资随着新技术的出现越来越成为负担。另一方面，柯达的管理层在20世纪90年代中后期一直没有把转型作为公司的核心战略来推进。错误的投资和战略转型的延误，使柯达陷入危机。2009年9月，柯达接受了7亿美元的外部投资，其中美国知名的私募股权公司KKR投资约4亿美元，并可获柯达13%~17%的股权。柯达品牌可能不会消亡，但柯达时代无疑已经结束。

改革开放以来，我国新一代企业风起云涌，争妍斗艳，然而各领风骚三五年，爱多、飞龙、巨人、太阳神、南德、亚细亚许多企业如流星般消失，其根本原因，是战略上的失误。何学林认为，中国80%的企业破产，是因为没有做正确的事，是战略的问题。战略竞争是天下英雄的生死场。

三、战略竞争，志士仁人的论道场

公元208年，曹操亲率大军南下，准备登陆赤壁，消灭刘备、孙权势力，刘备与孙权准备联合抗曹。然而大战之前，首先上演了一场舌战。诸葛亮与东吴谋士展开激烈辩论，纵论破曹之道，之后才是兵甲交锋。政治或经济竞争，常常表现为激烈的对抗、生死相搏以及物力的比拼、机智与意志较量。但从战略的层次上来看，政治或经济竞争，归根结底是关于“道”的竞争。战略竞争是人们寻道、悟道、布道、卫道的过程。无论是沙场征战还是市场竞争，其在战术层面上看是对抗和争夺，在战略层面上则是关于“道”的探究和争锋。

华为成立于1988年，靠2.4万元起步，既没有技术也没有市场。然而，华为却一路冲关夺隘，登上了行业的巅峰。2009年，华为实现销售收入1491亿元，实现净利润183亿元成全球第二大设备商。美国知名商业媒体Fast Company评出2010年最具创新力公司，华为紧随Facebook、亚马逊、苹果和谷歌，位列第五。华为的巨大成功来自于如下几个方面：一是把握住了行业发展的机会。华为成立之时，正是世界电信业大力发展之时，此时中国经济也正处于转型期，华为人看到了发展良机，并牢牢把握住。二是勇于技术创新。华为研发人员占公司总人数的46%，并在美国、德国、瑞典、俄罗斯、印度及中国等地设立了17个研究所，还与领先运营商成立近20个联合创新中心。在全球经济低迷的背景下，华为仍坚持加大研发投入，2009年研发费用达到人民币133亿元人民币，同比增加27.4%。企业只有拥有先进的技术，并且不断更新技术才能永立世界科技之林。三是市场化之路。一方面，华为的研发紧贴市场，积极扣住客户的需要，另一方面，华为坚持相对低价原则，以优良的品质和低廉的价格取胜。四是人才战略。华为《基本法》中明确规定：“人力资本增值的目标优先于财务资本增值的目标。”华为坚持人力资本是创造财务资本的源泉和动力，坚持在人力资本方面优先投入。2009年年报显示，华为的全资股东是深圳市华为投资控股有限公司，华为控股是100%由员工持有的企业，华为控股通过工会实行员工持股计划，员工持股参与人数截至目前为61457人，占全体员工比例的64.69%。孙子兵法认为，取得战争胜利的条件一曰道，二曰天，三曰地，四曰将，五曰法。“道”是取得胜利的首要条件。其所谓道，就是上下同心，可以同生死。华为真正领悟了市场竞争之“道”。（2010年7月）

23

千里之行始于战略合作

公元627年，玄奘从长安出发，穿荒漠、翻天山、走中亚，游历今阿富汗、巴基斯坦、印度等国，17年后，从印度带回梵文典籍657部，并把老子的《道德经》翻译成梵文，介绍到印度，沟通了中印文化；唐僧还把沿途耳闻目睹的经历，撰写成《大唐西域记》，为研究古代中亚文化留下了宝贵资料，可谓“经回东土，道传西天”，功高齐天。玄藏何以取得如此成就？古典小说《西游记》以神话的形式对“玄藏取经”过程进行了演绎和传奇再现，也为取经的成功留下了注脚。《西游记》记载，西天取经前无古人，意义非凡，但也困难重重，绝非一神之力能够胜任。于是，通过观音菩萨的策划运作，唐僧收悟空、八戒、沙僧为徒，与他们结成了西天取经的战略联盟，组建了超强的取经团队。唐僧团队跨越漫无边际的蛮荒之地，行程十万八千里，历经十七年寒暑，八十一场磨难，战胜各路妖魔鬼怪，最后到达西天取回真经。西天取经十万八千里之行，始于唐僧团队的战略合作。西天取经的故事也许过于虚无缥缈，但它确是玄藏西行的真实写照。

15世纪末叶，西班牙完成统一，伊莎贝拉女王即考虑着手海外征服，开展与东方的香料贸易，掠夺海外财富。但由于葡萄牙开始封锁海洋，规定任何国家的任何船只，未经葡萄牙许可，不准在西非海岸航行，向东航行的路被封死，西班牙必须另辟航线。意大利航海家哥伦布坚信地球是圆的，通过向西航行就可以到达东方，获得香料贸易的机会。为了实现他的航海及财富梦想，哥伦布到处游说了十几年，先后向葡萄牙、西班牙、英国、法国等国国王请求资助，以实现他向西航行到达东方国家的计划，都遭拒绝。1492 年，哥伦布与西班牙女王伊莎贝拉达成共识，并签下战略合作协议：女王为哥伦布探险航行提供约 3 万美元资助，哥伦布获得航海探险收益的 10% 和 5% 的黄金，剩余归女王所有。1492 年 8 月 3 日，哥伦布带着给印度君主和中国皇帝的国书，率领三艘帆船，从西班牙巴罗斯港扬帆出大西洋，向西航去。经过七十昼夜的艰苦航行，1492 年 10 月 12 日凌晨终于发现了陆地，即中美洲巴勒比海中的巴哈马群岛，他当时把其命名为圣萨尔瓦多。1493 年 3 月 15 日，回到西班牙。哥伦布完成了人类历史上首次横渡大西洋的壮举，甚至还发现了新天地与新人种，荣誉属于哥伦布，也属于伊萨贝拉女王，属于他们及 90 多名水手们的战略合作。

企业经营也是一种探险航行，需要通过战略合作才能完成。2010 年，华为进入世界 500 强，排名第 397 位。2010 年华为销售收入达人民币 1852 亿元，仅次于爱立信，行业全球排名第二；净利润达 238 亿元，行业全球第一，是第二名爱立信的 2 倍多。华为 1988 年由 2.4 万元起家，2010 年登顶，22 年完成了一次漫长的探险航行。华为成功的因素是多方面的，但战略合作是其重要原因之一。为了完成这一探险航行，华为实施了三大战略合作：

一是实行员工持股，构建企业内部利益共同体。1990 年华为创业之初，即开始实行内部员工持股制度。这时华为员工持股制度的基本做法是：在华为工作满一年的员工有资格获得股份，股份根据职务、业绩、任职资格等因素派发；每股 10 元，员工用现金购买，如果员工没有足够资金购股，由公司帮助员工获得银行贷款；员工持股只有分红权，没有其他权利，华为规定每年税后利润的 15% 用于分红；员工退出公司时，所持股份按照购股之初的原价回购，员工没有对股票的议价权。2001 年，华为与国际著名顾问公司合作，对公司的股权制度进行调整变革，用规范的虚拟股票期权来取代原来实行的内部股权。虚拟股票的具体做法是：员工根据综合评价获得一定额度的期权，期权每股定价 1 元；期权的行使期限为 4 年，每年兑现的比例为四分之一，过期作废；在期权兑现年度，员工可以兑现该年度期权每股净资产与上一年的差额，或者以每股 1 元的价格购买股票，留作以后兑现，也可以放弃；期权收益不是分红，而是每股净资产增值额。目前华为员工有 14 万多名，其中 6.5 万持有公司股票，华为媒体企业事务部副总裁斯科特·赛克斯（Scott Sykes）在一次会议上向印度记者透露：“华为既不是国有企业，也不是上市公司，而是由员工共同拥有。公司目前正在考虑向其非中国籍员工开放所有权。”

华为的第二大战略合作是与国内各地电信局组建合资公司，这些公司实际是一个空壳公司，主要职能是向电信局一方股东推销产品。通过组建合资公司，与客户的利益结为一体，华为将市场牢牢握在自己的手中，业绩直线上升。1999 年，华为抢到了中国新增接入服务器市场的 70% 份额，随后延伸到路由器、以太网等主流数据产品。2001 年，华为在中国路由器、交换机市场的占有率直逼思科，成为其最大的竞争对手。

1995 年，华为开始考虑进军国际市场。1996 年 5 月，任正非发表了题为《加强合作走向世界》的讲话，正式提出华为国际化的规划，提出用十年的时间，完成生产、管理、营销及科研的国际接轨。但国际化道路非常艰难，起初几年，华为屡战屡败，屡败屡战。2001 年作出“以合作联盟等方式，改变全球市场竞争格局”的策略。指出“要向拉宾学习，以土地换和平，宁愿放弃一些市场，一些利益，也要与友商合作，成为伙伴，共同创造良好的生存空间，共享价值链的利益”。2002 年 10 月，华为与微软成立联合实验室；2003 年 3 月，华为与美国 3Com 公司成立全球性合资公司，以 3M 的品牌实现华为产品的海外销售。2003 年 9 月，华为与英飞凌公司合作，开发低成本 WCDMA 手机开放平台，2004 年 2 月，携手英飞凌、美国高通，华为 3G 手机进军海外市场。2004 年 8 月，华为与德国西门子公司组建全球性合资公司，共同开发 TD-SCDMA 标准，为华为该类产品进军国际市场扫除专利技术障碍。另外，华为的海外市场销售，起初多数是通过组建海外合资公司的方式实现的，目前华为的海外收入已达到 70% 左右，战略合作使华为成功完成国际化转型。

社会化是人的生存方式，人时刻都处于相互联系、相互合作之中，其中有些是依照惯例、习以为常、不假思索的合作，此类合作不是战略合作。所谓战略合作，是指经积极谋划、努力促成的，需要大规模投入和长周期的合作。历史经验表明，事业的道路上没有平坦的大道可走，更不可能一举成功、一蹴而就，往往需要多种力量形成合力，持之以恒，不畏劳苦，勇于攀登，才有望取得成功。由此而论，千里之行，是与战略合作。（2013 年 11 月）

24

战略的逻辑

一、战略是生死相许的事业

战略管理之父，美国哈佛大学商学院教授迈克尔·波特关于战略的定义是：“企业战略是企业为之奋斗的一些终点与企业为达到它们而寻求的途径的结合物”。这一定义道出了战略的丰富内涵和基本逻辑：战略首先是一种选择，一种取舍。企业的产业发展虽然有一元与多元之分，但无论是一元还是多元，均必须选择取舍，将目标聚焦于某一或某些领域。事业千万种，人们只能从事一种或几种，同时也必须对所要从事的事业进行一番分析甄选，有所取舍，不可能四处出击、随遇而为。其次，战略目标是一种高远宏伟的目标，企业作为永续存在的社会实体，不存在什么“终点”，这里所谓“终点”实指远大目标，或者是较为长远的目标。再次，战略目标需要付出巨大而长期的努力，甚至作出巨大的牺牲方可能达到，轻易可以获得的不是战略目标。最后，战略目标是一种意义重大、对社会具有重大贡献的目标，这种目标如此重要，如此具有意义，以至于值得让人们以毕生的精力去追求。有人说“问世间战略为何物，直教人生死相许”，花哨的语言却道出了战略的真谛。

二、战略是厚重的人生选择

人类历史滥觞于涓涓细流，逐渐壮大为波翻浪涌的长河，战天斗地，惩恶扬善，无数次英雄壮举，推动着人类社会不断走向繁荣和文明。今天，市场竞争成为社会活动的基本模式，企业成为竞争的主力军，一批批企业家凭借卓越的智慧、非凡的创举，推动着人类物质和精神文明的发展。如果说“盘古开天地”创立了人类在地球上的生存空间，信息技术与互联网革命就是当今的“盘古开天地”，空间技术革命就是正在进行中的“盘古开天地”，它们优化、拓展了人类的物理空间，创造了一个虚拟世界，并将可能创造出一个崭新的宇宙世界；如果说“文艺复兴”确立了“以人为中心的社会”，市场经济就是将

"以人为中心"的社会变成现实，中国的改革开放正是确立"以人为中心"社会的伟大创举。

张维迎认为："一个国家和地区的经济是否在发展，人们的生活是否在提高，社会是否和谐，最关键的是这个国家和地区人口中企业家精神是否能得到有效发挥，企业家是否在从事创造财富的工作"（张维迎著，企业家，世纪出版集团上海人民出版社，2014 年 6 月第一版）。所谓企业家精神，"就是冒险精神、创新精神、不满足精神和英雄主义精神"（同上）。

大千世界，熙来攘往，每个人都有目标，都有人生的选择。选择需要智慧与决断，也需要勇气与激情。如果你选择了树德立言、建功立业、惠及众生、引领未来，你就是选择了战略，同时也意味着你选择了厚重的生命、精彩的人生；如果选择了做企业，选择了做企业家，你就是选择了立业，选择了惠及众生，也就一定是选择了战略，选择了厚重的人生。

三、战略是让企业在市场伸展的曲线上奔跑

战略往往被认为高大上，难以把握，难以落实，以至于流于口号，流于形式，不如产品、项目等能够实实在在地为企业带来效益。这种观点的局限性在于只看到当前利益，没有看到未来利益，只看到暂时利益，没有看到长远利益，只看到有形的利益，没有看到无形的利益。产品（或项目，下同）的成功对企业的经营与发展十分重要，没有产品的成功企业就难以生存，但当前产品的成功并不能代表企业未来也能够成功，企业的未来需要一连串的、不断延长的成功产品加以支撑，如何实现一连串产品的相继成功，答案不在于某个产品里面，而在于这一连串产品之中的逻辑，战略就是贯通于这一连串产品之中的逻辑。只有把握了这一逻辑，也就是把握了战略，企业才有未来，才能不断走向成功。

从战略经营的角度来看，产品应该是战略的逻辑展开，产品经营不能局限于产品的生产效率、成本控制、产品之间的竞争、市场营销等，更应注重产品的升级换代、产业链重构、产业生态营造以及未来产品的不断推陈出新。产品的根本目标不是其效益最大化，而应是战略的落脚点、支撑点和前进的着力点，产品是战略行程的"驿站"，应该流动着战略的逻辑。

何谓战略的逻辑，通常认为是企业价值最大化，这一解释是将企业看作一个大的产品，结果就将战略经营等同于产品经营，因而难以揭示战略的真正内涵；另外，企业价值最大化是一个难以衡量、不可操作、无法落地的概念。

笔者认为，战略经营即战略的逻辑就是让企业在市场伸展的曲线上奔跑，通过踏着市场的曲线奔跑，企业不断实现自我超越，不断走进新的境界，实现更大的价值，为社会作出更大的贡献。（2015 年 5 月）

四、战略是锲而不舍的承诺

战略知难行更难，这也是战略的魅力之所在。战略落地必须要有科学的实施路径和商业模式设计，没有路径和商业模式设计，战略就仅仅是空洞的口号，路径和商业模式设计不科学，战略也必将会流为空洞的口号。战略的落地必须付出持之以恒、坚忍不拔的努力，冯仑讲“伟大是熬出来的”，中国人民大学商学院教授黄卫伟认为“战略是锲而不舍的承诺”，著名作家路遥终其一生的感悟是“只有初恋般的热情和宗教般的意志人才能成就某种事业”。战略的成功落地必须能够排除干扰，既不能因失败而一蹶不振，也不能流连既有的成绩，要胜不骄败不馁，一往无前。英特尔公司创始人之一，现英特尔公司董事会主席安迪·格鲁夫根据其多年的经营实践和学术研究得出的结论是：“只有偏执狂才能生存”，当然，这种偏执是一往无前的偏执，是排除千难万险迈向理想之巅的偏执。矿工诗人张克良在其《我的人生》一诗中道出了战略追求应该具有的情怀，吟读此诗，能够从中汲取巨大的战略能量，故照录于此。

即使命运从不发芽，我不惋惜千百次播种；
即使花朵结不成果实，我不遗憾千百次凋零。
信念告诉我的人生：没有比脚更长的道路，没有比人更高的山峰。
即使永远找不到大海，我不停息寻觅的歌声；
即使脚印被风雪掩埋，我也珍爱走过的路程。
无愧无悔才是人生：朝着地平线匆匆走去，让世界评说我的背影。

25

解读商业模式

商业模式是一个比较新的名词，也是一个较难以把握的概念，有人考证它第一次出现在20世纪50年代，但直到90年代才开始被广泛使用和传播。今天，商业模式成为企业经营的重要课题。管理学大师德鲁克指出：当今企业之间的竞争，不是不同产品之间的竞争，而是商业模式之间的竞争。国内关于商业模式的研究起步不久，企业界对商业模式的认识正处于逐步深入的阶段，关于商业模式的进一步分析研究对当前企业经营与发展具有较大意义。

一、商业模式是复杂的价值增值系统

人们已从不同方面对商业模式进行了概括把握，形成了各有特色的关于商业模式的定义。

有人认为：商业模式就是企业赚钱的方式（Geoffrey colvin，2001），这一概念最为直观，说明商业模式并不神秘，甚至并不新鲜，就是企业实现盈利的方式方法，如英特尔的科技创新领先盈利模式、耐克的品牌设计与管理盈利模式、戴尔的直销模式等。这一定义抓住了商业模式的显性特征，不足之处是没有表现商业模式丰富的内在蕴含。

北京聚智共达管理咨询有限公司董事长兼总裁李振勇认为：商业模式是“为了实现客户价值最大化，把能使企业运行的内外各要素整合起来，形成一个完整的、高效率的、具有独特核心竞争力的运行系统，并通过提供产品和服务使系统持续达成赢利目标的整体解决方案。”这一概念强调了商业模式的资源整合属性，指出商业模式是实现盈利的整体解决方案，它不是某一单纯的方法、措施，而是多重要素的协调运作，较为符合现代企业的实际情况。

清华大学经济管理学院金融系朱武祥教授认为：商业模式是企业为实现定位而构建的利益相关者的交易结构。商业模式为企业利益相关者，包括供应商、顾客、合作伙伴、企业内部部门和员工等，提供了一个交易结构。所谓“交易结构”就是权利义务关系。这一概念揭示了商业模式内部诸要素之间的交易属性，指出企业内部的权利义务关系的建构对于企业的盛衰成败具有关键作用，强调了企业运营机制的重要性。

哈佛商学院教授克莱顿·克里斯滕森认为：商业模式是如何创造和传递客户价值和公司价值的系统，它包括四个环节：客户价值主张、赢利模式、关键资源和关键流程。这一概念较好地揭示了商业模式的目的性、整体性和动态性特征，即商业的根本目的就是创造价值，即实现自身价值增值；商业模式是一套相互配合的方式方法，是一个复杂的系统；商业模式是不断自我更新、自我维持、自我发展的动态过程。因此，本文认为，将商业模式定义为复杂的价值增值系统，较能揭示商业模式特殊的本质内涵。

现实中的商业模式多种多样。根据资本结构的不同，商业模式可分为独资企业商业模式、合资企业商业模式、合作企业商业模式、有限责任公司及股份有限公司商业模式等；根据企业所处价值链的不同，可分为全产业链模式、产业链聚焦模式、轻资产模式、OEM 及 ODM 模式。也可以根据企业的产业类别、产业面、市场的范围进行分类。

二、商业模式是企业管理理论的新视角、新综合

自科学管理理论创立以来，企业管理理论经过了百余年的发展，商业模式理论是在汲取了当代人性理论、一般系统论、企业理论等经济与人文理论新成果的基础上，企业管理理论的又一新的总结和提升。当代人性理论、一般系统论及企业理论等新成果主要有以下方面：

（一）人性理论。随着社会的发展，“经济人”“社会人”“理性人”等越来越不能合理地解释人类行为和社会现象，社会需要新的人性假设，因而出现了“主体人”假设。按照“主体人”假设，人不仅有理性，而且有情感；不仅有逻辑思维，而且有直觉感应；不仅善于推理，而且富有热情；人是有感情、有文化、有自觉意识的主体。以“主体人”假设为基础的管理理论认为，管理不仅是一门科学，而且是一门艺术，主张将人置于管理的中心地位，注重发挥职工主体意识的作用，注重在企业形成一种有利于每个职工得以创造和发展的环境，一种共同认可的企业精神和作风，在企业建立起牢固的物质共同体和精神共同体。

（二）一般系统论。系统论科学发端于 1932 年，由理论生物学家美籍奥地利人贝塔朗菲创立。系统是由若干要素以一定结构形式联结构成的具有某种功能的有机整体。系统具有整体性、层次性、目的性、自组织性、开放性等特点。系统论思想认为，自然和社会现象是以系统的形式存在的，应该以系统的观点和方法，观察事物，研究问题。系统论思想为人们研究企业及其经营提供了新的视角。企业实际上是由相互独立的不同要素，通过一定的权利义务关系而联系起来的一个有机系统，企业具有整体性、目的性、层次性、自组织性、开放性等属性。企业的目的就是价值增值，是一个价值增值系统。

（三）企业理论。企业契约理论、委托代理理论、利益相关者理论等企业理论相继产生，使人们对企业有了更加深刻的理解。张五常在其代表作《企业的契约性质》中认为，企业就是生产要素所有者为进行生产要素交易所签署的一组契约，是用企业内部的要素交易取代市场上的商品交易，当这种交易的效率高于市场交易时，企业就会出现。企业契约理论揭示了企业的契约属性和企业不同主体的契约关系，为人们理解企业提供了一个新的视角，有利于明晰企业内部不同主体的权利义务关系。委托－代理理论认为，现代公司所有权和经营控制权相分离，企业经营者与所有者之间的利益具有冲突性，应该设计一套有效机制来对企业经理的行为进行约束，以降低企业经理的道德风险。这一理论成为企业董事会制度、监事会制度、独立董事制度等现代企业治理机制建设的理论基础。利益相关者理论认为，凡是能给企业带来损益或者其利益受到企业行为直接影响的行为人，都是利益相关者，都有可能参与或者影响企业所有权的分配。企业有义务去平衡股东与其他利益相关者（包括公司经理、职工、社区、客户、债权人、供应商和销售商等）之间的利益关系。

（四）企业管理理论。适应全球经济一体化和知识经济的需要，新的企业管理理论如战略管理理论、知识管理理论等相继产生。战略联盟、战略竞标（对标）和战略再造为目前较为流行的三种战略管理思想。战略再造是为实现战略目标，对企业的组织架构、业务流程、激励机制、公司文化等进行优化调整；战略竞标是指与竞争对手的产品、服务、管理制度、商业模式等进行分析对比，找出差距，持续改善；战略联盟的核心思想是在竞争中合作、在合作中竞争，即所谓“竞合”，以实现优势互补、扩大市场份额、迅速获取技术、降低经营风险、增强企业实力等。

彼得•德鲁克是最早提出知识社会和知识管理概念的学者，他于1988年在《新型组织的出现》一文指出，在经历了管理权和所有权分离，命令—支配型组织后，由于信息技术的发展，企业组织将进入新的形态：由专家小组构成的知识型企业，知识成为最重要的生产要素。这表明现代管理学的发展已经进入了一个新的阶段，知识管理的时代。彼德・圣吉于1990年提出学习型组织的概念，认为企业组织持续发展的精神基础是持续学习，企业要通过五项修炼，培养学习气氛，进而形成一种符合人性的、有机的、扁平化的组织，即学习型组织。

上述人性理论、企业理论、一般系统论及新的企业管理理论，打开了关于企业及其管理的新的理论视角。查尔斯 M·萨维奇在其《第五代管理》一书中指出，对企业的管理不单是重新设计企业的具体管理流程或某种措施，而是使企业的经营观念、经营战略、组织结构、组织行为、管理规范、管理方法、管理技术、企业文化都要完成适应网络化管理需要的整合。商业模式理论正是适应于这一整合需要而产生的一种新的企业管理理论。商业模式理论是企业契约论、委托代理理论、利益相关者理论、战略定位、战略联盟、战略再造理论、知识管理理论、学习型企业理论等理论的综合提升，它综合体现了上述理论多元整合、系统运作、共创共享、持续发展的管理思想，指出上述理论的实践意义在于维护或创造一个具有竞争优势的商业模式，从而将上述理论系统化整合和提升到商业模式概念之中；另一方面，商业模式理论以企业契约论、委托代理理论、利益相关者理论、战略定位、战略联盟、战略再造理论、知识管理理论、学习型企业理论等为理论基础，正是上述理论的充分发展及其关于社会人文、一般系统论、企业性质等的深入研究和系统阐释，打开了对企业及其管理的新的统览视角和系统思考，促成了商业模式理论的诞生，上述理论是理解商业模式理论、开展商业模式分析研究的重要工具。

三、商业模式是系统工程

当前，企业领域一般将商业模式创新集中在客户价值定位及客户价值实现形式上，且一些企业取得了较大的成功，如百度的信息资料网络搜寻服务，腾讯的大众化沟通交流网络平台、阿里巴巴的电子商务、万达的城市综合体、华侨城的旅游地产等。客户价值定位及其实现形式在商业模式建构中十分重要，值得高度重视。但受其影响，人们以为商业模式就是客户价值定位及其提供方法，甚至认为只要能找到较为独特的客户价值定位，商业模式就算成功了，其实不然。商业模式是一项系统工程，必须系统性建构。哈佛商学院教授克莱顿·克里斯滕森认为商业模式包括客户价值主张、赢利模式、关键资源和关键流程四个环节。朱武祥教授认为完整的商业模式包括关键资源能力结构、业务系统、盈利模式和现金流结构四个方面。本文认为，商业模式是一个复杂系统，内部包含一系列不同层次的子系统，如资本结构与组织架构、治理层面与业务管理层面、战略管理与日常经营等，资本结构、治理层面、战略管理是商业模式构建的始点和基础，也对商业模式的整体高度具有决定作用。商业模式创新要整体把握，系统推进，既要重点突出，也要避免或消除短板。

从历史上看，客户价值定位与创造的每一次升级转型，无不建立在企业资本结构与治理机制创新的基础之上。工业革命之前的企业主要是商人企业，由商人独资或与其亲戚和朋友合作而成，从事商品流通业务，企业规模较小，企业经营管理是商人个人的事业。工业革命之后，特别是电力、石油、汽车、化工、矿业、钢铁、运输等业务的出现，需要新的商业组织进行运营，因而现代公司制企业逐步产生，19 世纪末 20 世纪初，股份公司得到了普遍发展。这时的公司规模扩大，业务扩展到产品生产、原材料开发、金融服务等纵深领域，业务流程的组织化程度大为提高，企业的资本结构与治理机制也完成了较为根本性的创新。著名经济学家吴敬琏指出："公司最大的特点是它是个法人组织，所谓法人组织就是若干人合起来建立一个有独立生命的这么一个组织，而以前的那种企业，家族企业，或者合伙制企业都是建立在家庭财产基础之上的。"现代公司治理机制是三权分立、相互制衡，公司的权力机构是股东会（大会）、执行机关是董事会及经理层、监督机关是监事会（监事）。现代公司制企业是商业模式的一次伟大创新。公司的规模与实力大大提高，能够完成巨大工程建设、深度科技研发、大规模的生产及跨国范围的市场营销，对社会经济的发展起到了十分深远的影响。

我国现代企业制度建设始于 1992 年，中国共产党第十四届三中全会作出的《中共中央关于建立社会主义市场经济体制若干问题的决定》，把国有企业改革的目标设定为建立现代企业制度。该《决定》把现代企业制度的特征概括为"产权明晰、权责明确、政企分开、管理科学"。1993 年 2 月，《中华人民共和国公司法》颁布，并于 1994 年 7 月 1 日起施行，此为中国第一部公司法。该法为我国现代公司制企业的创立及运营制定了基本的法律框架，标志着我国市场经济建设进入一个新的里程，推动了我国企业商业模式创新在新的高度上全面展开。至今为止，我国企业在资本结构、治理机制方面的建构仍未结束，仍有很大的改进空间。

商业模式建构与创新是一项系统的经营实践活动。进行商业模式构建与创新，需要充分的调查研究，需要形成理论认识和目标蓝图，更需要将理论认识和目标蓝图付诸实施，变为现实。认识的深化、商业模式蓝图的形成及其最终转化现实，不可能一蹴而就，需要做大量的系统的工作，涉及一系列的调整

合变革，需要付出长期的艰苦努力。认识到这一点，对于商业模式的建构与创新十分重要。（2013 年 10 月）

26

放眼黄金时代，何处是金光大道

——通信产业商业模式浅析

有人说当前通信产业是最好的时代，又是最坏的时代，行业前景广阔，天高任鸟飞；同时，市场竞争十分激烈，黑云压城城欲摧，黄沙百战穿金甲。通信产业的行业特性是什么，其商业模式有什么根本特色，本文拟对此进行初步探讨。

一、企业经营应具有产业视野

自古不谋万世者，不足谋一时；不谋全局者，不足谋一隅。企业经营也是如此，在精益管理，提质降耗，赢得客户的同时，还应谋产业的全局，研究产业系统运行的规律，观察宏观市场风云变幻，借鉴经验，寻找机遇，规避陷阱。不然，纵使企业拥有很大的资源、产品或技术优势，也会有一天遭遇企业发展的“滑铁卢”，业绩下滑，甚至无路可走。

诺基亚 1992 年开始战略转型，由造纸、橡胶、电缆等传统行业转向计算机、电子消费品和电信等高科技领域，1994 年果断卖掉所有传统产业专攻通信，1999 年成为手机行业的老大，2006 年实现销售收入 411 亿欧元，达到了事业的巅峰。智能手机出世后，诺基亚业绩开始下滑，2011 年第三季度亏损 6800 万欧元，2013 年 9 月 3 日被微软收购。

有人慨叹：诺基亚不缺人、不缺钱、不缺技术，为什么没能跨过智能手机这个坎，而被苹果、三星所取代？主要因其固步自封，固守陈旧的设计理念，忽视行业气候的变化，不能满足消费者新的需求。中国著名战略咨询家、金融投资家、和君咨询集团董事长王明夫对此有较为深刻的认识，他认为：一个问题的解决，往往在本层级系统里无解，需要到更高一级的系统里才能找到答案。企业—产业—宏观经济，是三个不同层级的系统。企业的很多问题，需要在更高层级的产业系统里才能找到答案和出路。所以，思考企业的问题，必须建立产业思维和产业认识。

二、通信产业的产业视角

通信产业是指为人们提供语音和数据通信服务的经济系统，由数据生产制作、储存传输、传输设备生产等产业链组成。通信产业系统中，各产业链之间的科技与价值含量虽然差别较大，但相互之间联系十分密切，构成了一个相对独立的技术和价值链接、传导系统与机制，围绕技术创新、价值创造及其成果分享演绎着无尽的竞合博弈，因而是一个产业整体。深入认识通信产业，既要了解某一环节的特殊性，也要必须总览产业全局，把握行业的整体格局和运作规律。否则，将视线囿于某一业务环节或产业链，就遮蔽了视野，限制了思路，禁锢了前进的脚步。总览行业全局，通信产业呈现以下特点及发展趋势。

一是重返黄金时代，未来前景广阔。从 1876 年贝尔发明有线电话到无线移动，从运营业务到设备业务，通信产业经历了数个黄金年代。当前，4G、移动互联网的蓬勃发展，为通信业带来新的动力，通信产业又重返黄金时代。中国移动山东有限公司董事长、总经理李秀川认为，未来十年内，物联网将成为下一个万亿级的信息技术产业，是企业及国民经济转型发展难得的机遇。

二是智慧产业，创新是产业发展的根本驱动力。通信产业是运用人的智慧进行研发、创造、生产、管理等活动，形成有形或无形智慧产品以满足社会需要的产业。在通信产业的价值创造活动中，智慧资本贡献率最大。劳动力结构以脑力劳动者为主，科学家，工程技术人员、软件编制人员等脑力劳动者是通信产业根本推动力量。通信产业也是研发投入最高的行业，根据国务院发展研究中心中国企业评价协会发布的《中国企业自主创新评价报告（2013）》，高端制造业、能源业、电子信息业（主体为通信业）、生物业和节能环保业五类行业近年研发经费投入占销售收入比重不断提高，其中，电子信息业创新投入比重最高，其前 100 位企业平均的研发投入比重达到 3% 至 4%。

三是战略性新兴产业，对经济社会全局和长远发展具有重大引领带动作用。通信产业具有极大的渗透性、辐射性和倍增性，对于改善人们的生活，优化经济结构，提高运行效率，促进航空航天、海洋科学发展等方面具有巨大的推动作用，通信产业是我国重点发展的居于首位的战略性新兴产业。

四是规模经济性。随着业务规模的扩大，平均成本逐步降低，最后形成垄断巨头，赢家通吃。有关专家认为，通信行业的整合是必然趋势。

三、发展通信产业应采取“硅谷模式”

通信产业一直是各国与众多企业争夺的主战场，到目前为止，斩获最大的无疑是美国与硅谷企业，这源于其较为科学的商业模式——“硅谷模式”。“硅谷模式”有三个方面的主要特点：

一是产学研相结合。依托斯坦福大学等的产学研结合创新体系是硅谷技术创新的基本模式，也是硅谷发展的源动力。硅谷所在地拥有包括世界著名的斯坦福大学、加州大学伯克利分校在内的 8 所大学。这些高水平的大学和研发中心以其雄厚的研究成为技术创新的后盾，不断地将科研成果转化为社会生产力。而且企业界和高校之间交流密切，实践中的经验能很快地反馈到基础研究中，如此良性循环，大大促进了技术发展。硅谷企业非常注重研发，其研发投入占销售收入的比重在 10% 以上。

二是重视人才引进和人才激励。硅谷的研发人员占到硅谷总从业人员数量的 10% 以上，是美国平均水平的 2 倍。在硅谷，先后共有 40 多个诺贝尔奖获得者。众多高技术公司都采用股票期权（Stock Option）的形式，使公司高级经营管理人才、研究与开发人才的利益与企业的长远利益紧密结合起来。此外，硅谷还有技术入股、职务发明收益分享等灵活多样的人才激励机制。

三是开放包容的文化。鼓励尝试，容许失败，自由平等，尊重个性，使人的聪明才智尽情地发挥。

“硅谷模式”也是我国高科技企业的制胜模式。经过十数年的发展，我国通信行业涌现出了华为、中兴、百度、腾信、亨通光电、中天科技等优秀企业，这些企业的商业模式基本属于“硅谷模式”。华为 2013 年实现销售收入 2390 亿元人民币，净利润为 210 亿元人民币，首次超过爱立信，成为全球最大的通信设备制造商。华为员工超过 15 万，其中研发人员占 46%，市场营销及服务人员占 33%，管理及其他人员占 9%，生产人员占 12%。华为注重人才激励，实行员工持股制，65% 的员工持有华为 99% 的股份（凤凰财经，2014 年

03 月 05 日）。亨通光电是从一家乡镇企业发展起来的光通信龙头企业。公司搭建了较为成熟的创新体系，设立了国家级企业技术中心、院士工作站、博士后工作站、重点实验室等创新平台；与北京邮电大学、复旦大学、上海交通大学、中国社会科学院、浙江大学等建立了广泛的交流与合作；参与国家及行业标准制订数 61 项、获授权专利 1176 项（两项均居国内行业第一），先后承担 150 多项省部级以上新产品及技术攻关项目；公司在光纤光棒、智能电网、海底通信、电力传输等领域拥有核心技术及自主产权。（吴江日报，2014 年 5 月 13 日）

四、集团通信产业发展模式选择

（一）实施创新驱动战略。迈克尔·波特 1980 年在其《竞争战略》一书中提出了总成本领先、差别化和专一化三种竞争战略，对企业界产生了较为深远的影响，但其适用也是有条件的。比如总成本领先战略，适用于技术已经成熟，市场需求较大，需要大规模生产且具有规模效应的情况；在知识与智能密集性较强、科技创新较快，市场需求个性化程度较高的情况下则不适用。戴尔电脑是实施总成本领先战略的典型代表，这一战略使戴尔获得了巨大的成功，也导致了其衰落。据《Business 2.0》报道说："戴尔除了给顾客产品以外没有别的要求。戴尔模式还坚持把研发开支保持在最低水平。戴尔没有自己专有的技术，他们的目标是以让用户难以抗拒的价格提供计算机，同时让别人去承担研发的成本和风险。"为削减成本，戴尔于 2003 年雇用临时工人接手在美国的 5 个呼叫中心，结果导致其美国销量停滞不前。进一步而论，总成本领先并非一味地压低成本，而是要通过技术与管理创新，提高产品质量、效能及企业运作效率，从而有效降低成本费用。厉行节约是企业经营的基本要求，但不宜作为战略纲领，总成本领先战略应该代之以创新领先或创新驱动战略。

（二）专一化战略。通信产业发展前景十分广阔，集团通信产业做大做强的空间较大，应该集中力量专攻主业。任正非在华为 2013 年干部工作大会上指出："我们只可能在针尖大的领域里领先美国公司，如果扩展到火柴头或小木棒这么大，就绝不可能实现这种超越。我们只允许员工在主航道上发挥主观能动性与创造性，不能盲目创新，发散了公司的投资与力量。"聚焦于主营业务，是集团通信产业应该坚持的战略选择。

（三）灵活适用差异化战略。不宜将差异化局限于产品或服务的差异化，应该更多地考虑组织形式、人员结构、企业文化、激励机制、合作网络及整个商业模式的差异化，通过商业模式的差异化，才能真正有效落实差异化战略，实现差异化优势。

（四）创新商业模式。加强与科研院所的合作，建立联合研发机制，借助社会的力量，实现创新突破；通过股权投资等方式，建立与业内互补性企业的长效合作机制，共创共赢。改革企业体制，细化核算单位，优化激励措施，极大地激发人的积极性和首创精神。推行开发包容的企业文化，广纳各路英才，人才聚集然后事业兴。（2014 年 9 月）

27

“地产 +X”商业模式路在何方

一、应运而生，一路辉煌

所谓“地产 +X”商业模式，是指以房地产开发与基于之上的其他产业开发有机结合的一种商业模式。较为典型的有“地产 + 旅游”模式，如华侨城、海昌的海洋世界主题乐园等；“地产 + 商业”模式，如万达广场、华润万象城等；“地产 + 工业园区”模式，如张江高科、亿达产业投资及东湖高新等的产业园区开发经营；“地产 + 创意农业”模式，如汇源的休闲农业园等；另外还有“地产 + 文化”“地产 + 教育”等模式。“地产 +X”模式的特点是以房地产开发实现企业利润，启动和支撑其他产业的开发与运营；以其他产业开发体现或实现社会效益，吸引政府低价出让土地。“地产 +X”模式在中国顺风顺水，迅速崛起，出现了一批年销售额千亿级企业，王健林更是凭借其“地产 + 商业”模式登上 2014 年福布斯中国富豪榜榜首。

“地产 +X”模式之所以能够成功，是与中国的特殊历史条件分不开的。

首先，“地产 +X”模式适应国家发展经济、改善民生的迫切需要。为了发展经济，政府大力支持房地产业。1998 年 4 月，中国人民银行下发《关于加大住房信贷投入支持住房建设与消费的通知》，第二年又下发《个人住房贷款管理办法》，对个人住房贷款取消限制，并规定了个人住房贷款执行优惠利率，2003 年，国务院下发《关于促进房地产市场持续健康发展的通知》，正式明确房地产业是国民经济的支柱产业。

其次，“地产 +X”模式符合地方政府追求政绩的需要。GDP 及城市面貌的改善是彰显地方政府政绩的两个重要方面，而“地产 +X”模式十分契合地方政府这两个方面的需求，因而深受青睐。

其三，“地产 +X”模式能够实现地产商对超额利润的追求。我国长期实行宽松的货币政策，资金充裕，主要约束在于土地，占有更多的土地、降低土地成本是成功的关键。通过“地产 +X”模式，打造特色品牌，提高物业价值，同时结合商业、旅游等产业开发，做大盘子，增强对 GDP 及就业带动，地产商成功平添了对政府的吸引力和拿地筹码。

最后，“地产 +X”模式满足了舆论界对社会效益的期许。“地产 +X”模式一般都有较为鲜明的产业发展蓝图，投资规模巨大，能显著改善城市面貌、居住环境、产业发展和居民就业，因而为舆论界所认同。长期以来，人们对地产开发的高额利润多有诟病，但对于“地产+X”模式却较多积极和正面的评价。

“地产 +X”模式获得了二十年多年的“超常规”发展。其中最为关键的因素是与地方政府结成利益共同体，地产商实现低价拿地、高价卖房，获得高额利润；地方政府收获 GDP 和政绩。华侨城以开发大型旅游主题公园或旅游综合体为开发蓝图，吸引政府低价出让土地；以先建设主题公园，美化环境，提高房价，获得超高利润。万达身后有一大批商业巨头，成了政府竞相追逐的对象，购置土地演变成了政府招商，土地成本极低，以至于王健林称，“销售部分即使打 7 折，也得赚钱。”（赢盛中国说商业地产研究中心编著，万达如何做商业地产，中国建筑工业出版社，2013 年 10 月第一版，第 186 版）。

二、时空变换，前路遇阻

房地产市场泡沫论长期不绝于耳，近年来局部市场破灭时有发生，因而越来越多的地产商转向“地产 +X”模式，试图规避泡沫风险。更有研究认为，从 2010 年开始，商业地产就进入快速发展期，而 2010 至 2020 年更是商业地产发展的黄金十年期。然而事实并非如此。去年以来，“地产 +X”模式负面报道不断，显示其华丽外表之下的疲惫与虚弱。

据了解，截至 2013 年底，某大型商业地产集团全国累计开业商业综合体 200 多个，持有物业面积 1704 万平方米，排名全球第二。旗下有商业地产、高级酒店、文化旅游与百货四大产业。然而商业物业租赁收益率不高，2004 年，该集团试图将商业物业打包发行房地产信托投资基金，因物业租金回报率不理想而流产。在物业持续升值的环境下，持有物业较为有利，但当升值放缓甚至下行时，资金压力将会非常大，如果房价大幅下降，那将是灭顶之灾。更为不妙的是，该集团另一支柱产业——百货，开业以来持续亏损，显示出其“地产 + 商业”模式的不足或运营欠缺。

另一“地产 + 旅游”模式大型企业，发展速度也不尽如人意。2013 年，该公司实现营业收入 282 亿元，营业利润 69 亿元，远低于万科与保利地产，后者分别实现营业收入 1354 亿元及 924 亿元，实现营业利润 243 亿元及 160 亿元。其“地产 + 旅游”发展模式开发周期过长、成本及费用高企、项目去化率低、负债率过高等被认为是症结所在。

“地产 +X”模式前程遇阻，一是因为政府政策转向。我国房地产调控力度不断加大，调控政策不断优化，遏制了房价增速过快的趋势。过度宽松的货币政策走到了尽头，为避免泡沫破灭的重创，消除产业结构不合理的毒瘤，国家收紧银根，地产市场资金受到较大限制。二是市场格局开始逆转。诸多地产巨头纷纷转型综合体，“地产 +X”项目供大于求或局部、结构性过剩现象开始出现。三是开发商专注赚快钱。在房价持续上涨的时候，多数企业忙于赚快钱，无须也无暇顾及后续产业的运营，更谈不上创新，致使商业综合体停留在收房租、旅游园区止于景点门票收入阶段。

三、山重水复，何处归程

目前，“地产 +X”模式纷纷寻求转型，主要方向有以下几个方面：

一是业态去商业化转型。在 3 月 28 日举行的“第十届国际绿色建筑与建筑节能大会”开幕式上，深圳市建科院院长叶青提出，“从新型城镇化背景下看商业建筑的重新定位”，商业建筑不仅是城市容器，更应成为城市的客厅，提供更多的体验、休闲等功能。

二是项目蕴含文化创意转型。宋城股份是以文化创意见长的上市公司，其“千古情”节目已从一台露天演出，晋升为与法国红磨坊、拉斯维加斯“O”秀齐名的“世界三大名秀”。近期，宋城股份加大了向文化创意转型升级的力度，先后收购大盛国际35%股权，收购本末文化60%股权，进军影视业，计划今年开拍7部电影。2011年底，华侨城向媒体发布了最新战略定位，将从“旅游+地产”模式向“现代服务业综合运营”转变，打造以文化为核心、旅游为主导的“大服务”产业格局。

三是由工程运作向金融运作转型。大型地产公司纷纷涉足金融业务，如中国泛海控股集团持有民生银行2.46%的股权，鲁能集团持有交通银行0.77%的股权，世茂地产入股申银万国，绿地集团成为盘锦市商业银行第一大股东，万科30亿港元入股徽商银行。此外，许多地产公司通过成立地产投资基金的形式，涉足金融业。相比较而言，房地产开发科技含量不高，且技术相对成熟，未来也可能发展成为一般加工业，但房地产开发是资金密集型产业，美国等发达国家一般由金融公司主导运作房地产开发，金融化是房地产业发展的更高阶段。

四是由开发型向运营型转型。张江高科是我国产业地产龙头企业，由于园区土地存量逐步减少，公司规模化扩张面临挑战，因而提出“一体两翼”新战略。公司成立了创投公司，参股上海股权托管交易中心，并参股多家高科技公司，通过培育和支持公司上市，形成新的经济增长点。

五是国际化转型。2013年，中航地产海外资产达到总资产的20%，人员达到10%，收入达到23.2%，经营利润达到25%。2012年，万科收购港股房企南联地产，成立海外事业部，开始国际化布局，目前已在中国香港、美国旧金山和纽约、新加坡开发项目。

六是运营网络化转型。包括项目开发的网络化管理、网络化营销乃至用网络化思维进行经营运作。万科总裁郁亮带领80名高管团队到阿里巴巴、海尔、小米考察学习，表示将学习和建立生态系统和平台模式。同时宣布实施合伙人制度、轻资产模式，表彰优秀供应商，网络化思维与经营模式逐步显现。（2012年11月）

28

创新成就梦想，智慧照亮文明

——阿里上市随感

一、阿里美国上市，十五年梦想成真

2014年9月19日，阿里巴巴在纽交所正式挂牌上市，发行价68美元，而当天开盘价达到92.7美元，对应市值2285亿美元。阿里因此成为仅次于苹果、谷歌和微软的全球第四大高科技公司和第二大互联网公司，马云也因此成为中国的首富。十五年不懈追求，而今梦想成真。有文章评论阿里上市是互联网时代一个重要的“中国时刻”，必将成为全球互联网发展史上里程碑的一天；有人赞叹阿里上市是小人物实现大梦想的现实版。本文认为，阿里上市更为重要的意义在于：阿里上市是中国经济发展历程中具有颠覆性意义的事件。中国富豪榜长期以来成为地产商的俱乐部，如2007年《福布斯》亚洲版“中国40富豪榜”上，其中15名为地产商，近年来这种势头有所减弱，但仍十分抢眼，2014年商业地产商王健林以净资产151亿美元位居榜首。随着阿里的上市，中国富豪榜格局随之改写，马云以218亿美元净资产跃居榜首，马化腾、李彦宏分别上升到第二和第三名，净资产分别为163亿及158亿美元。另据彭博财经消息显示，在全球科技行业富翁排行榜中，马云位列第七，李彦宏、马化腾分别位列第九和第十三名。阿里上市等一系列现象表明：中国财富从整体上少了些血汗，少了些毒性，多了些绿色，多了些智慧和灵性，多了些生机与活力；中国企业的创新能力显现，百度以技术创新见长，阿里以商业模式取胜，腾讯则兼而有之，中国公司在互联网领域甚至可以与美国硅谷比肩。阿里上市等现象的意义还在于：人们的财富观和价值观将因此会发生重大改变，真正富有意义的价值创造必须付诸改革创新，创新意识的深度觉醒预示着中国创新大潮将开始涌动。

二、人类智慧之光，烛照文明史空

回望历史的开端，远眺文明的曙光，人类由采集狩猎到农业种植和动物驯养、工业生产及至当今信息技术的开发利用，每一次进步都源于思想、社会与技术的巨大创造，是人类智慧的光辉结晶。人的本质特征是具有智慧和善于创造，人创造了自身，创造了财富、历史和社会文明。英国古典经济学派创始人、重农学派经济学家威廉·配第指出，“劳动是财富之父，土地是财富之母”。历史伟人也难免时代的局限，土地与劳动都是人类充满智慧的、创造性的产物。蛮荒之地不适宜耕种，必须披荆斩棘、翻土平整、不失时令、育苗播种、保持墒情等，所有这一切对原始初民来说，都需要付出巨大的智慧和创造。因此，应该说智慧是财富之父，创造是财富之母。随着历史的发展，人们对财富来源乃至社会进步的认识逐步深化。英国古典经济学家亚当·斯密认为分工促进财富增长；大卫·李嘉图认为社会总产品是土地、资本、劳动三者结合的产物；英国经济学家哈罗德和美国经济学家多马认为，资本和劳动力的增加导致经济的增长。哈佛大学经济学教授约瑟夫·熊彼特（1883 年 2 月 8 日~1950 年 1 月 8 日）认为资本主义的经济发展是不断创新的结果。所谓创新就是要“建立一种新的生产函数”，即“生产要素的重新组合”，就是要把一种从来没有的关于生产要素和生产条件的“新组合”引进生产体系中去，以实现对生产要素或生产条件的“新组合”；作为资本主义“灵魂”的“企业家”的职能就是实现“创新”，引进“新组合”，“经济发展”就是指整个资本主义社会不断地实现这种“新组合”亦即不断创新的结果，周期性的经济波动起因于创新过程的非连续性和非均衡性，不同的创新对经济发展产生不同的影响，由此形成时间各一的经济周期。进入 21 世纪，在信息技术的推动下人类进入知识社会，创新对社会发展的推动作用更加突出和显而易见。

三、聚众智慧，照亮未来

党的十一届三中全会开启了我国改革开放的历程，实现了 30 余年的经济高速增长，取得了举世瞩目的成就。改革开放就是创新，是体制创新、顶层设计创新，正是这种创新，解放了生产力，激发了人们的积极性和创造性，成就了今天的经济繁荣。当前，我国经济进入整体转型期，创新发展的趋势逐步增强，华为、中兴、阿里、百度等创新型企业成功登顶，鼓舞了政府与企业界的创新热情，提高了对创新意义的认识，创新将成为我国经济与社会进程中的主旋律。

改革创新需要树立远大的理想，即使命和愿景。使命和愿景是改革创新的动力之源，一个企业如果只考虑短期利润目标，没有成为百年老店的高远志向，绝不会生发出强大而持久的改革创新动力。阿里是一家真正相信并践行使命驱动的公司。15 年来坚守了“让天下没有难做的生意”这一使命，帮助中小企业解决生存、成长和发展的问题，与成千上万的小企业一起靠理想，靠努力，靠市场成就了更好的自己。

改革创新需要决心和毅力。改革创新就是打破人们的思维定式、颠覆行为习惯、重构利益格局，必然会遇到重重阻力；改革创新有可能会使自身利益暂时受损或相对削弱。所有这一切都需要决心和毅力，需要较为高尚的担当精神。正如马云所说：“成非凡之事者，必须有非凡之担当！”

改革创新需要智慧，需要人才。改革创新是一个“创造性毁灭”的过程，不但要破除旧的制度结构、技术体系、主流产品、运作模式等，更重要的是要创造新的、更为先进的机制、技术、产品与模式，需要复杂知识和高智能的创造活动，需要众多高端人才的辛勤努力和持续付出。马云对此有较为深刻的体会，他说：“我的公司是个动物园，而不是农场，农场永远做不出创新，农场就是一群鸡一群鸭都一样，服装都统一的，麻烦大了，我们需要的是各类动物。”大有“不拘一格降人才”之势。（2014 年 10 月）

29

华为模式
——世界级企业之路

一、摘星揽月，彪炳史册，引领未来——华为奇迹大观

2013 年，华为实现营业收入约 395 亿美元，净利润约 34.7 亿美元，分别

超过爱立信（1876 年成立于瑞典）42 亿元及 15.7 亿元，成为全球规模最大、业绩最好的通信设备供应商。华为 1987 年以 2 万元创业，经过 26 年的马拉松竞赛，终于战胜所有对手，登上通信设备行业巅峰。通信行业起源于西方发达国家，至今已有上百年的历史，西方通信企业技术与经验积累十分雄厚，新中国成立前即已进入中国，经营根基较深，我国通信市场产生初期，通信设备等产品基本依靠外商供应，本土企业在外企的技术封锁和竞争压力下很难生存。华为能够在这种重压下从无到有，由弱到强，不断超越，最终将竞争对手全部抛在身后，成就了新中国几代人的美梦，铸就了历史性辉煌。华为摘星揽月的经营壮举，使人振奋，令人敬仰。

改革开放之后，市场经济风生水起，形成了“人人向钱看，无处不市场”的大潮，一批优秀企业家崛起，但也难免鱼龙混杂，权钱交易、官商勾结、虚假宣传、市场炒作一幕幕上演，给我国经济造成了巨大的冲击，种下了严重的隐患，发展方式粗放，资源低效率消耗，环境严重破坏，结构矛盾日趋尖锐，在这种形势下，以华为为首的一些企业，挑起了我国创新发展、科学发展、和谐发展和可持续发展的脊梁。华为不仅是我国科技创新的骄傲，也是可持续发展的希望之所在。

改革开放之初，产生了诸如华为、中兴、四通、联想、华科、巨人、大唐、普天、巨龙、海尔等所谓高科技企业，在市场大潮的冲击洗礼下，上述企业有的折戟沉沙；有的转营保健品，利用一些人望子成龙而又迷信神秘力量的心理赚钱；有的靠扩大规模、控制成本盈利，只有华为、中兴真正依靠科技创新谋发展，走出了一条创新发展的康庄大道。长期以来，我国政府反复倡导创新发展，社会各界对创新发展的呼声一浪高过一浪，然而企业创新至今收效不大，一些企业仍然只顾赚快钱，哪怕是不义之财；也有一些企业想创新但却不得要领，不知所措。华为探索到了一条创新发展的有效途径，形成了一种创新发展模式，华为在科技创新和企业可持续发展上的建树，必将载入我国企业和社会发展的史册。

华为登顶之后，没有多少庆祝，更没有媒体渲染，华为以平常之心视之，继续保持谦虚谨慎、艰苦奋斗的作风，再接再厉，拼搏进取。此时的华为有了更大的目标，向云计算和一定互联圣地进发，华为要由“追赶”向“引领”转型，做世界创新发展的领航人。其实，华为在理想境界上、战略管理和经营谋略上一直引领着未来。任正非总裁的《华为的红旗还能打多久》《创新：华为发展的不竭动力》《活下去，企业的硬道理》《华为的冬天》《北国之春》等文章，不少中国企业当成范本，四处搜索、研读，甚至日本的企业也翻译出来让员工学习。《华为的冬天》出来后，创维集团的董事长黄宏生说："这篇文章说出了所有干企业的人的感受。"当时刚刚担任联想集团新帅的杨元庆把这篇文章发给所有中层干部，要求认真学习；东软集团的董事长刘积仁在公司成立十周年大庆前读到这篇文章，亲笔写了《致东软全体员工的一封信》，试图让东软员工长存危机意识。华为的思想理念和价值观对我国乃至世界企业将会产生持久和深入的影响。

二、立志追日月，轻轻别彩云——先赛道，后赛术

老子有云："道生一，一生二，二生三，三生万物。"万事万物皆源于道、始于道、成于道，企业经营亦是如此。经营之道是企业的立命之本、成长之基、发展壮大之源。企业的市场竞争首先是经营之道的竞争，其次才是经营之术的竞争。华为的成功究其根本是华为选择和坚守了华为之道，华为之道使其胸怀远大、追风赶月、矢志不移、使命必达、高出同侪。

《华为基本法》是华为公司的一部企业宪法，全文共有 6 章 103 条 16400 字，该法 1995 年着手起草，经过近 10 次的讨论、修改，1998 年制定完成，引起各界人士竞相学习、讨论。《华为基本法》的第一章集中体现了华为的核心价值理念和战略思想。华为的核心价值观和战略目标可以高度概括为五点：一是产业报国。《华为基本法》规定："华为以产业报国和科教兴国为己任，以公司的发展为所在社区做出贡献，为伟大祖国的繁荣昌盛，为中华民族的振兴，为自己和家人的幸福而不懈努力。"二是聚焦通信设备产业。"为了使华为成为世界一流的通信设备供应商，华为将永不进入信息服务业。"三是做世界级领先企业。"在电子信息领域实现顾客的梦想，并依靠点点滴滴、锲而不舍的艰苦追求，使华为成为世界级领先企业。"四是文化引领，智力更生。"华为认为资源是会枯竭的，唯有文化才会生生不息。一切工业产品都是人类智慧创造的。华为没有可以依存的自然资源，唯有在人的头脑中挖掘出大油田、大森林、大煤矿……"五是自主研发，创新发展。"广泛吸收世界电子信息领域的最新研究成果，虚心向国内外优秀企业学习，在独立自主的基

础上，开放合作地发展领先的核心技术体系，用卓越的产品自立于世界通信列强之林。”

1995年，华为的程控交换机刚刚开始打开市场，销售额超过8亿元，员工只有1000余人，应该说仍是一个规模较小的公司，特别是在通信行业，国际百年巨头雄霸天下，此时的华为立志产业报国，自主研发，智力更生，做世界级领先企业，巨志宏愿，可敬可佩。自然也引起了诸多不解、怀疑，甚至批评、讥讽，认为华为的目标太高远，难以实现，只是一个美好的梦想。但华为矢志不移，不为各种各样的负面观点所动，不为一浪高过一浪的“淘金热”所惑，如华为不做房地产、不投资矿产，甚至对盛极一时的小灵通、CDMA也轻轻放过，专心致志只做通信设备，以夸父追日般的志向和毅力，向着既定的目标前进，最终成就了梦想，上演了传奇。相反，四通、巨人等公司在乱花迷人的世界里缺乏定力，追求短期利益和快钱，稍有成绩就盲目自大，结果昙花一现，败走麦城。

2010年，华为开始全面战略转型，内部结构由按设备、终端、软件服务三大业务划分调整为按照客户类型划分，分为面向企业、面向运营商、面向消费者以及其他业务四个板块，新增智能手机和云计算业务，并提出了“智能手机2015年跻身全球三大品牌之列、云平台在不太长的时间里赶上和超越思科、云业务追赶谷歌”的新的战略目标，华为正快马加鞭攀登新的高峰。

三、条条大路通罗马，海阔天空任翱翔——聚集天下英才，成就旷世伟业

人才聚，事业兴，要实现远大理想，必须聚集各路人才，打造高素质人才队伍，古今中外概莫能外。华为的成功，要归结为其人才战略的成功。华为基本法第五十五条规定：“华为的可持续成长，从根本上靠的是组织建设和文化建设。因此，人力资源管理的基本目的，是建立一支宏大的高素质、高境界和高度团结的队伍，以及创造一种自我激励、自我约束和促进优秀人才脱颖而出的机制，为公司的快速成长和高效运作提供保障。”

华为打造人才高地的主要措施为“高薪揽才、股权聚才、事业兴才”。华为没有门第、身份观念，所有人员一律平等，按岗位和能力获得报酬，而且还将工资提高到比外企还高的水平，因而招揽了国内大批优秀人才，据说有些年

份一次招收近万名大学毕业生，大有天下英才尽归华为之势。

为了“将员工利益与企业长期利益结合在一起，增强员工对公司的归属感、长远发展的关切度和管理的参与度，形成具有竞争和激励效应的科学的分配制度”，华为初期就实行了内部员工持股制度，1992 ~ 1996 年分红比率都高达 100%，1997 年为 70%，之后递减到 2002 年的 20%，一年发一次红利，红利自动滚入本金。

华为在借鉴英国模式的基础上，设计了著名的“五级双通道”模式，设管理和专业两个基本通道，其中专业通道包括技术、营销、服务与支持、采购、生产、财务、人力资源等子通道。专业通道纵向划分五个职业能力等级阶梯，如技术通道就由助理工程师、工程师、高级工程师、技术专家、资深技术专家五大台阶构成，而管理通道是从三级开始，分为监督者（三级）、管理者（四级）和领导者（五级）。

每个员工至少拥有两条职业发展通道。以技术人员为例，在获得二级技术资格之后，根据自身特长和意愿，既可以选择管理通道，也可以选择技术通道发展。由于两条通道的资格要求不同，如果技术特点突出，但领导或管理能力相对欠缺的话，就可以选择在技术通道上继续发展，一旦成长为资深技术专家，即使不担任管理职位，也可以享受公司副总裁级的薪酬与职业地位，企业也因此得以充分保留一批具有丰富经验的技术人才。很多员工还可以选择两个通道分别进行认证，企业采取“就高不就低”的原则来确定员工的职等待遇。华为的双向 5 级职业发展制度为员工开辟了广阔的职业发展空间，让员工在这个广阔的天地里展露才华，成就自我，同时也成就企业的战略目标。

华为员工职业发展通道示意图：

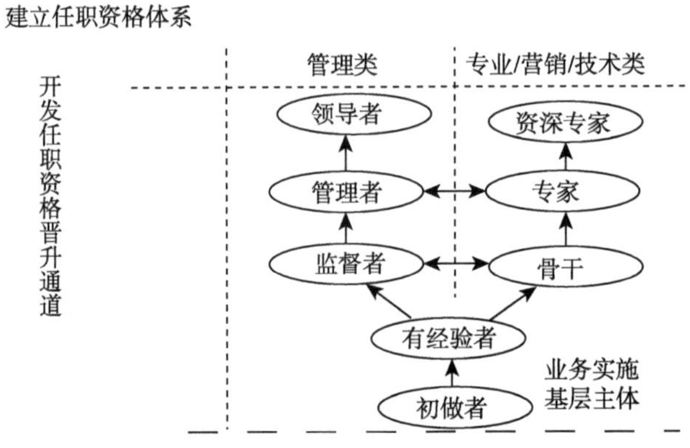

四、自我革命，脱胎换骨，打造一流运行体系——改变世界，先改变自我

1997 年末，任正非率领华为一批高官到美国休斯公司、IBM 公司、贝尔实验室和惠普公司进行参观访问，对美国人的创新精神、美国公司的运作机制和优良的管理深感震动，写下了《我们向美国人民学习什么》一文。文中说道："中国是一个大国，我们要像当年搞两弹一星那样，拿出伟大的气魄来，在经济上、科技上站起来。从事高科技的产业更应向美国人民学习，学习他们的创新精神与创新机制，在软件技术革命层出不穷的今天，我们始终充满追赶的机会。"此次访问，任正非深刻地认识到了华为与国际一流企业在管理上的差距，决心进行系统的流程再造，构建国际市场营销服务体系，打造多元化的国际生产研发体系，实现从本土公司到跨国公司转型。

1997 年，华为与 NVQ（英国国家职业资格委员会）合作，开始设计公司员工职业化发展的制度体系，后来，又与 Hay（合益）集团合作，设计了任职资格制度，主要包括职业发展通道、任职资格标准和资格认证三大部分。1998 年，华为与 IBM 公司合作了"IT 战略规划"项目，以此为基础，规划了华为未来 3~5 年需要开展的业务变革和 IT 项目，其中包括 IPD（集成产品开发）、ISC（集成供应链）、IT 系统重整、财务四统一等 8 个项目。整个业务流程变革历时 5 年，耗资 10 亿元，规模涉及公司价值链的各个环节，是华为有史以来影响最为广泛和深远的一次管理变革。2007 年，华为公司启动了 IFS（集成财务转型）项目，IBM 组建一支由全球骨干组成的团队，为华为提供了全方位的定制服务。

针对一些人对于外国"洋理论"的疑虑和抵触，任正非要求接受"削足适履"满足"洋理论"的要求，要脱掉自己的草鞋，穿上美国的皮鞋，对于咨询机构设计的一套制度机制，要"先僵化，后优化，再固化"。僵化，就是坚决照搬，全盘接受，从而站在巨人的肩膀上；优化就是在引进的基础上再改进创造；固化就是例行化（制度化、程序化）、规范化（模板化、标准化）。通过近 10 年的咨询、改革与系统建设，华为先后建立了"集成产品开发管理系统"、集成供应链管理系统、集成财务管理系统及任职资格管理等系统，使公

司各项工作与国际接轨，管理水平达到国际标准，从机会型成功转向到可持续的管理型成功之路。

华为任职资格管理系统奠定了华为人才大厦的基石，为华为凝聚了各路精英，锻造了一支世界级人才队伍。任职资格从横向分类纵向分级，将对人的资格要求清晰化，并与工作要求相对应，为人力资源的管理体系奠定基础。任职资格的作用有如下几个方面：一是招聘。任职资格管理为企业招聘录用员工提供了准入性标准。二是绩效管理。绩效指标设计必须参考任职资格的能力标准并借鉴任职资格的行为标准，从而使得绩效指标体系与职位特征相结合。三是薪酬管理。任职资格管理为企业薪酬管理提供了基础性支持，任职资格与职位的匹配决定了企业员工的薪酬范围，从而使得薪酬更具有实效性和激励性。四是员工职业生涯管理。任职资格管理有助于员工职业生涯管理的明晰化，为员工提供了学习知识、积累经验和提升素质的努力方向。五是员工培训。任职资格管理为员工培训提供了方向性支持，使得员工培训更有针对性和实效性。六是选拔晋升。任职资格管理为企业员工选拔晋升提供了资格标准。七是员工职业化。任职资格管理是企业的硬性管理规章制度，推动有能力的员工不断提高水平并给予相应的合理回报。同时任职资格管理中也体现着公平竞争的理念，激励员工自身不断提高其职位胜任能力，从而实现职业发展规划。

华为任职资格评审为二级评审制，包括部门级和公司级。由员工申请或单位推荐，由各系统任职资格管理处负责组织评审（部门评审），公司级评审由公司任职资格管理部负责组织，公司人力资源委员会对评审结果进行审核并颁证。资格证书有效期为 2 年，每 2 年公司组织一次资格复审，或修订标准，复审通过，证书将继续有效。

五、胸怀宇宙，包孕万物——春风化雨，润物无声

企业文化是企业的价值观和习惯性行为方式，是一个企业的精神气质，是企业的小气候，在隐蔽的深处酝酿着企业的风花雪月、阴晴圆缺；又是编制企业命运的编码，冥冥中决定着企业的盛衰荣辱、升降沉浮。文化不是一个独立的存在，她寓于企业运行机制和经营活动之中，华为的文化寓于华为基本法、华为运作机制以及华为日常经营活动之中，是其经营活动的精神体现，认识华为的文化，必须从其经营活动中进行分析、总结和提炼。有人认为华为的

文化是“狼文化”，也有人说华为的文化是“床垫文化”“客户导向文化”“以奋斗者为本文化”等，这些理解都没有揭示华为文化的高度、本质与特色，有的较为偏颇，有的只是华为经营之术的总结描述，没有触及华为之道。

本文认为，承载华为之道的企业文化可以概括为以下几个方面：首先是英雄情结。美国前总统里根认为：“英雄之所以称之为英雄，并不在于我们称赞的语言，而在于他们始终以高度的事业心、自尊心和锲而不舍的对神奇而美妙的宇宙进行探索的责任感，去实践真正的生活以致献出生命。”华为不做房地产等快钱行业，决绝地选择了高科技密集型的通信行业，而通信设备又是高科技上的皇冠，华为就是要摘取皇冠上的明珠，这种高度的事业心、责任感和担当精神可以说是十分少见的。

其次是天下情怀。华为具有国家情怀，从事通信事业，就是为了产业报国，让祖国自立于世界强国之林。华为具有国际视野和开放的心态，虚心向海内外同行学习，善于合作，共建未来，秉承兼爱共赢的价值观。华为基本法第四条规定：“爱祖国、爱人民、爱事业和爱生活是我们凝聚力的源泉。责任意识、创新精神、敬业精神与团队合作精神是我们企业文化的精髓。实事求是是我们行为的准则。”第五条规定：“华为主张在顾客、员工与合作者之间结成利益共同体。努力探索按生产要素分配的内部动力机制。我们决不让雷锋吃亏，奉献者定当得到合理的回报。”

在具体运营中，华为实行“深淘滩、低作堰”的运作原则，深入挖掘自身潜力，多给客户留一些利益，善待上游供应商，协调产业链生态发展。在企业内部，华为追求机会均等、共进共荣的运营机制和企业环境，实行了全员持股制度，员工均可通过持股分享利润，与企业一同进步。为了能团结广大员工一起奋斗，公司创业者和高层领导不断地主动稀释自己的股票，以激励更多的人才加入。任正非仅持有华为1.42%的股份，是民营企业中持股最低的创业老板。

其三是苦行僧精神。华为没有任何稀缺的资源可以依赖，唯有艰苦奋斗才能赢得客户的尊重与信赖。任正非认为：“科研之门就是地狱之门。”走科研创新之路必须付出超出常人的艰辛。多年来，华为的高级干部几乎都没有什么节假日，24小时不能关手机，随时随地都在处理问题。现在，因为全球化后的时差问题，华为总是夜里开会。华为人牺牲了与家人的团聚、自己的休息和正常的生活，牺牲了平常人都拥有的亲情和友情，销蚀了自己的健康，经历了一次又一次失败的沮丧和受挫的痛苦，承受着常年身心的煎熬，以常人难以想象的艰苦卓绝的努力和毅力，行走在世界各地，传播理想，收获希望。

其四是自我革命，凤凰涅槃精神。华为始终以开放的心态，学习海内外先进的管理理念和制度机制，曾先后多次聘请国外专家，对自身进行管理流程再造，削足适履，脱胎换骨，正是通过不断地自我批判、自我否定，一次次浴火重生，才使自身不断进步提高，逐步成长为国际领先的高科技通信企业。（2014年8月）

30

文化创意地产——驶向诗意栖居的云帆

——五矿哈施塔特小镇观感

一、哈施塔特小镇，一朵奇葩漂洋来

（一）小镇区位

哈施塔特小镇位于惠州市博罗县，广东省惠州市博罗县体育大道东端，西侧规划有惠州大道连接小金口及惠州江北行政中心及博罗县城，南面有惠博沿江路，连接惠州江北行政中心。小镇到惠州江北行政中心10分钟车程，到博罗县城5分钟车程。

（二）项目土地取得方式

哈施塔特小镇由五矿建设有限公司开发建设。2010年9月，五矿建设以7.49亿元价格收购深圳泛华工程集团公司旗下博罗县碧华房地产公司80%的股权，该公司在惠州博罗县麦田岭拥有约100万平方米土地及17万平方米水面的开发使用权。2011年4月，哈施塔特小镇开工建设，2012年4月开盘销售。

（三）规划指标

项目规划用地面积约100万平方米，总建筑面积超过100万平方米。项目开发建设期约6年，分6期开发，总投资额约60亿元。其中一期以一湖、一心、两环、三轴、四区为总体布局。一湖：17万㎡纯天然活水湖；一心：小镇中心；两环：以环湖大道为内环，社区道路为外环的双环骨架体系；三轴：以华尔兹大道、金色广场大街、维也纳森林溪谷为主轴线；四区：高层区、湖景区、山景区、风情小镇。

（四）哈施塔特小镇创意来源和设计理念

据五矿建设有限公司董事副总经理杨律介绍，项目用地三面环山，中间抱水，自然条件优美；博罗是古镇，至今有2200多年历史，考古学家在此发现了汉代的编钟，有非常深厚的文化底蕴。编钟和音乐有关系，由此创意团队联想到了奥地利很有特点的小镇，包括哈尔施塔特（奥地利原小镇译名）、伊舍尔小镇等等，因而决定对哈尔施塔特小镇进行移植创作，在博罗县麦田岭复制开发哈施塔特小镇。据传，五矿建设曾派出上百人次前往哈尔施塔特，几个月来一直在秘密研究这座只有800人的"世界文化遗产"小镇，仔细描摹和记录其建筑风貌，甚至是实地测量，原样复制。

奥地利人民流淌的是艺术的血液，这种血液也注入其建筑之中，使得其色彩斑斓。五矿建设把奥地利人民的这种艺术气质移植到了哈施塔特小镇的设计建设之中。如在颜色设计方面，一期的104栋低层住宅使用了8种主色和32种配色，104栋别墅，有32种不同的颜色和系别，漫步其中会感到每一栋建筑看起来都不一样，好像每一栋建筑都是量身打造的。以不同颜色、样式的地砖划分小镇区域，使每个区域都具有强烈的个性；以西方园林风格为主调，交通密集地块以大面积团铺装为主，摆上精致的小品、雕塑、指示牌及时令花卉，辅以采用孤植、对植和列植等方式种植的乔木，与大面积草皮及水面一起，营造了一个美丽宜居环境；以不同彩度色调的植物搭配，营造出层次丰富、多意境的空间景观效果。出彩的橱窗设计，每一个主题迥异，绝无重复，却又能和谐并存；建筑外立面通过冷暖搭配，营造出丰富的视觉效果；整个街道色彩强烈，装饰浓艳，给人强烈的视觉冲击。

（五）一期销售情况

2011 年 4 月 19 日，哈施塔特小镇开工建设。2012 年 3 月 17 日，五矿建设携手凤凰卫视知名主持人许戈辉在惠州江北凯宾斯基大中华厅举办了“许戈辉非凡赏——哈施塔特别墅区产品发布会”，4 月 15 日开盘。据惠州日报报道，开盘当日便销售 110 套。据统计，小镇首批别墅业主主要为惠州本地客户，大多是抱着自住的目的购房，他们希望快一点搬进来，好早一天享受这绝美的小镇风情。

2012 年 6 月 2 日，奥地利哈尔施塔特镇长携夫人等一行人来到惠州，出席了由惠州博罗县、奥地利哈尔施塔特小镇和五矿建设公司三方举行的“友好小镇”签约仪式。哈尔施塔特镇长在实地参观了五矿哈施塔特项目后，对项目给予高度的赞扬。在今后的日子里，三方将在建筑、人文、艺术等方面进行进一步的交流。成为奥地利哈尔施塔特的友好小镇，无疑增加了五矿哈施塔特小镇的文化亮色和卖点。

（六）哈施塔特小镇的成功之处及其质疑

哈施塔特小镇的开发建设在业界引起了较大的反响，有对其移植创新的褒奖，也有批评和质疑。本文认为，其成功之处有如下方面：

1. 项目创意新颖。项目十分细致地复制了奥地利哈尔施塔特小镇，建筑风格活泼灵动，具有较强的艺术性，随处浏览，无不赏心悦目；奥地利哈尔施塔特小镇为世界文化遗产，通过复制移植，无疑也将奥地利哈尔施塔特小镇文化部分移植到了博罗县哈施塔特小镇，使人感到一种古老的异国情调的熏染。在日趋激烈的市场形势下，只有把产品风格做得独特、纯粹，才能从众多竞争对手中脱颖而出。“独特”是为了博得市场关注，打响差异化；“纯粹”则是为了和复制同类作品的竞争对手相比，做得更纯粹、更高端。

2. 项目环境氛围设计细腻鲜明。以西方园林风格为主调，交通密集地块以大面积团铺装为主，摆上精致的小品、雕塑、指示牌及时令花卉，辅以采用孤植、对植和列植等方式种植的乔木，与大面积草皮及水面一起，营造了一个美丽宜居环境，营造出浓郁的异国情调，提升了项目的档次感，形成强烈的奥地利小镇的文化氛围。

3. 项目营销策划较为巧妙。项目充分利用了事件营销。通过制造复制侵权、与奥地利哈尔施塔特小镇结成友谊小镇等事件，借助媒体的炒作，吸引人们的关注和兴趣，让人们认识博罗哈施塔特小镇这块即将闪亮登场的明珠，认识她的价值，激起人们拥有的欲望。

4. 项目总体运作模式具有较高的水准。一是通过收购房地产公司股权获得博罗县麦田岭用地约 100 万平方米及 17 万平方米水面的开发使用权，降低了用地成本和操作程序。初步测算，上述土地最高可建楼面面积约 195.4 万平方米，地价每亩 60 万元，折合楼面价约每平方米仅 500 元。该地块和水域品质上乘，区位优越，显示了五矿建设对市场耕耘十分精深，眼光独到。二是放眼全球寻找创意资源和灵感，选取世界顶端文化遗产小镇，细致临摹复制，战略视野较为广阔，立意较为高远。三是营销资源丰富，营销策划精巧、高端，营销运作较为娴熟。四是运作速度较快，2010 年 9 月购地，2011 年 4 月开工建设，2012 年 4 月开盘，仅仅一年半的时间就完成了复杂及高质量的创意设计和规划建设，速度较快，过程显得十分流畅。

对博罗哈施塔特的质疑主要集中在两个方面：

一是否侵权、是否有价值问题。

奥地利哈尔施塔特（惠州博罗县小镇叫做“哈施塔特”）小镇已被联合国教科文组织列为“世界文化遗产”，五矿建设是否涉嫌复制侵权，投巨资搞模仿外国小镇风格是否有价值?

奥地利哈尔施塔特小镇居民在接受媒体采访时称，小镇的民居为私人所有，其建筑风格体现了居民的智慧，属于他们的知识产权，另一个国家的人“盗取”了他们的智力成果，而他们自己却毫不知情。有当地人士称，居民可以对这一行为进行控告。小镇一位宾馆主人对媒体称，其拥有 400 多年历史的宾馆是他的个人艺术作品，如果有人在不经过他允许的情况下对其进行复制，那不就像是一位画家在剽窃别人的画作吗?

但广东圣方律师事务所律师颜宇丹此前对《每日经济新闻》记者表示，“哈尔施塔特不是一个商标，建筑外观设计也没有注册专利，开发商仿制建造属于模仿性质，不构成侵犯知识产权。”五矿建设相关负责人也向媒体表示，五矿哈施塔特项目没有模仿哈尔施塔特镇的所有细节，并不构成侵权。

二是否能够受到市场追捧问题。

有关报道一期项目开盘3个月就销售了90%。但某记者2012年6月18日通过博罗县房管局官网查询发现，五矿哈施塔特项目共登记预售房屋200多套，已经销售的房屋却只有20多套，远远未达销售人员声称的预售房屋的9成。

当前宏观经济形势总体欠佳，加之我国房地产调控不断加码，对项目的销售可能会造成一些不利影响，所以，项目推出时机是否合适有待研究。

二、文化创意地产，迎春鲜花次第开

文化创意地产是指在地产设计开发中注入更多的文化创意元素，使建筑更富有艺术和精神内涵，使居室乃至社区在安全、方便、舒适的基础上，进一步附加审美、文化陶冶、心灵愉悦等功能，实现“诗意的栖居”。

文化创意综合体及文化创意小镇是文化创意地产的两种实现形式。文化创意综合体是以文化体验、文化休闲与文化商业等为特色，汇集行政办公、综合商业、总部基地、居住、教育等多种功能的城市综合体。文化创意综合体是城市更新改造和升级转型的产物，是生态城市、人文城市的细胞。文化创意小镇则是城市周围的文化风情卫星城镇，更加贴近自然，融入自然。近年来，文化创意综合体及文化创意小镇建设已成为我国房地产开发的一大潮流，呈方兴未艾之势，一些龙头地产企业已捷足先登。

上海新天地是旧城改造的一个成功案例。改造前，这里是一片拥有近一个世纪历史的石库门里弄建筑。这些建筑是中西合璧的产物，更是代表了近代的上海历史文化。然而随着城市的不断发展，昔日风光显赫的石库门早已不能满足居住需求而渐渐淡出历史舞台。1999年，香港瑞安集团牵头对该片区重新开发，改变了原先的居住功能，创新地赋予其商业经营功能，把这片反映了上海历史和文化的老房子改造成集国际水平的餐饮、购物、演艺等功能的时尚、休闲文化娱乐中心。新天地的石库门建筑群外表保留了当年的砖墙、屋瓦，而每座建筑的内部，则按照二十一世纪现代都市人的生活方式、生活节奏、情感世界度身定做，无一不体现出现代休闲生活的气氛。漫步新天地，仿佛时光倒流，有如置身于二十世纪二三十年代的上海，但一步跨进每个建筑内部，则非常现代和时尚；每个人都能体会新天地独特的魅力：继承与开发同步，传统与现代同步。2001年上海新天地落成，并迅速成为上海的潮流热点，并吸引了国际注视。

五矿建设公司是率先进行文化创意地产开发的房地产企业之一，在文化创意小镇建设方面取得了较大的成功。2009年，该司在长沙县暮云镇成功开发了格兰小镇，将苏格兰特有的建筑风格（城堡、坡屋顶）和人文风情（格子裙、风笛、威士忌酒、高尔夫等）融入其中，形成了温馨、自然的异域生活氛围。该项目获得“2011长沙唯美品质大宅”荣誉称号。近期，五矿建设又计划投资20亿美元，在江宁打造方山旅游小镇。据了解，该项目依托方山旅游度假区，拟打造一个集休闲旅游和参禅礼佛、修心养身、风景宜人的超大型商业旅游综合体，以高档写字楼、商业综合体、旅游小镇为主，着力为江宁大学城营造一个崭新的生活社区。该项目将于今年下半年开工建设。

万科、保利等龙头公司也纷纷介入文化创意地产开发建设。万科以加拿大温哥华以北约120公里的滑雪胜地——惠斯勒为建筑蓝本，移植北美小镇式生活格调，相继在鞍山、长春、沈阳打造了三座惠斯勒小镇。保利开发了保利法兰西小镇、保利西海岸清风小镇等。

三、走文化创意地产之路，诗意栖居不是梦

德国哲学家海德格尔提出人应该诗意的栖居在大地上，诗意的栖居就是天地人神和谐相处，使人的居住与生活富有诗意。美国社会心理学家马斯洛认为，人们在满足了基本的生理需要、安全需要之后，就会逐步追求更高级的精神满足，诗意栖居成为人们的梦想和追求。建筑最初的作用就是遮蔽风雨，保护安全，但随着生产力的发展和物质财富的增加，人们对建筑的文化审美、心灵愉悦功能的要求越来越高，文化创意地产应运而生并成为人们实现诗意栖居的重要手段和途径。

充分利用现代建筑技术，发扬光大我国古代优秀的建筑技艺，借鉴国外建筑思想及建筑艺术，提升我国城市与城镇建设的文化风情和艺术审美内涵，是当前地产开发的一项重要工作。（2013年6月）

31

产业创新——企业的制胜之道

——华侨城集团产业创新的启示

一、十年一剑，旅游地产模式横空出世

一般认为，企业创新就是企业产品生产技术或工艺的创新。其实，产业创新也是企业创新的重要组成部分，而且是更高层次的创新。产业“集成共生”是深圳华侨城集团独辟蹊径的产业发展模式创新。所谓产业的“集成共生”，就是将不同种类但具有一定关联的产业，通过股权、管理、经营策略及其产品的空间区位布局等纽带优化组合在一起，使其互为支撑，共生共荣。

“集成共生”产业创新发展战略是华侨城集团长期探索的结果。华侨城集团成立初期，其产业涉及电子、房地产、贸易、旅游、园林、建筑安装等多个领域，呈多元发展，没有明确的主导产业但具有特色的产业发展战略。

1986 年 8 月 25 日，华侨城区域开发建设总体规划获得政府批准。之后，华侨城 4.8 平方公里区域进入一个快速有序的开发阶段。锦绣中华、中华民俗村、世界之窗、欢乐谷四大旅游景点相继建成开业。1997 年 9 月，华侨城控股股份有限公司在深交所上市，华侨城集团旅游产业形态构造初步完成。与此同时，华侨城房地产有限公司陆续完成东方花园、海景花园、湖滨花园等一系列物业的开发建设。1994 年华侨城房地产有限公司被评为中国房地产开发企业综合效益百强，华侨城集团房地产业逐步走向强盛。

经过几年的发展，华侨城集团的主导产业逐步凸显，管理层发展主导产业的战略思想逐步形成。1998 年 7 月，华侨城集团举行党委扩大会议，确定了以工业、旅游、房地产为主导产业的新的产业发展目标。

在华侨城区域的开发中，华侨城集团的旅游和房地产两个产业由于共享同一个地理区位资源，具有天然的相互支撑优势。旅游景观提升了华侨城区域

的环境品位，大批精英人士来华侨城区域置业安居，促进了华侨城房地产业的健康快速发展。而华侨城房地产业在该区的发展，又进一步改善了华侨城区域的旅游环境，促进了华侨城在该区旅游休闲业的繁荣。但是，起初的这种相互支撑的产业发展格局在很大程度上是自发的、资源促动的。随着经营实践的深入，华侨城集团管理层越来越认识到产业间资源共享、互为支撑发展策略的巨大优势和潜力，从而将这一产业发展模式上升为集团产业经营的战略原则，并开始着力打造这一产业战略的运作平台。

2000 年，华侨城集团将其持有的华侨城房地产有限公司股权的 25% 置换给华侨城控股股份有限公司，2001 年，华侨城控股股份有限公司又增持华侨城房地产有限公司 15% 的股份，对华侨城房地产有限公司股份的持有量达到了 40%。

为了确保相关企业战略高度协调，华侨城集团主导产业的法人代表均由集团主要领导兼任甚至由同一集团领导兼任，形成了产业间协同共进的可靠管理基础。

在项目开发及业务发展中，华侨城集团始终坚持“集成共生”的产业发展原则。如在山东曲阜旅游项目中，华侨城控股股份有限公司和华侨城国际传媒有限公司共同参与；而北京南磨坊乡域内的旅游地产项目，则由华侨城控股股份有限公司与华侨城房地产有限公司共同参与。

华侨城集团完成了旅游与房地产产业的股权联姻，缔造了有利于产业协同运作的企业管理机制，形成了互促共进的运作策略原则，产业“集成共生”发展模式创建完成。华侨城产业发展进入一个新的阶段。

二、相得益彰，“集成共生”战略铸就辉煌

华侨城集团产业发展模式创新的成功带来了巨大的经济效益。1995~2005 年，旅游业净利润以年近 14% 的幅度递增，2005 年净资产收益率为 18.7%，属于旅游板块中的佼佼者。华侨城旅游闪亮的业绩是其与华侨城房地产业的充分合作分不开的，据华侨城控股股份有限公司 2001 年中期报告，该公司上半年实现净利润 9550 万元，其中来自于华侨城房地产有限公司的股权投资收益为 6127 万元，占净利润总额的 64% 之多。2005 年度华侨城控股股份有限公司实现净利润 33608 万元，而来自华侨城房地产有限公司的投资收益达 12334 万元，占当年净利润的 36.7%。当然，华侨城房地产业也从旅游产业巨大的溢出效应中获得了大量的经济收益。华侨城区域旅游休闲设施的景观和人文魅力赋

予华侨城区域地产极高品位的价值内涵，使区域内地产开发更具有效益。

华侨城集团“集成共生”产业发展模式对于华侨城的品牌建设产生了强有力的集约化效应，使华侨城品牌建设更富有效益，促进了华侨城品牌的有效形成和快速提升。

华侨城集团“集成共生”的产业发展模式为华侨城集团赢得了极为广阔的发展前景。2001 年，华侨城集团提出了“中华锦绣工程”发展计划，表明了华侨城集团在新的历史时期新的战略目标。华侨城集团具备了新的优势条件，面临着新的发展机遇。

三、产业创新，企业的制胜之道

首先，企业必须以产业经营作为企业经营的主轴和基本视角。产业是企业生命的承载。“唯有懂得掌控产业命运的企业，才能把握自身的命运。离开产业这个主题来谈企业的发展是一句空话，企业战略的制定应该从产业的角度出发”（芮明杰、余光胜，产业制胜，第 169 页）。以产业经营作为企业经营的主轴和基本视角，能够站在战略的高度，把握全局、把握未来，对产业发展做出正确的战略抉择。以产业经营作为企业经营的主轴和基本视角，产业创新方为可能，才更为有效。

其次，产业创新是产业经营成功的强大推动力，是企业的制胜战略。产业创新包括：产业的整体升级。如黑白电视发展到彩色电视再到数字电视、高清晰电视，是电视产业升级的层层推进。产业运作法则或游戏规则的创新，如商业超市连锁的出现创新了传统产业的运作法则。新产业创造，如个人电脑新产业。华侨城旅游地产产业模式创新了房地产及旅游业的运作法则，也可以说在某种程度上创造了一个新的产业——旅游地产产业，是我国企业产业创新的成功典范。相对于产品技术及工艺的创新，产业创新属于企业战略层次上的创新，能够为企业带来巨大的获益和空前的成功。华侨城的成功就是其产业创新的成功。

走常规路径，实行跟随战略，虽也可取得产业的发展，但难以获得超越，产业落后甚至被动的局面难以打破。因此，在产业经营与发展过程中，我们应十分注重创新，特别是产业层面上的创新，谋取事半功倍的、超越式的发展。

再次，产业创新需要企业高瞻远瞩的战略性决策，需要调动企业全局性资源，因此属于企业高层次的运作，需要由企业高级管理机构操作实施。企业高级管理机构是企业的全局性、战略性经营管理机构。产业创新不仅是企业高级管理机构的重要工作职能之一，也是其价值的重要体现。（2006 年 6 月）

32

创新制胜，战略致远

——中天“神话”解读

一、千帆竞渡，中天科技上演神话

20 世纪 80 年代，我国光纤光缆产业风生水起。1986 年，中国西电集团西安西电光电缆有限责任公司与日本古河电气共同投资，组建了我国第一家大型光纤光缆企业：西古光纤光缆有限公司。随之，武汉长飞光纤光缆有限公司、上海朗讯科技光纤有限公司、南京华新藤仓光通信有限公司、杭州富通昭和光纤有限公司等一批中外合资公司相继建立。1996 年，我国信息化建设工程开始启动，光通信产业巨大的价值空间开始展现，我国光纤光缆产业的投资热潮更为高涨。数年之内，我国光纤光缆企业就增加到 200 多家，形成了千帆竞渡的壮观局面。其中，既有装备跨国公司先进技术的巨舰，也有因陋就简的舢板；既有筹划充分、方向明确的市场开拓者，也有乘兴而来、仓促出击的市场摸索者；既有立志久远的创业者，也有着眼利润的掘金者。

江苏中天科技股份有限公司（下称中天科技或中天）是国内较早试水光纤光缆产业的一叶扁舟。中天科技原为一家乡镇砖瓦厂，1992 年 12 月开始从事阻燃电线、电缆的制造与销售。1996 年 2 月改制为江苏中天光缆集团有限公司，开始全力进军光纤光缆产业。“泥腿子”能够搞出高科技吗？小舢板能够经得起市场大潮的洗礼吗？人们的疑问无疑大于期待。

十多年风云变幻，浪淘尽几多风流。当年的 200 多家企业，如今仅存 50 家左右。然而，令人错愕不已的是，中天科技这个当年的小舢板，不仅幸存下来，而且已经发展成为我国光纤光缆产业的领军企业、著名品牌和科技精英。

现在，中天科技已形成上海事业总部、北京运营中心、南通研发中心、如东花园工厂的事业布局；形成了光纤光缆、特种光缆、射频电缆、海底光缆等产业链；跻身于“中国电子信息百强”“中国通信制造业综合实力50强”“中国光电缆最具竞争力十大品牌”；产品广泛应用于通信、工业以及军队等领域，并已打入欧洲、东南亚、中东、非洲、独联体市场。中天的巨大成功被业界誉为“中天速度”“中天神话”。

二、沧海横流，三大战略定乾坤

我国光纤光缆产业对外开放较早，国外跨国企业凭借核心技术垄断高端市场，赚取高额垄断利润；国内众多厂家在低端价值空间拼杀，伤痕累累，有的甚至血本无归。民族光纤光缆产业的出路何在？我国光纤光缆企业如何破解市场格局，为自己开辟一条通向未来之路，为祖国光纤光缆产业撑起一片蓝天？中天科技以成功的战略运作和杰出的经营建树，作出了历史性的答卷。

（一）打造特色、塑造自我。中天转向光纤光缆领域之初，只有十几个人，几间厂房，势单力薄。面对光纤光缆庞大的产业领域和产业链条，中天不能四处出击，也不能盲目跟风，追求热点，与众多其他厂家拼消耗。中天必须实行专业化、特色化战略，打造自己的特色，塑造自己特殊的品格，以特取胜。对此，中天人有着清醒的认识，并迅速找到了自己的发展定位：中天立志向特种光缆产业进军。

早在1996年，中天科技就开始了特种光缆的研究探索。2000年，我国光纤光缆市场供不应求，一些光电缆生产企业纷纷扩产普通光缆增加市场份额，而中天科技却匠心独运，迈出了专业化、特色化的重要一步。2000年5月13日，中天科技与日本日立电线株式会社共同投资1000万美元，成立了中天日立光缆有限公司，研发生产有着广阔市场前景的光纤复合架空地线（OPGW），成为当时国内唯一生产电力通信用OPGW的专业公司。中天不仅成功开发了许多特种光缆，同时也是许多特种光缆国内产业化生产的率先完成者。例如，中天率先成功实现了海底光缆的国内产业化生产；最早在国内开发和应用了具有广阔市场前景的“微缆”系统。

1995年以前，我国特种光缆市场完全由国外企业控制。中天科技敢于向跨国公司叫板，以小搏大，勇气固然可嘉，但能够胜出吗？事实给出了肯定的回答。据中国电子元件协会光电缆分会统计，2005 年，中天 OPGW 光缆、ADSS 光缆国内市场占有率继续保持第一，达到 40%以上；中天海底光缆国内市场占有率更达 70%以上。特色化、专业化战略成功打造了中天的特色产品优势，使中天科技成为中国“特种光缆”第一品牌。

（二）自主创新，品牌自有。特色战略的实施和推进，必须通过自主创新。通过自主创新，打造自有特色品牌，是实施特色战略，打造特色优势的必由之路。特色化是中天之舵，自主创新是中天之帆，二者均是中天科技持之不渝的战略纲领。用中天副董事长丁铁骑的话说：“中天不想在普通光电缆领域与同行业杀得人仰马翻，我们锁定的是高科技产品，锁定的是市场的差异化（即特色化）。”

中天科技麾下聚集了大批高端科技人才，既有海归学者，也有本土专家；既有经验丰富的学科带头人，也有年富力强的科研精英。同时，中天科技还整合利用了强大的社会科研力量。因此，中天对光纤光缆产业领域的技术发展趋势有着十分深远的把握，能够较为科学的谋划自己的科技发展规划和方案，能够集中优势力量攻克前进道路上的科技难关，不断向专业化、特色化产业发展方向迈进。

截至 2005 年底，中天已承担了 11 项国家火炬计划项目、3 项江苏省火炬计划项目，拥有 7 个国家级新产品及 5 个江苏省高新技术产品，不足十年，就诞生 30 多项专利产品（南通日报，2006 年 3 月 18 日），填补了国内多项空白。自主创新造就了中天的高科技品质、特色品牌和核心竞争力，使中天赢得了自主，赢得了快速发展。

（三）借力扬帆，乘风破浪。企业自有资源是有限的，但其可以利用的资源是无限的。企业所能发挥的有效经营力，所能产生的最大竞争力，并不限于其自身的资源水平。它最终取决于其整合利用社会各种资源的能力及程度。善于合作，借力造势，可以获得事半功倍的竞争效果。

在开展合作、通过合作整合利用社会各种资源方面，中天也显示了过人的胸怀和胆识。中天本身就是一个成功合作的结晶。中天科技股东中既有企业，也有科研院所，是经营活力与科研实力的成功合作；中天科技人才济济，是物资资本与人才资本的成功合作。在市场竞争中，中天科技也是一个善于以合作取胜的成功典范。中天科技与日本日立电线株式会社及美国杜邦公司进行了成功的长期合作，形成了战略合作关系；中天与南京邮电大学、东南大学、上海交通大学、上海电缆研究所、上海宝钢技术中心、信息产业部第八研究所、信息产业部第二十三研究所等科研院所，在技术开发和人才培养等方面结成了长期合作伙伴。2004 年 12 月 31 日，中天科技与武汉长飞签订战略合作协议，开创了国内光纤光缆企业强强联合的先河。

乘长风而破万里浪。中天科技正凭借新世纪向信息化进军的万里长风，云帆高挂，沧海飞渡。

三、市场决胜，挽弓当挽强

无论是沙场征战亦或是市场竞争，战略正确与否是成败利钝的关键。战略决定战术，同时也决定战术的最终导向。战略缺失，战术将毫无意义；战略失误，战术上的成功可能更加有害。1941 年 12 月 7 日，日本启动开辟太平洋战场战略，偷袭珍珠港，重创美国海军。日本成功偷袭珍珠港，可谓取得了战术上的巨大胜利，但开辟太平洋战场却是一个十分错误的战略。偷袭珍珠港的巨大胜利，反而导致或加速了日本帝国主义的失败。

随着经济的全球化、网络化、信息化发展，战略竞争的重要性更加凸显，当今市场竞争已经进入了一个战略制胜的时代。战略运作已成为现代企业经营的关键，是现代市场竞争必须致力解决的经营课题。

开展战略运作，必须善于把握战略机遇，找准战略的突破口，勇于战略创新，不失时机地形成符合企业特点的优势战略或战略组合，并通过一系列战略运作，实现战略主动和战略强势。

挽弓当挽强，用箭当用长。战略经营是市场竞争之强弓，战略创新乃市场竞争之长箭。善于二者将为当今市场竞争之强者。（2008 年 6 月）

33

寻求生命的第二曲线

一、第二曲线——企业生命的延伸线

繁衍生息是企业“社会”的生态现象，盛衰生死是企业生命运动的轨迹。放眼当今经济领域，许多企业如流星一样在空中划过短短的一道弧线，便匆匆从市场竞争的“地平线”消失。面对这一生命曲线，一种消极的宿命论的思想便油然而生：把“昌盛”当作“定数”，将“衰败”以为“归宿”。这种思想的失聪会进一步导致企业经营失当，前进方向不明，强化企业生命的短暂循环。

“沉舟侧畔千帆过，病树前头万木春。”摧枯拉朽、推陈出新正是历史发展的内在契机；“盛衰生死”曲线并非无条件的将企业引入消亡，它也会将企业不断导向新生和兴旺。不了解第二曲线的企业会在历史命运的摆布下走向衰败，善于把握第二曲线的企业则会掌握自己的命运而不断走向繁荣昌盛。

一个企业生命的第一曲线，是指其以现有产业或产品为基础的企业生命活动。由于任何产业、任何产品都有或长或短的生命周期，随着时间的推移，这一产业或产品就会走向衰退或完全消失，因而企业的生命就可能随着这第一曲线的结束而完结。因此，一个企业要保持生命的延续，要使生命越发焕发生机，就必须适时地跨入新的领域，转向生命的第二曲线。

在现今市场领域之中，活跃着大量的“长寿”企业，它们虽已历经数十年、百余年甚至数百年，却依然焕发着青春的朝气与活力，其中的奥妙就在于它们能够顺利实现由第一曲线向第二曲线的跃迁。IBM 公司曾经多次向第二生命曲线的变迁。IBM 起初是一个生产制表机的公司，后来跃入了第二曲线，成为一个生产办公设备的大公司，而其现在则是一个全球性的现代通讯公司。诺基亚原来是一家生产塑料制品的公司，后来成功的跨入了现代信息产业。

第二曲线有各种延伸方式。它可以是向新产业、新产品的跨越，也可以是向新的经营模式的转变。英特尔、沃尔玛等就是通过产品与经营模式的不断革新而实现向生命的第二曲线跨越的成功范例。

二、第二曲线——无时不在伸展

企业的生命活动离不开一定的客观条件，外在环境对企业经营活动向度与量度具有强有力甚至是不可改变的制约。随着现代科技及社会的急剧变化和发展，企业的外界经济、文化及市场环境发生了巨大的变化，企业在遭遇经营不适的同时，也面临着丰富多彩的发展机遇，第二曲线正在我们面前展开。

不同的时代会面临着不同的第二曲线。进入 21 世纪，人类社会迎来了信息经济、知识经济、生物经济时代，以信息经济、知识经济、生物经济为代表以及注入信息、知识、生物经济新鲜活力的新产业、新产品就是当今时代的第二曲线。

不同的地区具有不同的第二曲线。国家科技部最近作出决定，将在今年全面启动实施 12 个重大关键技术攻关与产业化示范科技专项，以提高我国科技在重点领域的国际竞争力。这 12 个重大科技专项包括超大规模集成电路和软件、信息安全与电子政务及电子金融、电动汽车、生物技术等。在信息技术领域，以开发基于新概念的中央处理器、网络计算机和网络软件核心平台为突破口，从根本上改变目前我国信息产业“空芯”化、核心技术基本被外国公司垄断的局面；通过系统芯片技术和集成电路制造关键设备的突破，使我国集成电路设计和制造在今后 5 ~ 10 年进入世界前列；构建统一的安全电子政务和电子金融平台，建立起与国家信息化同步发展的安全基础设施体系，并拉动一批相关技术产业。在生物医药领域，把握国际生物技术竞争的热点，在功能基因组和生物芯片的研究开发中获得一批有重要商业价值的专利，以保障我国生物技术产业发展的空间；通过加强创新药物研究和推进中药现代化，尽快扭转我国缺乏自主知识产权药物的被动局面。在交通运输领域，发挥“后发优势”，力争在电动汽车等方面取得重大技术突破和实现产业化，抢占新一轮竞争的制高点。这 12 个重大科技专题项目代表了我国当前高新技术产业的发展方向，是我国当前的第二曲线。韩国借助大型制造业起飞，香港凭借转口贸易发家。但时过境迁，现在，赖以起家的传统产业已经越来越不能支撑二者的持续发展。当前，韩国与中国香港都在忙于向现代科技较高端领域的第二曲线转变。深圳市在完成来了第一波强劲发展之后，也开始了第二曲线的探索（二次创业），并于今年推出了深圳市高新技术产业化示范工程，该工程包括信息网络、数字电视、超大IC、光电子、生物及医药、新材料等6个专项。深圳正在向第二曲线跨越。

每一个企业都有自己独特的第二曲线。不同企业面临的环境不同，因而其历史机遇也各异。面对国际市场的企业与面对国内市场的企业会有不同的第二曲线，劳动力丰富型与科技创新丰富型资源环境下的企业具有不同的第二曲线，不同政策及游戏规则下的企业也会面临不同的第二曲线。

三、第二曲线——坎坷过后天地宽

一个企业在一种产品甚至一种产业上的成功不算真正的成功，企业的长期可持续发展才是真正的成功。因为任何一种产品或产业都不会一成不变，都会有自己的生命周期，都会随着时间的流逝而退出历史舞台，只有适时转向新的业务领域，延续生命的第二曲线，才能保持生命青春。

第二曲线是企业命中注定的坎坷，是不能回避的。不重视第二曲线，误认为第一曲线永无止境，结果一定会贻误自身，甚至一蹶不振。当今日本、中国香港经济持续萎靡就是没有很好的把握第二曲线所致。

第二曲线是美好的，但起初它却是朦胧的，令人疑惑的，是具有陷阱的。面对第二曲线，必须保持清醒的头脑，但更必须鼓起足够的勇气，坚定不移地转向第二曲线。徘徊犹疑只会贻误时机。如果由于阴差阳错而陷入困局，也不要意志消沉、自暴自弃，而是要自强不息，相信未来，相信自己的努力，而且更应该相信的是：未来在于第二曲线。

把握第二曲线，延续生命的第二曲线，必须在致力于现有业务经营的同时，不断研究探索新的业务领域，必须在进行日常经营的同时，深入进行战略策划和战略经营，研究经营发展的趋势，发觉市场运转的动向，把握好企业的历史航向。如果囿于日常经营，摸着石头过河，看不透历史发展的大势，就会落得船到滩头掉头难的结局。

企业要延续生命的第二曲线，必须不断地进行自我调整，自我革新，形成和保持自身的活力，提高应变能力。因为机会总是稍纵即逝的，也是稀缺的，只有那些具有活力、善于应变的企业，才不至于与不可多得的机遇失之交臂。（2002 年 5 月）

34

转型发展的逻辑

近年来，世界各国政府及企业竞相推出转型发展策略，形成了声势浩大的转型大潮。美国、德国等推行“再工业化”转型，印度、巴西实施“市场化改革”转型，俄罗斯实行“平衡发展”转型，东南亚国家提出“产业升级”转型，中国则力推“发展模式”转型。国内企业界，转型发展千帆竞渡，有万科的“城市综合配套商”转型、华侨城及万达的“文化航母”转型、宋城股份的“演艺谷”转型、乌镇的“文化景点”转型、长飞的“光电子”转型、亨通的“研发型与国际化”转型。转型发展受到人们的如此推崇，转型与发展的逻辑值得研究。

一、转型是发展的基本模式

人类社会的发展，是通过不断转型实现的。专家认为，迄今为止，人类社会总体上发生了由狩猎社会向农业社会、工业社会及信息社会三次转型。国家也是如此。1750 年左右，英国开始工业化革命，相继发明了纺纱机、蒸汽机等，率先开始了从农业社会向工业社会的转型，成就了“日不落”帝国。大约从 20 世纪 50 年代中期开始，美国掀起了信息化革命，开启了工业社会向信息社会转型的新时代，成为人类向信息社会转型的旗舰。

企业是经营活动的主体，是社会转型的最重要参与者和推动者。企业总是不断通过转型，登高临远，做大做强，实现更大的发展。IBM 公司的前身 CTR 公司成立于 1911 年，主要生产计算器、制表器和记录器。20 世纪 50 年代起，公司进入电子计算机行业，并成功地占有美国计算机市场 70% 的份额，后因受制于大型机视野，一直没有投入资源进行个人电脑的技术开发而衰退。1986 年，公司开始向个人电脑转型，并打破惯例使用微软公司的 DOS 操作系统和英特尔公司的中央处理器芯片等，获得巨大成功，1985 年其个人电脑占据了美国工商界市场80%的份额。2005年，IBM出售个人电脑业务，向互联网服务转型。2013年以20亿美金收购云计算服务商SoftLayer，构建云平台，并在全球范围内建设15个新的云服务数据中心。迪斯尼是成功转型升级的另一范例，公司成立于1923年，成立之初，其创作的米老鼠、唐老鸭、狮子王、小熊维尼等经典的动画形象就风靡全球，开创了迪士尼动画时代。1950年，迪斯尼开始开发主题乐园，并同时设立迪斯尼商店，1955年加州迪斯尼乐园（Disneyland）正式开幕，随后主题乐园成为稳定收入来源，公司进入黄金时期。1984年，迪斯尼涉足真人电影领域，专门制作浪漫喜剧片和动作片等成年观众影片，先后收购了电影界巨头米拉麦克斯和3D动画霸主皮克斯，巩固了自己顶级电影公司的地位。1989年，迪斯尼成立了“好莱坞电影”品牌，在好莱坞名下制作出了一批高质量的电影，电影事业进入另一个高峰。1994年迪斯尼尝试向网络传媒转型，1995年并购ABC广播公司，进入有线电视领域，利用这一平台，向全世界推广其电影和主题公园业务，1998年斥巨资收购了Infoseek，1999年投资“GO　Network”网站。迪斯尼通过不断转型升级，成功地从产品制造转向传媒工业，从主题公园和度假胜地的建设转到电影和电视业，最终形成了全球范围内的传媒帝国。

企业总是以一定的模式存在于市场和经营发展，这种模式与市场大环境相适应，同时也符合自身实际情况，没有一定模式的存在与发展是不可想象的。有了模式之后就需要固化，以便更好地运行这个模式，将其优势发挥到极致。这样，模式既张开了企业的发展空间，也设定了其发展的天花板，企业所能达到的水平与高度被限制在既定模式所能容许或承受的限度之内。要获得更大的发展，必须打破既定模式，实现转型。

二、转型，死生之地，存亡之道

转型不仅涉及发展问题，更涉及生死存亡问题。一种生产或运作模式，必须依存于社会与市场的大环境之中，并与之相适应。随着大环境的演进变迁，企业的既定模式也会逐步失去合理性，失去效率，这时如果不能及时转型，就难以实现盈利与发展目标，就会在竞争中失败，甚至危及生存。另一方面，转型是一个十分复杂的战略过程，任何决策或执行中的失误都有可能延误转型，或将企业引入歧路。因此，转型是企业的死生之地，存亡之道。

无边落木萧萧下，不尽长江滚滚来。市场的大潮吞没了数不胜数的企业，没能有效实施转型是许多企业消亡的根本原因。北京工商大学证券期货研究所所长胡俞越认为，首推数码相机的柯达却倒在数码时代，可以作为产业转型失败的经典案例。创立于1880年的柯达公司，1975年柯达工程师赛尚发明了数码相机，但是由于决策层的短视和缺乏长远的战略性规划，柯达公司的产品发展重点长期围绕着已有胶卷、印像和冲洗业务打转，压制了数码相机的进步。即使在摄影技术从胶片化向数码化转型的趋势十分明显时，柯达依然沉溺于传统胶片，无法扭转全球胶卷消费市场以每年10%的速度急速萎缩的颓势，直到不得不关闭生产了74年的胶卷工厂。柯达骄傲自满、抱残守缺，导致错失转型时机，生于相机，死于数码，教训惨痛。

三、转型，实质是革故鼎新

所谓转型，是指事物的结构形态、运转模型和人们观念的根本性转变过程。因此，转型需要在思想观念、组织机构、运行机制、利益格局等方面实现变革。在企业经营中，常常需要在技术、产业或者产品方面开展转型，但转型决不仅限于此，它还涉及到思想及组织层面的变革，重大的产业转型，往往需要思想与组织层面的根本变革。MySpace与Facebook当年同为美国两大社交网站，而今MySpace已经沉没，从中反映出企业转型的艰难。MySpace偏重于娱乐，是好莱坞式的，追求个性的青少年则青睐MySpace；Facebook则偏重于实用，是硅谷式的，高科技人员喜欢Facebook。MySpace追求自由开放，用户可以尽情修改个人页面的元素。由于缺乏统一的规划，大部分用户的页面就变得混乱和失控，影响了广告投入。Facebook页面简洁自然，很少扰乱视线的设计，广告自然醒目，吸引了较多的高层次用户。因此，Facebook逐渐代替MySpace，成为人们生活中必不可少的东西。MySpace试图进行变革，但终于没能成功，于2011年被Specific Media收购，市值缩水约94%，而Facebook则如日中天。Myspace前CEO迈克尔·琼斯认为：只有对体系进行重大的变革和完全的颠覆，才能刺激整个组织围绕着新的目标努力，才能使转型措施奏效。由于MySpace在人事和组织结构上的变动不够彻底，因而无法解决横亘在面前的艰巨任务。

35

全产业链竞争与互联网思维

在现代市场生态环境中，“原子式”企业的生存越来越困难，“蛛网型”企业越发流行，一方面是企业的分支机构分布在世界各地，在自然空间上构成了蛛网型存在，另一方面是企业的经营业务或经营范围涉及产品生产的不同环节，在产业空间上形成网络布局，企业的边界也远远超出了法律边界之外，延伸至长期合约所能影响的末端。随之，企业的竞争模式也由“原子式”企业间的“单兵对阵”演变为“蛛网型”企业间的“大兵团博弈”，世界市场正在上演着一场场“大纵深立体化”竞争，亦即全产业链竞争。本文拟就全产业链竞争的基本模式进行初步探讨。

一、全产业链竞争成为企业制胜的基本模式

产业链是指基于一定的技术经济关联，并依据特定的逻辑关系和时空布局关系形成的，产业中不同业务环节间的链条式关联关系形态。所谓全产业链竞争，就是通过整合全产业链的力量，同对手开展竞争。全产业链竞争成为企业制胜的基本模式。

日本、韩国企业通过综合商社模式参与世界市场竞争，取得了很大的成功。所谓综合商社，就是超大型企业联合体。其特点一是业务范围十分广泛，“除了毒品、武器弹药之外，什么行业都做”，不过也有重点，如能源、大宗原材料等。二是通过控股、参股及合约等多种形式构建网络。如三井物产拥有子公司 1100 多家，在日本国内拥有 34 个机构，在全球 93 个国家和地区设有 89 个事务所。三井物产并非一个法律实体，也不再依靠自然人的血缘关系界定家族成员，而是以企业法人之间的资本关系形成新型的命运共同体。三是协调运作，多渠道多交点布局。三井物产的行动逻辑是众多子公司及关联企业组成全球交易网络和信息情报网络，以金融资本、商业资本和产业资本结合的高

效形式渗透到产业的上下游链条中，为整个财团创造高额的交易利润，并掌握商业机会的制高点。

欧美企业多采用专业化、控制产业链核心环节模式。在这种模式中，龙头企业一般只控制产业链的最重要环节，对其他环节不进行股权控制，而是以其影响力，通过长期合约的形式进行连接、协调行动或策动，形成以龙头企业为主导的产业链各环节企业的联合行动，从而提升龙头企业的竞争力。如苹果公司通过不断强化创新，牢牢掌握智能手机集成设计环节，将组装、配件生产及销售等环节委托给其他企业，2012 年苹果公司首次公布了 156 家供应商名单，这些供应商在全球范围内为其提供原材料、制造和组装服务，占到苹果采购总额的 97%。欧美企业通过专业化、控制产业链核心环节模式，在世界市场竞争中独占鳌头，获取了产业链中 60% 以上的利润，并掌握着产业发展的主动权。

李嘉诚在产业经营方面有独到的眼光，他将整个市场看做一个大的产业链，根据市场经济的周期波动进行产业投资。当市场处于低潮时，选择下一个经济周期较有发展潜力大的产业，进行深度布局，在新的经济周期性复苏的不断推动下，实现发展和价值增值，而当市场处于高潮时，就伺机退出，"不赚最后一个铜板"。李嘉诚起初做塑料生意，1958 年介入房地产，发觉大有可为，于是开始把资金投放到地产市场。20 世纪 60 年代中期，香港房地产经历一场狂炒后一落千丈，人们纷纷撤退。但李嘉诚独具慧眼，认为土地价格将会有再度回升的一天，决定实行"人弃我要"的策略，低价大量收购地皮和旧楼，兴建工厂大厦，全部用来出租。不出三年，果然风暴平息，大批当年离港的商家纷纷回流，房产价格随即急涨。李嘉诚趁机将廉价收购来的房产高价抛售获利，并转购具有发展潜力的楼宇及地皮。这次他的策略是只买不卖，全都用来兴建楼宇。2003 年，当欧洲企业因 3G 时代迟迟未到而无法承受巨额亏损时，李嘉诚接手了这一行业，开始布局，2007 年苹果推出 3G 手机，而李嘉诚早已为 3G 业务运营所需的基础通信设施进行了全面构建。联想控股董事长柳传志十分欣赏李嘉诚的产业布局模式，亦模仿这一模式进行运作。

二、当前产业链竞争的新动向

近年来，世界经济步入转型期，企业也需要寻找新的方向，进行新的产业链布局。日本综合商社开始走向合并与专业化道路，但其综合商社的模式仍未有根本性的改变。在产业布局方面，除继续保持深入布局能源、原材料等关键自然资源这一传统之外，开始涉足高科技研发工作，相继涉足纳米技术、生物技术、新能源、环保、IT 领域新技术的研发，控制产业链的科技制高点。

欧美企业继续坚持专业化和控制产业链核心环节的战略，在信息通信等高科技产业领域深入耕耘，引领人类社会智能化发展的潮流。2013 年以来，苹果巨资兼并了 20 多家高科技企业，加快推出智能可穿戴设备，预计 2014 年苹果公司 iphone 6、iwatch、itv 等重磅产品即将登场。IBM 是世界著名的电脑设备制造商，20 世纪 90 年代转向软件技术咨询，2009 年提出“智慧的地球”战略，向全球化智慧企业转型。经营方式从信息技术拓展至大数据、云计算、物联网，业务领域从 IT 转向医疗、食品、能源、铁路、建筑等，专做这些行业的智能化高端业务。2004 年，IBM 出售 PC 业务，目前正计划出售芯片业务，打造云计算中心，全力向大数据及智能服务转型，占领产业链制高点。

2010 年以来，李嘉诚继续下全球产业链布局这一盘大棋，逐步从国内地产、零售等行业中退出，大举进军欧洲燃气、电力、水务等基础设施行业，提前布局，坐收欧洲经济复苏的红利。此外，李嘉诚还大规模进行高科技领域的投资，旗下维港投资近年来共投资 57 个项目，其中涉及对 Skype、Facebook、spotify、waze、sin、deepmind 等，眼光精准。该类投资目前属于 PE 投资，但未来不能排除介入经营的可能性。值得注意的是，李嘉诚本轮投资，没有关注房地产领域。

由于我国经济遭遇到较大的整体性转型压力，企业纷纷行动起来，突破原来业务的局限，寻找新的方向，或产业链升级，或跨界转型。国内企业产业链打造较为突出的有两种模式，一是以中粮集团、万达为代表的纵向一体化控制模式，即通过投资控股，将整体产业链纳入自己的掌控之下。2009 年初，面对国际金融危机的影响，中粮集团公司提出打造“全产业链的食品企业”的战略定位，打通种植、养殖、收购、加工、包装、物流、营销，直到回收的全部产业环节，并将所有主要环节均控制在中粮旗下。万达集团董事长王健林于 2011 年表示，万达要做就做全产业链的世界第一。如今万达正向着这个理想一步步迈进。2012 年 5 月，万达以 26 亿美元收购全球排名第二的美国 AMC 影院公司，计划到 2020 年占据全球电影市场份额的 20%。此外，万达每年新开 15 家百货店、星级酒店，并计划未来投资十个以上以主题公园为主的综合休闲旅游项目，打造旅游全产业链。另一种是以百度、阿里巴巴为代表的互联网公司的产业链延伸模式。过去一年里，阿里巴巴公司动用资金逾 20 亿美元，入股或直接收购了超过 10 家规模较小的公司，包括地图软件制作商、社交媒体网站、网络浏览器、物流公司以及一家美国网站，布局移动互联物流。百度则向"云端"发力，2012 年 9 月宣布将投资逾 100 亿元建立云计算中心，其投资 47 亿元的山西省阳泉市百度云计算中心正在顺利推进；另外，百度也通过购并介入移动视频、大型网络平台等。百度与阿里巴巴的投资购并基本属于产业链的上下游延伸，但与中粮集团及万达不同，因为很难做纵向一体化控制。

三、全产业链竞争需要互联网思维

互联网思维就其实质来说是系统论思维，即认为事物处于系统之中，系统是由相互作用相互依赖的若干组成部分结合而成的，具有特定功能的有机整体，而且这个有机整体又是它从属的更大系统的组成部分。互联网思维只是系统论思维的形象表达。因为世界无不处于系统之中，反映在人们的思维中，就形成了系统论思维，即互联网思维。互联网思维有其自身的特点。

一是大视野思维。从企业经营的角度来看，就是放眼世界经济网络的大视野，研究这一大网络中各地区、各产业的相互作用，研究其消涨起伏，循环演进，捕捉商业周期演变中的产业发展机会。学者认为，经济周期大致分为短周期（3 年左右）、中周期（10 年左右）和长周期（60 年左右）三种类型，熊彼特将其归纳为一个长周期包含 6 个中周期，一个中周期又包括 3 个短周期。上述只是一种统计观点，现实商业周期演变态势需要深入研究判断。

二是互通互联思维。企业不是孤立的存在的，而是处于产业系统之中，同时又处于市场的大循环体系中。企业经营要善于开展产业链研究，分析产业链不同环节的特点、地位及各环节之间的交换关系，把握全局，设计策略，提升自我。

三是合作共赢思维。产业链之中的企业既有竞争关系，也有合作关系。一个企业的发展，是建立在产业链系统企业共同发展的基础上的。郎咸平认为，中国企业处于产业链的低端，受到了欧美企业的剥削，所以工人工资很低，生活很苦。这是较为偏颇的。事实是企业积极与苹果等合作，因为可以获得更高的收益。当然，这种更高的收益也要受到市场竞争的制约。另外，有关专家还提出了迭代思维、流量思维、社会化思维、大数据思维、平台思维、跨界思维等。

36

资本经营，企业经营的好望角

——资本经营浅论

一、资本经营，企业经营的新阶段

资本经营是市场经济长期发展的结果，是企业经营实践与经营理论探索的新发现。15 世纪末，随着西方民族国家的相继形成和地理大发现，国内特别是国际贸易开始蓬勃发展，产生了众多商业企业。如著名的东印度公司，就是人们所熟知的商业企业后期的典型的代表。商业企业活动于商品购销领域，经营对象是流通领域里的商品，通过贱买贵卖，赚取利润。15 世纪末至 18 世纪初期，资本主要集中在商业领域，生产领域则是大量的小生产者、家庭作坊以及后来的工厂手工业者。因此，这个时期的企业经营主要是商业资本家对商业企业的经营，是商品流通经营。商业企业的产生及商业经营的发展，促进了国际范围内的商品流通和经济交流，物品及信息的互通客观上会推动生产力发展及社会福祉的提高。但是，商业经营将视野仅仅局限于商品流通领域，不能真正理解财富的本质及其运动规律，认为财富即货币，视野的局限及财富观的错误使其无法担当起推动社会经济发展及变革的重大作用。根据该时期企业经营模式的特点，可将其称为企业的“商品经销型经营模式”。

18 世纪 60 年代，英国爆发了工业革命，生产力获得暴发式发展，产生了质的飞跃，企业规模和生产效率有了很大提高，现代工商企业开始产生。这时期企业生产在财富创造中的重要性逐步显现，资本的眼光逐步扩大、转移到生产领域，世界进入了以工商企业为主体的商品生产及产业经营阶段。该时期的企业经营模式可概括为“产业发展型经营模式”。工商企业的经营对象也是商品，但已不局限于流通领域，是生产领域与流通领域商品的统一，其业务范围扩展到商品的创造、生产、加工、营销及其商品的革新、发展等，有的企业已经形成了较为完善的产业经营系统。18 世纪 60 年代至 19 世纪初期，资本的活动范围从商品流通领域扩大到生产领域。这时，资本的视野更为广阔；资本的性质发生了变化，商业资本演变为产业资本，商业资本家演变为产业资本家；资本的财富观产生了根本的改变，不再将货币等同于财富，财富不只来自贱买贵卖，而是主要来自生产和创造。这是企业经营的一大历史进步。

工业革命之后，市场空间迅速扩大，企业可以获得更大的发展空间和发展机会，企业发展呈现加速趋势；另一方面，市场竞争日趋激烈，企业的破产、倒闭、转让、收购等现象大量发生。面对这种竞争局面，一些企业主动利用破产、倒闭、转让、收购等方式，摆脱经营劣势，捕捉经营机会，转变经营方式，获得跳跃式发展，由此便产生了资本经营。所谓资本经营，就是对资本商品的经营。即对资本商品的创造、生产、加工及营销，以便实现盈利及资本增值。资本经营发端于 19 世纪初期，20 世纪末开始盛行。资本经营的对象仍旧是商品，但它是资本商品。资本商品也有价值和使用价值，其使用价值就是增值。资本经营将企业的经营视野扩展到商品生产及销售之前的策划、组织及资本筹措组织阶段，开辟了更加广阔的经营空间，从而使企业经营获得了进一步质的提升，使企业经营发展到了一个新的更高的阶段，企业经营模式上升为“资本运营型经营模式”。

二、资本经营，企业经营的新视野

以资本经营为出发点，以资本增值为经营宗旨，就会对市场经济有一个更加广阔的视野，就会对企业经营有更加深刻的理解。

首先，资本经营确立了企业的最高经营宗旨和完美经营视角维度。资本经营以资本的增值为出发点和归宿，以此为坐标，以有利于资本增值的视角，观察研究广袤无垠、千变万化的企业经营时空，就可以避免“商品经销型经营模式”和“产业发展型经营模式”的局限，透视现象，切实把握企业经营的本质和规律，可以发现企业经营和资本增值的最佳路径、策划选择最佳方法措施。

其二，资本经营拓展了企业经营视野的广延度。以资本经营为立足点，放眼市场经济整体，可以将经营视野越过个别产业经营的樊篱，领略不同产业领域的经营形势、市场格局、发展趋势及空间维度，甄选相对优势产业及其经营切入点，实现企业经营的最佳产业选择。另一方面，站在资本经营的区位，俯视企业经营的全部环节和整个价值链，可以获得对企业经营纵向的全景认识，充分把握企业经营不同环节的动态及其规律，实现企业经营纵向环节的统筹和优化，实现资本的最优配置。

其三，资本经营开启了一个崭新的经营空间。资本经营打破了企业经营业务环节、经营产业等的视野局限，将不同产业、不同业务环节看作是一个既有区别，又相互联系、相互依存、相互转化的市场经济统一体。在这一市场经济统一体中，不同产业及业务环节之间始终处于一种相互作用、融合、分化、更替之中。例如，信息技术的发展催生了 IT 产业，贸易的发展和管理的信息化使物流产业从对其他产业的依附中独立出来，绿色人居环境的需求促使旅游与地产牵手，产生了旅游地产产业。通过资本经营视角，就可以发现产业诞生、业务分解、融合等产生的机遇，使企业经营捷足先登，取得跳跃式发展。

最后，资本经营形成了系统、动态的视角观念。资本的本质在于增值，生命在于经营的系统运动，唯其通过系统的运动，资本才能实现增值。因此，以资本经营为出发点，就必须不断的打破思维定式和经营定势，始终坚持以系统的、动态的观点看待企业既存的产业布局、经营模式、资本形态及盈利方式等，不断的观察、分析和诊断它们的适宜性和合理性，并进行审时度势的调整、重组和更新，使其始终保持最佳态势。

三、资本经营，企业经营的好望角

地理上的好望角位于非洲西南端，由葡萄牙航海家迪亚士于 1488 年发现，好望角的发现打通了通往富庶东方的航道，登临好望角，人们就看到了希望中的财富，故称好望角。资本经营犹如企业经营领域里的好望角，站在资本经营的区位上，可以看得更加广阔深远；通过资本经营视角，可以发现更加珍贵的经营宝藏。

资本经营赋予了企业经营新的经营理念和价值取向；确立了企业经营新的视角纬度和总揽全局的视野领域，形成了系统、动态的视角观念，是企业经营思维模式的重大历史性转折。

资本经营改变了企业经营及市场竞争的规则。传统商业经营模式、产业经营模式有其固有的工艺链条及时、空序列模式的制约。与此不同，资本经营生产资本商品，通过对新的资本商品的生产，创造出一种新的生产力。因此，资本经营具有崭新的经营路径和方法措施。例如，资本经营可以直接通过资本商品的创造、转让实现价值增值；资本经营可以对资本要素进行跨时空的整合，将处于不同时间与空间维度的资本要素，整合为现实的资本，使呆滞的资本要素重获活力，甚至化腐朽为神奇。

资本经营开启了新的财富之路。资本经营登上历史舞台之后，就以无比强大的威力，创造了数不胜数的经营神话。有人将资本经营与产业经营形象的比作企业经营的两个轮子，表示资本经营在现代企业经营中的巨大作用。其实，资本经营远不仅是一个轮子，而是指导现代企业开启财富之路的思想方法，秉承资本经营理念，企业就会走上发现财富的康庄大道。（2007 年 7 月）

37

盛水载舟，厚德载物

——万科集团的资本经营视角

万科集团自 1991 年上市以来，总资产由不足 6 亿元增长到 2007 年末的 1000 多亿元，17 年间增长了 160 多倍；净资产由不足 2 亿元增长到约 300 亿元，增长了约 150 倍。2007 年，其年营业收入及净利润分别达到 350 亿元及 50 亿元，分别比 1991 年增长了约 87 及 190 倍。万科企业经营和产业发展的巨大成功，引起了业界的广泛关注，其经营和发展模式成为国内众多房地产企业研究和学习的典范。然而，万科集团资本经营的一面，似乎还没有引起人们足够的注意。因此，资本经营在万科企业经营及产业发展中的作用如何，企业家在资本经营天地中怎样有所作为，有必要进一步认识和探讨。本文试图通过万科集团资本经营演进方略的分析，从资本经营的角度解读万科集团成功的秘密，获得一些新的有益的启示。

一、聚水成渊，借潮起航

万科自 1988 年开始涉足房地产业，1992 年将房地产确立为主导产业，但万科多元化发展的战略并没有因此改变，其经营业务仍在房地产、贸易零售、工业、娱乐和广告、股权投资等方面全面开花，大幅扩张。十分自然的是，万科的多元化、跨地域扩张战略很快走入困境。1995 年，资金链出现断裂，许多地产项目因缺乏资金被迫停工，如成都万兴苑、深圳海神广场、福景大厦、武汉万科广场、天津金刚桥高级公寓、鞍山东源大厦均相继被迫停工。由于盲目上马，市场定位不准等，致使有些工程问题数年之久才得以解决，损失非常严重。

万科房地产业发展中遇到的问题，是产业发展战略问题，但从另一个角度来看，也是资本经营上的问题，可以说是其资本经营中的一次危机。其时，万科对资本力量认识不够，对资本的把握和布局有违其资本资源和产业发展的实际，因而造成了资本经营和产业经营的错位。从 1994 年起，万科开始调整其产业发展和资本经营战略，从资本资源的“多元分流”转向“聚水成渊、借潮起航”。一方面，万科逐步从房地产以外的产业中退出，同时收缩投资区域范围，将资金汇集起来，集中在深圳、上海、北京、天津 4 大城市发展房地产业务。在投资战线收缩和资本集中过程中，万科转让了其在 30 多家企业的股权投资，卖掉了所有的与房地产主业无关联的企业，即使这些企业盈利状态良好，如国内市场占有率达 40% 的万科扬声器厂、享誉深圳的万佳百货等。另一方面，为了加快产业发展，万科在自主开发项目、扩大市场的同时，积极抓住机会“借潮起航”，即以承担 40% 出资比例的模式，与私人资本及单位合作，共同竞标项目、开发工程。

万科“聚水成渊，借潮起航”战略很快取得成效。1995 年，万科房地产业已占据该司产业经营的主导地位，全年竣工房地产工程面积 29 万平方米，销售率约 70%，其净利润上升到集团净利总额的 75.9%。从此，万科房地产业驶入发展的快车道。

二、徒于南冥，击水三千

房地产业是资本密集型产业，产业发展需要雄厚的资本支撑。2007 年年底，万科总资产约 30 亿，净资产约 10 亿，自身资本远不适应行业发展和市场竞争的需要，仅仅靠自有资本以及和民间资本的简单合作，难以形成足够的资本实力。特别是当时我国房地产业广阔市场的大门刚刚开启，谁拥有或能够调动庞大的资本大军，快速抢占地盘，谁就能够抓住我国房地产业的机遇，快速建立自己在行业中的竞争优势，以致执我国房地产业市场竞争之牛耳。产业发展的时局及企业自身的需要，促使万科集团的资本经营必须再上新台阶，万科必须走出个体资本的江河，驶入社会资本的大海。为此，万科主要采取了如下三个方面的措施。

其一，登陆资本市场，开辟直接融资渠道。1998 年，万科成功发行 2800 万股 A 股，募集资金 2800 万元，1991 年 1 月，万科 A 股股票在深交所上市。1993 年 3 月，万科成功发行 4500 万股 B 股，募集资金 4.5 亿港币。万科股票的发行和上市，使万科成功越过了资本市场融资的门槛，从而可以更加有效的大规模的吸纳和利用社会资本，获得不竭的资本资源。初步统计，万科上市以来，在证券市场累计融资 285 亿元之多，其中股票融资约 250 亿，债券融资约 35 亿。巨额股权融资极大地促进了万科地产的快速扩张。万科的成功上市，如同穿过闸门驶入大海的航船，天地顿时空前广阔。

其二，发展银企战略合作，扩大信贷资本源泉。在登陆资本市场的同时，万科积极发展银企合作，确保稳定的规模宏大的信贷资金来源。2001 年 6 月以来，万科先后与中国银行、中国农业银行、招商银行、中国建设银行等签订了战略合作协议，结成稳定的资金融通战略伙伴关系。至今为止，上述银行累计对万科授信额度达 400 亿元之多。目前，万科实际占用信贷资金净额在 230 亿元之上。万科与多家银行的长期战略合作，使万科获得了较为充足的信贷资金，确保了万科产业快速扩张中对信贷资金的需求。

其三，加强与国内外企业间的合作，借助企业的资金、土地资源及产业发展经验，加快万科产业发展。在企业经营理念相对成熟之后，万科由初创时期的与私人资本的策略性合作，逐步转变为与国内外行业优秀企业的战略性结盟。几年来，万科先后与新加坡Reco Ziyang Pte Ltd、中信资本投资有限公司、Hypo Real Estate Bank International、中国航空工业第一集团公司、凯德商用产业有限公司、华润股份有限公司等签订协议，共同出资组建公司，从事房地产开发业务，或者共同进行项目开发 。通过与国内外行业优秀公司的合作，万科不仅累计引进合作资金50多亿元，扩大了土地来源，同时还有效地拓展了市场空间和发展视野；特别是与国外企业的合作，使万科在资金融通、市场拓展及经营理念等方面突破了国内的局限，为万科走向国际舞台进行了良好的铺垫。

三、盛水载舟，厚德载物

古人有云，“水之积也不厚，则其负大舟也无力”“风之积也不厚，则其负大翼也无力”。同理，没有雄厚的资本实力，也难以承载企业之大船。万科的巨大成功，无疑得益于其吸纳和利用了巨大的资本资源。然而，企业成长不是资本的堆积，资本的充裕并不能完全解释万科或其他企业的巨大成功。企业成功的关键在于企业对资本的充分动员和有效利用，在于企业的思想理念和经营操作能力，在于企业的资本经营能力。

首先，企业必须具有超前的资本经营意识和资本融通能力，能够吸纳丰富的资本资源。万科几乎是最先认识到资金融通、资本市场对房地产业发展的重要意义，并率先登陆国内资本市场。另外，万科与多家银行建立了战略合作关系，积极开展与国内外行业优秀企业的合作，均显示出其资本经营的创新精神和不凡能力。通过登陆资本市场、银企合作及企业间合作，万科成功打造了一个多元化的资本融通网络，能够取不同资本之长，避其之短，为万科的快速发展缔造了一个健康的资本支撑和资本安全网络系统。

其次，企业必须具有较为突出的企业盈利和产业发展能力，为资本提供丰裕的回报。万科具有敏锐的产业洞察力，早在我国房地产业正式启动之前，就认识到我国房地产业蕴藏着巨大的较为持久的发展机遇，率先战略性的进入房地产领域。在产业经营过程中，万科能够不失时机地调整战略方针和经营措施，如主要产品由办公、商用建筑转向居民住宅，由普通住宅转向万科城市花园，打造方便、舒适的人居社区环境，打造万科品牌等等。万科推出的一系列产业发展理念和发展措施，引领了国内房地产业发展的潮流，也使万科能够率先抢占房地产市场的先机。万科成功地占领了房地产业的高端市场，并形成了一套科学有效的产业发展和项目开发运作机制，在开发理念、产品设计、质量控制、流程管理等方面均属于国内领先水平。长期以来，万科的经营业绩一直是行业中的佼佼者。初步统计，万科上市以来，累计实现净利润约 125 亿元，年均加权平均净资产利润率为 13.6%，近三年年净资产利润率在 16% 以上。万科骄人的业绩赢得了业界广泛赞许。

最后，企业必须以资本经营理念为经营指导，并通过资本经营实现企业价值的增值和分享。万科能够坚持资本经营理念，通过一系列创造性的资本及产业运作方面的方法措施，实现其事业的快速发展和资本价值的快速增长。万科将资本价值、经营者价值及企业的社会价值有机的融合到企业经营之中，通过企业的价值创造和持续发展，实现资本价值、经营者价值及企业社会价值的不断增长。因此，万科能够赢得投资者的青睐及公民社会的认同。2003 年，万科获得由英国《投资者关系杂志》组织评选的第三届亚洲区域中小型公司最佳投资者关系奖。2004 年，万科获得中国最受尊敬企业第二名，中国首届企业公民行为第一名。2007 年 11 月，由清华大学经济管理学院和《IT 经理世界》共同主办的“中国杰出创新企业评选”中，万科集团在领导力创新、融资创新及住宅产业化创新方面的突出表现获得组委会的高度认可，赢得了“中国杰出创新企业”的称号。盛水载舟，厚德载物。经过 20 多年的历练，万科已成为当今十分优秀的企业家团队之一。（2008 年 4 月）

38

播下金种子，收获富丽花

——雅戈尔投资策略浅谈

雅戈尔集团股份有限公司（下称雅戈尔）成立于 1993 年，1998 年在上海证券交易所上市，主要经营服装制造、房地产开发、项目投资等。1998 年，雅戈尔总资产 7.5 亿元，净资产 4 亿元，营业收入 7 亿元，净利润 0.85 亿元。2007 年末，雅戈尔总资产增长到 353 亿元，净资产 166 亿元，实现营业收入 70 亿元，净利润 26 亿元。年复合增长率分别为 62%、50%、25% 及 50%，年平均净资产收益率为 15.7%。雅戈尔的巨大成就来自于其成功的产业经营及资本投资。下面侧重对其资本投资策略进行初步分析。

一、扎根资本市场，拓宽资本之源

雅戈尔是我国服装业的龙头企业，其雅戈尔衬衫及雅戈尔西服是我国中高档服装中的著名品牌，具有极高的市场占有率。据统计，1998 年雅戈尔衬衫国内市场综合占有率达 12.7%，居全国同行业第一位；雅戈尔西服市场综合占有率达 6.5%，居全国同行业第二位。雅戈尔的品牌魅力带来了较为可观的经济附加值，其服装经营毛利高达 50% 左右。

显而易见，雅戈尔完全可以凭借其自身的积累，实现稳步发展。然而，稳步发展不是雅戈尔的战略选择，雅戈尔有更为宏伟的发展蓝图。雅戈尔 2000 年年报称，公司将发展国际贸易，拓展国际市场，加强与境外品牌公司合作，开发主业新的增长点；在继续坚持服装为主业基础上，积极发展多元经营，加大有效投入，努力开拓盈利空间。可见，雅戈尔具有通过有效投资，实现产业经营及资本经营跨越式发展的宿愿，而要进行卓有成效的投资，必须具有十分充裕的资本之源，如果仅仅依靠自有资金的逐步积累，显然难以满足其战略发展的需要。

1998 年，雅戈尔在上海证券交易所上市，开辟了资本市场直接融资渠道，首次融资 6 亿元。2000 年通过配股融资 4 亿元，2003 年发行可转债融资 12 亿元，资本市场累计融资 22 亿元。充裕的自有及资本市场资金来源为雅戈尔的投资扩张提供了强有力的支撑。

二、产业投资，以提高势能为导向

雅戈尔投资的第一个战略目标，是完善企业服装加工生产的产业链，提升服装产业的势能。服装产业是个竞争较为充分因而也十分激烈的行业，在行业进入方面不存在政策障碍，资金及技术壁垒也相对较低。加入 WTO 后，国际著名服装企业加大了在中国市场的投资力度，给国内服装产业带来了新的竞争压力。为了做实做强服装产业，应对国内外同行的强力竞争，公司制定了十分周密的服装产业投资规划，加大了投资力度。首先，进行产业延伸，充实产业链条的薄弱环节，打造较为完整的产业链条。除服装生产外，雅戈尔先后投资组建棉花收购加工、纺织、衣料染整、服装设计等公司以及产品销售网络，积极占领服装生产的关键位置。其次，大力实施技术创新，革新生产工艺流程，提升产品开发、设计及生产的知识与技术优势。公司于 1998 年和 1999 年两年累计技术改造投资约 5 亿元，约为该两年投资总额的 50%；2003 年和 2004 年，又先后投入 4 亿多元，建立纺织面料高新技术生产基地，以及对服装生产流程进行信息化、自动化升级改造。其三，组建科技研发基地，不断创造自身技术优势。2003 年，公司出资 6000 万元，组建了服装面料研发中心及服装生产工艺研发中心。其四，积极与国际先进企业合作，吸取先进经验，开拓国际市场。公司先后与多家国外企业合资、合作，进行服装及其相关产品的研发、生产与销售。2007 年 11 月，雅戈尔斥资 1.2 亿美元收购美国 Kellwood 全资子公司 Smart 和 Xin Ma（与 Smart 相关的美国资产）。Smart 是远东地区领先的衬衫生产商、经销商、销售商和分销商，2006 年实现销售收入 26.92 亿元，净利润 1.16 亿元；收购 Xin Ma 后，雅戈尔可以分享位于美国的物流及分销系统，会带来较为可观的利润贡献。几年来，雅戈尔累计投资 50 多亿元，打造了一个较为完善的高水准的服装产业链，有效地提升了公司市场竞争力，增强了其抵御市场风险的能力。十多年来，雅戈尔衬衫及雅戈尔西服的市场占有率一直处于行业首位。

2002 年，雅戈尔在继续完善服装产业链投资的同时，开始进军旅游及房地产业，先后成立了宁波雅戈尔置业、宁波甬城房地产及苏州雅戈尔置业三家房地产企业以及雅戈尔动物园有限公司、雅戈尔达蓬山旅游度假区等旅游企业，累计投入注册资本近 20 亿元。产业成长十分迅速，2007 年，旅游及房地产业实现营业毛利约 29 亿元，接近雅戈尔当年营业毛利的三分之一。

达蓬山旅游开发区位于慈溪市三北镇，该开发区以“徐福东渡”的传说为契机，融合秦、汉、唐、宋、明、清等中国古典园林建筑，包括中国徐福文化园、欢乐水岸世界自然人文主题乐园、佛迹寺、中华石窗和五星级度假酒店。除此之外，雅戈尔置业有限公司将在达蓬山旅游度假区内打造占地约 400

亩，360 多套总建筑面积约 20 多万平方米具有独特风情魅力的地中海风格大型纯别墅风景住宅区。2008 年 7 月 28 日，雅戈尔达蓬山旅游度假区盛大开园。

三、股权投资，以价值增值为依归

早在公司成立之初，雅戈尔就进行了一些股权投资（亦即创业投资），并取得了巨大成功。1999 年，雅戈尔参与组建中信证券有限公司，出资 32000 万元，持有中信证券 20000 股。如果现在全部套现，估计该项投资可以为雅戈尔赢利 100 多亿元。

随着时间的推移，雅戈尔股权投资不断壮大成熟。2001 年，雅戈尔以 1.09 亿元出资参与组建杭州湾大桥开发公司，占 45% 的股份，2003 年 4 月，以 1.19 亿元转让 40.5% 的股权，留有股份 4.5%。雅戈尔在 2 年中完成了一次近乎完美的投资杰作，即以 1.09 亿元的投资，实现 1 千万元的收益，并留下了 4.5% 的股权。

2007 年，雅戈尔实现投资收益 27.5 亿元，占营业毛利的 60%；2008 年上半年实现投资收益 13 亿元，占营业毛利的 37.5%。目前为止，雅戈尔共约持有 7 家上市公司股权，均为非限制流通股，合计账面盈利约达 70 亿元。另外，雅戈尔还参股多家优质企业，具有上市题材，盈利空间十分巨大。

股权投资属于高风险、高收益行业。从事股权投资，企业（投资者）必须具有较强的承担风险的本钱；搞好股权投资，必须具有较为广阔的经济视野及深远的市场发展洞察能力，能够从浩若烟海的企业中，甄别出有出类拔萃发展潜力的个体，适时投资参与，并通过企业的成长实现投入资本的增值。雅戈尔的成功法则是：其一，优异性原则。即所投企业必须具有优于同行的品质特点，或者具有异于其他企业的特殊资质，这样，企业才能够具有或形成自身独特的核心竞争力，才能在市场竞争中赢得优势；其二，高成长性原则。即股权投资目标行业必须具有广阔的发展前景，以便目标企业能够拥有高远的发展空间，企业经营具有巨大的价值增长空间；其三，风险可控性原则。投资所能产生风险应该在企业承担能力之内，企业对投资风险具有可控性。为此，雅戈尔在资金来源上坚持以股权融资与债务融资相匹配，控制债务规模；在投资中坚持原始性投资为主，二级市场投资为辅，严格控制市场风险。在上述原则的基础上，雅戈尔的投资选择呈现出较大的灵活性。其投资范围似乎没有行业限制，只要企业有发展前途，就可以进行投资。几年来，雅戈尔股权投资涉及金融、原材料、大型基础设施及软件开发等多个领域。

2006年，雅戈尔提出将股权投资打造成公司的主要业务之一，2007年上半年成立了雅戈尔股权投资有限公司及雅戈尔投资有限公司，并引进专业团队，分别从事股权投资和证券市场股票投资。雅戈尔已初步转型为资本投资型企业，具备了极高的股权投资能力。

从价值增值角度来看，企业经营就是资本的价值增值经营，因此也可称之为广义的资本经营。资本增值的途径多种多样，其最基本途径是投资产业，通过出售商品和服务实现增值，而股权投资则是省却了产品生产与销售阶段，直接通过产业的培育与出售实现资本价值增值，是资本经营发展的较高级形态，因而也蕴涵着较大的价值含量。雅戈尔从成功的产业投资经营者一步步登上股权投资的殿堂，逐步实现其资本经营的提升和转型，在百花竞艳的企业园圃中，绽放出一支奇特的富丽之花，十分值得人们研读欣赏。（2008年4月）

39

上下左右看名牌

一、名牌是什么

名牌是产品的市场占有份额。名牌是企业产品的附加值。名牌是顾客的高度信任。名牌是永不懈怠的自勉与追求。名牌是接近理想化的消费质量与消费品位。名牌是一种经久耐用、次品率低、原材料消耗少的产品，他的生产与消费过程都是一种节约行为。名牌是自信心与自豪感。名牌产品有很大的社会效应，它可以提高一个国家和民族的社会地位，赢得世界各国人民的尊重。

二、名牌不是什么

名牌不是大小之别。大企业固然资力雄厚，但名牌产品并非人力与物力的简单堆积，而是企业科学经营的结果。小企业通过差异化，生产与强者配套、相得益彰的产品，集中力量，生产优势产品等经营方式，也能创造出具有一定影响程度的名牌产品。如“钻石”牌飞轮，“新华”牌脚蹬，“红星”牌链条等都是一些小企业的“佳作”。

名牌不是家传秘方。海南省海口市椰岛股份有限公司生产的鹿龟酒，其配方据说来自于唐《本草》，后经过老军医研究加工而成。一次秘方生产的饮料，具有充骨补齐、延缓衰老等功能，理应成为名牌产品。但鹿龟酒至今在国内市场还鲜为人知。鹿龟酒厂家 1990 年出现了 23.17 万元的亏损，1994 年利润只有 600 多万元，每股利润 0.04 元，许多公司表示不满。该公司虽有据说令人羡慕的生产工艺秘方，但却没有创造出其应有的名牌产品。

名牌不是一夜成名。江苏省如皋市肉联厂是我国生产肉类产品的大型企业之一。该厂的“如皋”牌肉松、香肠，“地球”牌肠衣等都是优良产品。火腿曾与金华、宣威火腿并称“中华三大火腿”。但近几年却因促销不力，产品滞销，累计亏损达 3468 万元，成为积重难返的特困企业。

胜家公司是美国跨国公司，他的名牌产品“胜家”缝纫机曾风靡世界。1940 年世界每三部缝纫机中就有两部是“胜家”牌。然而 1990 年胜家公司董事会沉痛的宣布：抛开它赖以成名的“胜家”，“胜家”从此告别人世。之所以会造成这种结果，是因为“胜家”成名之后，没有不断地进行技术改造以适应市场的变化。直至 1985 年，胜家公司出厂的仍是 19 世纪设计的产品，必然竞争不过顺应潮流的新产品，最后一败涂地。

名牌不是名人广告。名牌产品固然有较高的知名度，但它是以其质量优良而著名的。没有较高的产品质量，仅靠广告行为是难以保持其经久不衰的知名度的。名牌产品可能与名人有联系，名人因其名牌而成为名人，而非相反。如松下幸之助因松下电器而成为名人，李嘉诚、亚科卡等以其名牌公司而成为名人，而我国的令人难以计数“XX 酒家”，终未靠名人而成为名酒，就是一个很好的说明。

三、名牌的路怎么走

科技开发：1984年，青岛冰箱总厂成立时，国内已有电冰箱厂近100家。在如此激烈的市场竞争中，他们一开始就确立了科技兴厂战略，引进德国利勃海尔电冰箱生产技术，生产当时中国乃至亚洲第一代四星级电冰箱，凭其先进的技术优势，企业效益持续增长。

CA公司是美籍华人王嘉廉缔造的世界第二大软件公司，该公司在研究开发方面每年投资达2亿美元，光是发展部门的人员就近2000人。CA产品一般自行研发，超过任何一家软件公司。靠着它强有力的技术优势，CA公司盈利年增长率达30%，比一般公司增速快得多。

质量为本：TCL是惠州一家大型电子集团公司，创办以来一直秉持“质量第一”“服务第一”“用户第一”“信誉第一”的经营原则，在产品质量上精益求精。国家电话质量监督中心在1992年对全国电话机市场的抽样调查中，TCL电话合格率为100%。就是以其高超的质量，TCL电话机确立了国内名牌地位。

人事中心：金轮集团是一家乡镇企业。八年前它还是一家濒临倒闭的废旧塑料厂，如今已发展成为拥有12亿元总资产，9000多名职工，年创利税1.25亿元的大型企业。在世界帘子布生产上排名第三，仅次于美国的杜邦公司和韩国的东亚公司。金轮公司如此成功的秘诀在于其人才战略。几年来，它已向社会招聘250名各类工程技术人员，选送256名优秀青年员工去大专院校深造，投资45万元建职工技校，累计培训职工近4万人次。集团出巨资承包了重庆航天设计院电路传感技术研究所，对有突出贡献的科技人员给予重奖。实用人才，注重给职、给权、给利、给名，激励他们发挥聪明才智。

美国微软公司总裁比尔盖茨认为，能否开发出高技术产品，关键在于有没有非凡创造力的人才，同时能不能为他们创造一个好的工作环境。他们每年到全国137所大学去物色人才，有些重点大学一年要去三、四次。更有甚者，为了得到詹姆斯·奥肯，公司整整花了一年的时间。

管理为轴：日本企业之所以能在世界市场的竞争中取得如此辉煌的成就，是与其特有的企业管理模式分不开的。现在由于美国等企业的追赶，日本企业的竞争力有所下滑。面对这种形势，日本企业又开始了新的管理变革，如企业再造、大量精简生产型人员、“以敌为友”、相互联合、资源共享、移向海外、降低成本等。随着日本企业管理的深入变革，竞争能力必将会得到恢复和进一步发展。

各方维护：浙江永康市拖拉机厂的“四方”牌拖拉机很适合热带地区的水田作业，在南亚国家很受欢迎。然而，1993 年 4 月间，却由于某内燃机厂假冒“四方”牌拖拉机，痛失了孟加拉国市场。更有甚者，有人竟然对名牌进行买卖，只要交钱，无论产品质量是否达到应有的要求，便可从某某“协会”“博览会”买回名牌产品的称号。此种现象是由于我国市场经济不完善所致，对企业创名牌工作造成了极为不良的影响。（1998 年 2 月）

40

浅谈企业思想力

一、思想力，企业的核心竞争力

据有关资料显示，日本、欧洲企业的平均寿命为 13 年，华人企业平均寿命 17 年，典型跨国公司平均寿命为 50 年，美国杜邦公司的寿命已有 200 多年，日本驻友公司的寿命已 400 多年。是什么原因使一些公司如匆匆过客，而另一些公司却能够寿如松柏，永葆青春呢？

1990 年，美国著名管理学者普拉哈德和哈默尔提出了核心竞争力概念，认为企业寿命之所以长短殊异，是因为企业的核心竞争力不同。所谓核心竞争力（core competence），就是指某一组织内部一系列互补的技能和知识的结合，它具有使一项或多项业务达到竞争领域一流水平、具有明显优势的能力。他们认为，只有具有较强的核心竞争力，企业才能在市场竞争中战胜对手，获得长期可持续发展，生命常青。普拉哈德和哈默尔开辟了企业竞争力研究的新视角，提出了核心竞争力这一全新的理论范畴，引领了一个时代的研究潮流。然而，普拉哈德和哈默尔仅仅提出了一个比较静态的、概念性的结论，要进一步弄清核心竞争力的精神实质和主体身份，仍需进一步探索。

之后，国内外对核心竞争力理论进行了不同的延伸和解读。如，有人偏重于从物质层面认识核心竞争力，认为核心竞争力就是核心产品、核心技术和核心能力。有人认为核心竞争力在于企业的精神层面，文化、价值观是企业的核心竞争力。有人认为核心竞争力必须包括物质和精神两个方面的因素，认为核心竞争力 = 核心技术 + 企业文化 + 学习型组织 + 信息化。然而，这种将核心竞争力看作是企业经营中各种较为关键因素组合的观点，实际上是否定了核心竞争力。

根据普拉哈德和哈默尔关于核心竞争力的基本理念，本人认为，核心竞争力本质上应该是企业经营中的活力，它虽然植根于企业的物质和文化土壤中，并从中汲取丰富的营养，但核心竞争力有其独立的存在，不能将其归结为企业的物质和（或）文化元素。其次核心竞争力并不是企业的全部之力，而是企业之力的核心部分，是对企业总体之力具有统领和决定作用的部分。再次，核心竞争力必须具有独特性，必须与众不同，而且难以被竞争对手模仿、移植。由此观之，唯有思想力堪称企业的核心竞争力。因为，在企业经营中，企业的任何决策、行动都必须有企业思想或者说思想力的指挥和支配；而且从较为长远的角度来看，思想力的高低最终决定着企业市场竞争的命运。因此，思想力处于企业经营的主导和核心地位。另一方面，企业的思想力天然具有其独特性，几乎不可能被其他企业模仿或移植。因此，思想力是企业的核心竞争力。

二、思想有多远，企业就能走多远

凭借现有的某些优秀资产，抓住一些有利机会，或者秉承企业既往的成功经验、成功模式，确实能够使企业取得一些优异成就，或者走上一个新的台阶，甚至引领风骚若干年。但是，这些均不足以保证企业获得长期的可持续发展。只有那些把握市场运转规律，洞悉产业经济未来发展的方向，不断占领思想制高点的企业，才有希望成就高远。

天津顺驰房地产公司成立于 1995 年，是房地产行业的后起者，其初期实力可以说微不足道。然而不足十年间，顺驰就已发展成为全国性大型房地产集团公司，成为行业的先行者，并开始进军海外市场。顺驰的成功来源于其超越同侪的远见，来自于其高超的思想力。2003 年，国家土地出让政策由协议出让改变为公开拍卖，土地价格迅速推高，一些开发公司开始忧虑。然而，顺驰则从中看到了发展良机，迅速在全国范围内高价竞买土地，一举完成了全国性扩张，获得了突飞猛进的发展。当大多数公司仅仅专注于土地开发之时，顺驰又看到了一个价值数以万计的二手房市场，率先布局，再次捷足先登抢占了房地产二级市场制高点。顺驰不仅对行业发展趋势有远见卓识，在经营方略方面也慧眼独具。例如，面对土地公开拍卖、价格高企的局面，一般开发商有些不知所措，而顺驰则看到了土地自身价值的巨大上升空间。顺驰采取分期付款方式，待最终结算时，土地已大大升值，不仅有效地降低了购地成本，而且以较少资金，锁定了大量土地资源，成功将众多地产商阻止在庞大的土地市场之外。再如，一般企业往往专注于项目收益最大化，注重利用自有资金或银行贷款完成项目资金周转，以便本企业能够分享项目收益的最大份额。而顺驰则善于看大局，看长远，他们看到了自身长远利益之所在，选择利用合作伙伴的资金完成项目开发。虽然合作者对利润的要求可能高于银行，但合作者不仅提供了资金，也提供了项目开发和周转的快速通道，可以大大加快项目的开发和周转，提高开发效益。因此，通过与不同单位的广泛合作，顺驰获得了跨越式发展。

上海宝山钢铁总厂成立于 1978 年，1998 年联合其他钢铁企业组成宝钢集团。经过近几年的开拓创新和快速发展，宝钢集团已成为国内外重量级钢铁巨头，拥有数十家国内全资子公司，十多家全资或控股海外子公司，年产钢能力 2000 多万吨，稳居国内钢铁行业第一，并于 2004 年跃居世界 500 强第 309 位。宝钢可谓我国钢铁行业的一个成功典范，代表着我国钢铁行业的希望。然而，与阿塞洛—米塔尔钢铁集团相比，宝钢却显得有些不尽人意。阿塞洛—米塔尔钢铁公司成立于 1980 年，1995 年开始跨国经营和兼并扩张。今天，阿塞洛—米塔尔钢铁集团已坐上了世界第一的宝座，钢铁年产量是紧随其后三家竞争对手之和的 4 倍，其 3 年的累计产值、利润，相当于宝钢 20 多年来产值、利润的总和。是什么原因使阿塞洛—米塔尔钢铁集团取得如此卓越的成就呢？是其卓越的思想力。当宝钢还正在考虑如何在国内做大做强时，阿塞洛—米塔尔钢铁集团已经打开了全球视野、全球化思维、整合全球资源、使用全球人才、实现经营链条的全球连接等方面，远远走在了前面。

企业如航船，思想是彼岸。思想的正确与否和思想的高度，决定了企业是否拥有高远的目标，是否能够达到辉煌的彼岸。

三、市场竞争，企业思想力的大比拼

理论研究表明，现代市场竞争就是企业思想力的大比拼。关于企业竞争力及其形成因素的研究源远流长，认识逐步深入。19 世纪 60 年代，马克思对企业内部生产要素进行了研究，提出了生产力三要素理论，认为企业（内部）所拥有的劳动、劳动对象和劳动资料“三要素”决定着企业生产力的高低（资本论第一卷第五章第一节）。20 世纪 80 年代初，波特（Porter）对企业外部经营环境进行了研究，认为企业所面对的竞争者、商品购买者、原材料供应商、替代产品、潜在竞争者五种因素，决定着企业自身竞争力的优劣。波特企业竞争力理论忽视了企业内部因素，存在明显的不足。稍后，鲁梅尔特（Rumeit,1984）、沃尔纳菲特（Wermerfelt,1984）等将研究视野重新转移到企业内部，但与马克思不同的是他们认为企业的竞争力来源于企业特有的稀缺资源。20 世纪 90 年代，美国著名管理学者普拉哈德和哈默尔提出了核心竞争力的概念，认为企业内部一系列互补的技能和知识的结合是企业的核心竞争力。企业竞争主要集中在核心竞争力方面的比拼，核心竞争力决定着企业经营的成败。根据本文第一部分的结论，所谓核心竞争力，就是企业的思想力。企业市场竞争的成败取决于其核心竞争力，也就是取决于其思想力。因此，现代市场竞争实质上就是企业思想力的大比拼。

现代市场经济的客观特性，使思想力成为竟成为成败的关键。农业经济时期，土地等自然资源起关键作用，因而领土之争频仍；工业经济时期，资本居于主导地位，资本巨头纵横捭阖；现代知识经济时期，知识和技术上升为生产要素的首要地位，得才智者得天下。现代市场经济具有迥异于以往的根本特点。其一，企业智能化。知识技术因素在资本中的比重大大增加，使物质资本及企业整体具有了层度不同的智能性，对经营主体的智能性要求更高。其二，市场时空空前广阔，而且熵值剧增，市场更加复杂无序。表现在两个方面：一是市场竞争的边界已基本消除。如地域边界、文化边界、产业边界、资本规模边界等基本已不再不可逾越，竞争规模及范围都达到了几乎无以复加的地步。二是竞争路径、工具、手段更加多样，科技及网络技术的发展，金融工具的不断创新，为企业竞争增添了数不胜数的高效能武器。竞争更加激烈，形式幻化无穷。要求竞争主体必须具有足够广阔、深邃的思想视野，敏锐犀利的思辨能力和娴熟独到的经营运作技巧。因此，现代市场竞争是企业思想巨人驰骋的广阔舞台。

当今市场竞争的强者，无不是企业思想的巨人。微软公司的主要资产就是其智力资本，是微软人的思想力。凭借这一思想力，微软迅速崛起，不仅创造了世纪性财富传奇，而且开辟了社会发展的一个崭新的时代。沃尔玛是一家商品零售企业，表面看来，主要资产为物质资产，经营上以物质资本规模取胜。其实不然，沃尔玛之所以能够如此成功，完全有赖于其较为先进的经营理念和出类拔萃的思想方略。如，沃尔玛将员工作为合伙人，与员工分享利润，广大员工的职能因素得到了充分有效地发挥。沃尔玛巨资打造信息系统，形成了巨大的信息竞争优势。1984 年，沃尔玛投资 4 亿美元，与美国休斯公司合作发射了一颗商业卫星，在此基础上，沃尔玛又投入 7 亿美元建立了计算机及卫星交互式通信系统。凭借这一系统，公司内部、分销中心和零售店之间可以快捷地进行对话，实现全球范围内商品的快速评价和平衡，使其能够更有效地掌握机会、挖掘潜力、控制成本、提高效率。沃尔玛是零售业态创新的先行者，首先尝试发展会员制仓储式商场和超级市场零售模式。1983 年，沃尔玛开设了第一家山姆俱乐部，1988 年开设了第一家超级购物中心。沃尔玛的业态创新，不仅进一步满足了人们的购物需要，而且也为人们带来了愉快的购物体验。正是沃尔玛经营理念和市场谋略，为其赢得了员工，赢得了客户，赢得了事业的精彩。

“真正伟大的事业都需要灵魂。当我们的灵魂强大时，我们便可以创造一切，享受一切”（王育琨，企业家的梦想与痴醉，2006 年）。拥有巨大的灵魂，卓越的思想力，企业就能够创造出一个美好的未来，创造出一个精彩的世界。

41

万达“订单商业地产”及“城市综合体”模式研究

一、万达集团“订单商业地产”及“城市综合体”模式的创立

（一）发现商机，步入商业地产开发领域

万达集团成立于1988年，早期投资过超市、酒店、足球、制药、电梯、酒业、房地产等多个行业，在不断的探索中，万达敏锐地发现：国内商业业态单一，规模太小，不适应经济和城市发展对“一站式”商业服务的需要；中国人口众多，正处于城市化发展的加速阶段，大型商业中心的发展前景巨大；大型跨国商业公司选址均锁定在开发较为完善的中高档城市社区，一般只租不买，对高档商业物业具有较为确定的持续增长的需求。万达确信商业地产商机无限，于2000年开始从住宅地产转型为商业地产开发，并逐步发展成为专业“订单商业地产”及“城市综合体”地产开发商。

（二）“订单商业地产”及“城市综合体”模式创立过程

由住宅地产转型为专业“订单商业地产”及“城市综合体”地产开发，是万达集团的第一次战略升级与转型。在转型过程中，万达由其第一代商业地产，经过第二代商业地产，逐步转型为第三代商业地产，即“订单商业地产”及“城市综合体”开发。

1.万达第一代商业地产及其不足。万达开始商业地产开发时，是建一个大房子，第一层开精品店，第二层开超市，一般是由万达引进沃尔玛等大型品

牌商，第三层开家居，第四层还可以搞个电影院等等，一个店大概五六万平方米。通过将主力店低价出租给沃尔玛等知名品牌带来影响力，再通过高价出售中小商铺盈利。这种模式的缺点是中小商铺出售后，业主分散，业态难以相互配合，业态之间的负面影响较大，中小商铺盈利能力差，也难于管理。在这种模式下，整个商圈难以做旺、做大，因而也限制了商业地产开发商做大做强。此为万达商业地产的第一代开发运作模式。

2. 万达第二代商业地产的演进及优劣势。2004~2005 年，万达开始进入第二代“组合店”模式，即：一个项目有四五个独立的楼，分别作为商业、百货、超市、电影院，通过一个室外步行街连起来做一个广场。第二代“组合店”模式有很大进步，如建筑规模较大，业态进一步丰富，各种业态之间能够形成相互支撑，有利于商家经营盈利。但“组合店”模式也有较为严重的缺陷，如：（1）各楼盘相对独立，顾客购物消费休闲仍有较大的不便。（2）依然遵循先设计，后开发和出售的传统程序，闭门造车，不能满足商家的需要，往往会造成商家购买或租赁后再大幅改造，甚至出现完全不符合商家业态要求的情况。（3）地面商铺（中小的商铺）全部出售，购买商铺后业主一般不自营，商铺所有权、经营权和管理权分离，万达集团无法对整个商圈进行统一的业态规划管理，在商业业态定位和协调匹配上有很大的局限性。上述缺陷叠加在一起往往会造成致命的危害。沈阳太原街万达广场是 2003 年底开业的第二代组合店，由于设计不符合市场需要，商铺出售给商家后经营不利，纷纷对万达进行投诉，甚至上了沈阳电视台的新闻。

3. 万达第三代商业地产即“订单商业地产”及“城市综合体”的特点及优势。经过深入研究之后，万达集团支付 8 亿元将沈阳太原街万达广场已售出的商铺全部回购并对业主给予一定的补偿，下决心进行彻底改造，完全按照城市综合体的模式全新打造太原街万达广场，并在项目设计招商等方面进行了大胆的创新，万达由此创立了“订单商业地产”及“城市综合体”商业地产发展模式。所谓“订单商业地产”及“城市综合体”地产开发模式指的是：（1）先出租，然后再设计和建设。万达先与意向引进的名牌商家谈判，争取他们对建筑设计方面的需求和意见，并事先与其达成合作意向或租赁协议，而且，合作商家要参与万达广场的商业设计。（2）将室外步行街改为室内步行街，使各种商业业态进一步融合。（3）只出售写字楼和公寓，全部商业物业自己持有，实行统一规划，统一招商，统一经营管理。（4）满铺开业。即万达广场开业时不能有空铺，所有商家都要开业。（5）万达城市综合体不同业态建筑体量配比更趋于合理。万达城市综合体一般由写字楼、公寓、酒店、零售商业及文化设施等组成，初步了解，写字楼约占整个城市综合体建筑总体量的50%，酒店及零售商业、文化建筑约占40%，公寓约占10%；城市综合体零售商业布局中，服装约占50%，餐饮占20%，休闲占15%，娱乐占5%，其他服务类占10%。（6）万达城市综合体一般由万达独资投资开发，因此需要资金投入较大，2003年期间，万达曾经与国外房地产基金联系，探索向房地产基金的融资模式，后因为国家政策限制，只好作罢。为了解决资金投入问题，万达就将写字楼及公寓出售，以获得资金来源；另外，由于万达商业地产出租较好，与名牌商家签订租约后，能够较为顺畅的办理商业地产产权抵押银行贷款。万达以出售写字楼及公寓+附有租约的商业地产银行融资的方式，保持现金流的基本平衡，这也是城市综合体开发运作成功的一个不可或缺的因素。

因为这种模式实行了先与商家达成租赁合作意向，然后再根据商家需要设计开发，因此称为“订单商业地产”；又因为这种模式开发体量较大，业态组合更加优化，各种商业业态融合为一体，构成一个功能及建筑体貌均具有个性特色的城市社区和建筑群落，故称为“城市综合体”。

4. 万达城市综合体典型案例。北京石景山万达广场是万达城市综合体项目的成功代表。该项目总占地面积近7万平方米，总建筑面积28.23万平方米，其中国际连锁百货占2.4万平方米，国际影城占1.2万平方米，休闲广场占1.6万平方米，步行商业街占2万平方米，其余为写字楼及公寓。步行街第三层全部为餐饮，二层为精品店，一层为品牌旗舰店和国际连锁餐饮。目前，该综合体写字楼及公寓已出售，商业物业及国际影城为万达自己持有。

5. “订单商业地产”及“城市综合体”模式的优势。万达集团凭借其敏锐的市场洞察力、资源整合能力、首创精神和坚强的毅力，开创了“订单商业地产”及“城市综合体”这一崭新的商业地产开发运作模式，实现了商业地产开发商与商业业务经营商等的互利共赢，构筑了万达商业地产开发与发展的优势竞争平台，凭借这一平台，万达进一步增强了其资源开发与整合能力、业务拓展及创新能力。如，万达身边聚集了上千家国内外著名商家、金融机构、高级酒店经营管理专家及丰富的文化和政治资源，万达获得土地的成本很低，主要因为万达太超前，置身于市场的蓝海，竞争对手很少。

6. 万达形成了强大的商业模式核心竞争力。万达创立“订单商业地产”及“城市综合体”时，依靠的是其市场洞察力、资源整合能力、首创精神和坚强的毅力等核心竞争力，创立“订单商业地产”及“城市综合体”模式之后，商业模式成为其主要的核心竞争力。

建外SOHO项目曾经创造了北京乃至中国房地产市场的诸多奇迹，荣获2003中国住交会最佳创新奖。但其商业地产部分不但没有赢得喝彩，反而却招来诸多诟病。建外SOHO项目的400个沿街店铺在两年时间被一抢而光，但其后经营中商铺租金连开发商承诺的一半都不到，使投资者深陷其中。其失败的原因一是没有主体店，二是商铺全部卖掉，三是先设计再建设和招商。SOHO项目商业地产的失败败在模式上，商业地产与住宅地产具有不同的内在生命逻辑。

二、由单纯城市综合体开发商转型为城市综合体产业链综合提供商

万达由单纯城市综合体开发商转型为城市综合体产业链综合提供商，是万达集团第二次产业战略的升级与转型。

（一）万达第二次转型

起初，万达集团以城市综合体开发为主，以城市综合体业主的身份与沃尔玛、家乐福等合作，自己较少进行商业经营。但随着时间的推移，万达的角色开始转变，逐步由单纯的城市综合体开发延伸到酒店、文化、百货等产业经营。现在，万达已发展成为以商业地产设计开发、高级酒店、文化产业（万达院线或影院）、连锁百货（万千百货）为四大支柱产业的大型企业集团。目前为止，企业资产达到1000亿元，年销售额600亿元，年纳税50亿元。万达集团在全国50多个城市投资项目，已在全国开业27个万达广场（万达开发的城市综合体均命名为万达广场）、8家五星级酒店、400块电影银幕（含IMAX影院）、11家连锁百货店。计划到2012年，企业资产超过1500亿元，年销售额1000亿元，年纳税80亿元，成为世界级的企业集团。

（二）万达城市综合体产业链整合及相互支撑之势

万达商业地产公司是万达城市综合体的开发建设者，负责项目选址、用地购买等。万达规划研究院是中国唯一一家专业从事城市综合体、大型商业中心和五星级酒店规划、设计的策划设计机构，汇集了全国商业中心、五星级酒店设计各专业的一流人才，是万达商业地产核心竞争力的重要组成部分，每年承担的商业建筑设计任务超过 500 万平方米。万达商业管理公司是万达城市综合体经营管理者，主要负责万达广场招商及对万达广场与客户提供服务管理等。万达高级酒店、万达院线、万达万千百货是万达城市广场的支柱性业态。目前万达已开业 8 家五星及超五星级酒店，2010 年将开业五家五星及六星级酒店，2012 年开业 45 家五星及六星级酒店，营业面积超过 200 万平方米，成为全球领先的酒店投资企业。万达拥有全国唯一的专门设计建设五星级酒店的公司，并与雅高、喜达屋、希尔顿、凯悦、洲际等一批世界顶级酒店管理集团建立了战略合作伙伴关系。万达院线是全国排名第一的院线，拥有五星级影城 50 家，400 块银幕，占全国票房收入的 15%。2010 年新增影城 21 家，银幕 200 块，占全国票房份额 18%。到 2012 年将开业 110 家以上的影城，拥有 1000 块银幕，年收入 30 亿元，成为全球前八。万达万千百货成立于 2007 年 5 月 8 日，现已成功在哈尔滨、成都、西安、北京、苏州、上海等相继开业。万达万千百货计划以每年 10 到 20 家店的速度增长，2015 年门店数量不少于 100 家，营业面积超过 300 万平方米，年销售收入过 400 亿，成为中国最大的连锁百货公司之一。

万达商业地产公司、万达商业地产规划研究院、万达商业管理公司是万达城市综合体的策划、开发建设和经营管理者，他们共同提供了城市综合体这一创造性的商业经营平台。万达高级酒店、万达院线、万千百货是万达城市综合体价值的实现和进一步增值者。他们和万达商业地产公司等一起共同打造了一个较为完美的城市综合体产业链，相互支撑，相互促进，形成良性循环。现在，万达已经完成由单纯城市综合体开发商向城市综合体产业链综合提供商的转型。

（三）二次转型使万达核心竞争力进一步提升

万达转型为城市综合体产业链综合提供商后，核心竞争力进一步增强，万达已经基本具备了独立进行城市综合体设计、建设及主要商业经营的能力，对外部商家的依赖程度大大降低，成为城市综合体整个产业链的领导者。以前，万达需要以优惠的租金恳求品牌商家入驻万达广场，现在，品牌商家都急切地与万达合作，一些地方政府也非常希望请进万达，创新改善城市商业环境，优化城市功能，提升城市品位，提高城市的竞争力。

三、谋划向商业、文化、酒店等业态终端集成提供商升级转型

（一）万达第三次战略升级转型目标

万达集团目前正在谋划或展开由城市综合体产业链综合提供商，向商业、文化、酒店等业态终端集成提供商转变，实现万达第三次产业升级和战略转型。万达将加快城市综合体建设和自有酒店、院线及百货连锁业态的发展，加快布局，由城市综合体开发、酒店、院线、商业经营者升级转型为商业业态终端集成提供商（即商业业态超市，相当于苏宁与国美，只不过它们的商品是电器，而万达的商品是各种商业服务。各种商家要开展商业经营、人们要进行商业消费，必须到万达广场里实现和完成），转型为电影超市提供商。一旦万达成功地占领了市场终端，万达就升级转型为一个商业业态、酒店、电影等的垄断性终端集成服务商。除了向终端集成方向发展之外，万达也在其他新业务开拓和公司治理方面加快升级转型。其一是由城市综合体开发经营转型为城乡大型片区综合开发经营，2009 年 8 月 28 日，由大连万达集团、中国泛海集团、内蒙古亿利资源集团、辽宁一方集团等四家中国顶级民营企业联合投资 200 亿元打造的长白山国际旅游度假区正式破土动工。此为目前中国最大的旅游投资项目。城乡大型片区综合开发经营开辟了万达新的广阔的发展空间。其二是万达将进行上市，变为一个上市公司。目前万达自有商业物业 700 万平方米，受益于房地产价格的大幅上升，万达资产快速升值，以住宅地产为主的开发商却不能享受这一好处。但万达资产也有缺陷，即流动性不足，一旦房地产

泡沫破灭，万达很可能遭受流动性危机。万达谋求上市，主要就是化解流动性不足问题。一旦成功上市，万达资产在获得房地产价格上升益处的同时，其资产也获得了充分的流动性，抗风险能力大大提高，万达可以更加大踏步前进。另外，万达上市对于其资产透明化、管理规范化、拓展融资渠道以及赢得更多的社会声誉均有较大的促进作用。其三是，万达可能会走出国门，走向世界。但万达要做世界的万达，从目前发展势头来看，应该为时不远。

（二）三次战略升级与转型后，万达将成为巨无霸

万达完成第三次转型后，将会获得巨大的商业垄断优势，竞争对手很难撼动，除非万达触犯了国家《反垄断法》。

四、万达核心竞争力及其提升经验

（一）万达核心竞争力形成及提升过程

万达的核心竞争力经过了一个逐步形成和不断升级转型的过程，万达现在的核心竞争力与其“订单商业地产”及“城市综合体”模式创立之时有本质的不同。“订单商业地产”及“城市综合体”模式创立之初，万达的核心竞争力主要表现在市场洞察力、资源整合能力、首创精神和坚强的毅力。因此才有了“订单商业地产”和“城市综合体”，才有了万达产业的不断升级和优化转型。第一次转型之后，万达具备了独特的商业地产开发经营模式竞争力，并在商业模式创新过程中锻造成了一支专业化高素质的经营管理团队。

实现第二次战略升级转型后，万达转型为城市综合体产业链综合提供商，此时的万达，除了具有以前的核心竞争力之外，万达又获得和具备了三种核心竞争力，一是超越同侪的城市综合体、高级酒店、现代影院设计、建设及主要商业业态的经营能力；二是超强的资源整合能力，土地、品牌商业、国际酒店专业管理机构等资源进一步整合在万达的旗下；三是酒店、院线、连锁百货等城市综合体主要业态的经营能力。

实现第三次战略升级转型后，万达成为一个商业业态、酒店连锁、院线、连锁百货等的垄断性终端集成服务商。此时，万达又具备了强大的业务网络规模优势和行业垄断优势。

（二）万达的创新及经验

1. 商业地产开发模式创新。

总体开发模式创新。万达“订单商业地产”及“城市综合体”对商业地产开发经营进行了全新和独到的诠释，打造了万达所向无敌的商业地产开发模式。

设计理念创新。万达商业设计有几句成功的秘诀：如：让商家参与设计、先租后设计、休闲过半、一步差三成、隔街死、室内步行街、让顾客停留 4 个小时以上等等。万达认为，城市综合体要营造大型商圈，要能够吸引顾客停留 4 个小时以上，增加消费，才能实现盈利；多走一步生意就会差三成，隔一条街会死。在商业地产设计时，有些设计公司往往希望出新意，搞“曲径通幽”。万达认为，这样设计虽然“好”看，但是极不实用，弊大于利。商业设计就是要避免“一步差三成”，避免“隔街死”，这样设计可能会显得“呆板”，但会做旺，旺了才是商业地产的目的，才会具有可持续性。

技术创新。万达在商业地产开发方面进行了大量的深入细致的研究，积累了丰富的技术经验。万达有自己的高水平的城市综合体、高级酒店开发设计研究机构，如万达规划研究院，汇聚了国内外一流人才。万达占领了商业地产开发经营的技术高端。

2. 产业链延伸与集成创新。万达由住宅地产开发商转型为“订单商业地产”及“城市综合体”专业开发商，再转型为城市综合体产业链综合提供商，再转型为商业业态、酒店连锁、院线、连锁百货等业态垄断性终端集成服务商，实现了产业发展和价值增值的不断超越。

3. 管理创新。万达根据业务不同成立了相应的职能部门或公司，管理分工及定位十分清晰，各职能部门或公司专业化发展较为深入。如万达商业地产开发公司负责土地洽谈，万达规划院负责设计，万达商业管理公司负责招商及商务管理，但在设计过程中，万达商业管理公司、万达商业地产公司及万达的战略性合作伙伴均参与，以便使设计更符合商务需要，提高设计的商业附加值。万达打造了一个完整的业务开发管理流水线。万达商业管理公司是一支高度专业化的管理团队，创造了较为完善的商业管理规范制度，出版了国内唯一的物业管理教材。

4. 经营理念创新。商业物业只租不售、满铺开业，招商时品牌优先，经营管理中首先考虑让商家赚钱、安全比租金重要等等，是万达具有自主知识产权的商业地产经营理念。万达商业管理公司的职能除了安全、消防、卫生以及为商家统一办理水、电、税务等业务外，另外一个重要的职能就是协助商家赚钱。万达商业管理公司配备专职人员，对万达广场内部商家的商品摆放、店面设置、工作人员状态及经营态势进行查看分析，发现问题及时与商家沟通。如果发现商家盈利不佳，万达商管公司就会主动与其沟通，帮助其解决问题。当然，如果实在不能扭转局面，万达就会劝其退租，再向其他合适商家出租。

（三）万达精神

万达秉承诚信经营、创新经营、规范经营、合作分享的经营理念，曾多次获得“房地产业诚信企业”“最佳雇主企业”等多种荣誉称号。万达之所以能够取得如此辉煌的成就，万达的核心竞争力，归根结底在于万达人的因素，在于万达人的精神及文化竞争力。（2010 年 6 月）

42

海洋世界商业模式研究

第一部分　国内海洋世界运营模式简介

一、大连圣亚海洋世界

（一）圣亚海洋世界基本情况

圣亚海洋世界由大连圣亚旅游控股股份有限公司（2002 年股票上市，简称圣亚旅游公司）于 2005 年 7 月投资 2 亿元，对其原水族馆扩建和改建而成。

扩建改造后的圣亚海洋世界占地面积 4 万平方米，包括海洋世界、极地世界两大主体，蓝海爱情剧《海豚湾之恋》和极地主题表演《功夫海象》为其亮点，园区日容量近 3 万人次。

（二）圣亚海洋世界商业模式的特点

1. 业态升级，推陈出新，与时俱进。圣亚旅游公司成立于 1994 年 1 月，主营水族馆建设经营业务，1995 年投资 1 亿元在大连星海公园建成一座海底通道式水族馆，为第三代水族馆。2004 年，圣亚投资 2 亿元建设哈尔滨圣亚极地海洋馆，该馆占地面积 1.6 万平方米，2005 年 12 月正式开业。2005 年 7 月，圣亚投资 2 亿元，将其星海公园 1995 年水族馆扩建和改建成圣亚极地海洋世界，由单纯的鱼类展馆扩展到极地动物展演，同时又增加了动物表演、情景剧表演等形式。业内人士称这种互动表演、情景剧表演模式为第四代或第五代水族馆模式。

2. 表演作品富有创意，优美动人。圣亚蓝海爱情剧《海豚湾之恋》造型优美，颇为曲折，美人鱼优雅缠绵、王子阳刚多情、海盗也十分矫健英武，加之海豚的穿梭飞舞，高潮迭起，艺术色彩较为浓厚，观众报以阵阵热烈的掌声，是圣亚极地海洋馆的一大亮点。

3. 业务较为单一，业务集成创新不足。到目前为止圣亚经营项目只有极地馆、海洋世界及一些餐饮小吃等业务，内容较为单一，以门票收入为主。

4. 异地扩张，进展不顺。2006 年 1 月，圣亚投资 1.5 亿元的哈尔滨极地馆开始对外营业。2005 年，圣亚以 675 元 / 平方米的单价在苏州太湖岸边竞拍下了 8 万平方米土地，准备建设苏州太湖水底世界项目。但从目前情况来看，除哈尔滨项目开始营业外，其余并无实质性进展，哈尔滨项目年营业收入仅 3000 多万元。

（三）圣亚旅游公司的经营情况

该公司目前经营情况不太理想，上市以来一直处于微利或亏损状态。主营业务单一，抗风险能力弱。公司的海洋世界、极地世界、哈尔滨极地馆三个主要经营项目均以门票收入为主，收入来源单一，季节性强且不可逆转，抵抗重大市场变化等风险的能力弱。该公司 2002 年亏损 2867 万元，2006 年亏损

4242 万元。2009 年，该公司营业收入 1.16 亿元（含哈尔滨极地馆），实现净利润 300 万元（含哈尔滨极地馆）。

（四）公司未来业务发展策略

2009 年 2 月，圣亚原第一大股东中国石油辽阳石油化纤公司，将其持有的圣亚旅游公司 2210.4 万股股份（占 24.03%），全部转让给大连星海湾金融商务区投资管理股份有限公司（隶属大连市国资局）。星海湾投资公司表示，在本次收购完成后的 12 个月内，将择机向上市公司注入大连市星海公园改造工程项目、星海湾旅游景区商铺项目以及其他优质项目或资产。圣亚将走向海洋世界与其他旅游业务、房地产业等相结合的发展道路。

二、大连海昌集团属下海洋世界等旅游项目

（一）大连老虎滩极地馆

1. 大连老虎滩极地馆基本情况：

大连老虎滩极地馆坐落于大连风景秀丽的老虎滩景区内，由海昌集团与大连虎滩乐园实业总公司（为国企）共同合作开发，占地面积 1.4 万平方米，建筑面积 3.5 万平方米，2002 年建成开业，由极地馆、珊瑚馆、鸟语林、欢乐剧场等各具特色场馆组成，年游客量达 200 万人次。

2. 大连老虎滩极地馆商业模式基本特点：

（1）做大规模，打造精品，制造轰动效应，塑造善于创新、技高一筹的行业大师及领军品牌形象。极地馆因规模庞大、极地海洋动物齐全，入选吉尼斯世界纪录，该馆的代表性动物白鲸“海娃”成为大连市旅游吉祥物。海昌集团副总赵文敬对中国市场经济的精髓具有十分透彻的把握，刻意制造轰动效应，以此打开其向全国扩张的道路。可以推断，其极地馆入选吉尼斯世界纪录，应为事先谋划。

（2）项目设计高屋建瓴，业态先进，表演开发颇有深度。老虎滩海洋公园的规划设计从 1996 年开始启动，赵文敬等主创人员先后到国外进行了大量的考察，参考了美国、澳大利亚等世界上最好的海洋公园，进行了大量的论

证，征集了近20多稿老虎滩海洋公园规划方案，高标准规划，高标准建设，打造国内一流场馆。其展示项目体量大，给人以在原生态环境中观赏动物的感觉，立体化展示，可以从不同角度观赏，感受深刻。表演形式小品化、情景剧化，其海豚表演节目编排动作难度较大，但四只海豚的表演却十分整齐协调，节奏流畅，俨然海豚水上芭蕾，为一大亮点。

（3）占领科研、环保行业高点，注重社会效应，为海洋公园可持续发展提供科技及社会资源支撑。海昌集团与中国科学院建立了密切的联系，多次与中科院合作科考项目。1999年海昌成立了大连老虎滩海洋动物保护研究所，为今后的科学研究提供了一个组织保障。2003年到2006年引进的企鹅、海獭、海狮及北极熊繁殖成功。2007年11月至2008年3月，老虎滩海洋极地馆派出了3批赴南北两极考察队伍进行极地动物科考研究，获取了大量的南极企鹅繁殖第一手资料，为其人工繁殖提供了宝贵的参考资料和第一手数据。

（4）多业态聚集经营，互促共进，具有规模和聚集效应。大连老虎滩极地馆坐落在国家级风景名胜区——大连南部海滨的老虎滩景区（现称为大连老虎滩海洋公园）。该海洋公园占地面积118万平方米，有着4000余米的曲折海岸线，院内具有珊瑚馆、鸟语林、群虎雕塑、四维影院等游乐设施，与极地馆一起形成了丰富多彩的游乐海洋。能够丰富观赏内容，增加客流量，延长客留时间，提高整体收益。

3. 老虎滩极地馆项目盈利情况及未来发展。从老虎滩项目本身来看，盈利情况并不突出。据老虎滩海洋公园有关人员介绍，目前极地馆与老虎滩海洋公园内其他项目实行一票制，由海洋公园统一售票，按协议向海昌集团分成，盈利情况较为一般。谭总还表示，目前海昌集团正在与市政府协商，开发老虎滩公园内剩余土地，以增加盈利能力。

（二）海昌集团青岛极地海洋世界

1. 基本情况：

海昌青岛极地海洋世界坐落于著名的旅游度假区石老人沙滩的南面，是集大型极地、海洋动物展演、购物、娱乐、休闲于一体的大型开放式旅游项目，总投资12亿元，占地21万平方米。一期项目中，极地海洋动物馆占地4.8

万平方米，总投资6亿元，2006年建成。馆内拥有白鲸、企鹅、北极熊、海獭、海象等十余种两百余只极地动物及千余种万余只珍稀的海洋生物。二期项目全部为商业地产，现也已开发销售完毕。

2. 商业模式主要特色：

（1）表演节目演绎更加深化，海豚与驯养员的互动表演更富有情节，堪与“本山小品”媲美，幽默而美妙，在所考察海洋世界中最为突出；表演场馆规模宏大，使表演更加壮观，更富有视觉冲击力。

（2）利用旅游品牌破解土地资源招拍挂难题，实现海洋世界与商业地产相结合，极大地拓展了项目整体盈利空间。整个项目占地21万平方米，其中极地海洋动物馆占地4.8万平方米，其余16万平方米用地全部用来建设商业地产。按容积率为1比1，房价为每平方米2.5万元计算，商业地产出售可获得收入40亿元。

三、青岛海底世界

（一）基本情况

青岛海洋世界由青岛水族馆（事业单位）和山东鲁信投资集团有限公司共同投资开发，总投资达2.2亿元，总建筑面积7000平方米，水体4000吨。青岛海底世界位于青岛莱阳路2号，毗邻青岛著名风景区鲁迅公园和第一海水浴场，青岛海底世界主要由潮间带、海底隧道和地下四层观光建筑三大部分构成，展示部分完全在地下。

青岛水族馆于1930年秋由中国海洋研究所筹建，1932年2月竣工，同年5月8日举行了开馆典礼。之后，在青岛水族馆的基础上，在中央文化部、中国科协、山东省及青岛市政府的推动与支持下，先后成立了青岛海产博物馆、青岛海洋科技馆。2002年5月，青岛水族馆与山东鲁信投资集团有限公司合作成立青岛汇泉海洋科技开发有限公司，负责海底世界后期建设及经营。2003年8月，青岛海底世界正式开业。

（二）商业模式主要特点

1. 标本量巨大，琳琅满目，能够扩大视野，增加观赏深度。青岛水族馆现有海洋生物标本二万余件，馆藏数量居全国同类科普场馆之首，是全国唯一的海产博物馆。硕大的抹香鲸标本是青岛水族馆的特色展品。

2. 造景逼真，标本制作技精美，富有观赏价值。海底隧道造景宽广深邃，鱼类繁多，游人有如置身海底的质感。标本量大，稀有珍贵，栩栩如生，有较强的观赏价值，使人们在审美感受中获得了科普知识。

3. 突出教育主题，塑造教育品牌。标本展示量大，介绍较为细致，突出科普教育特质，对青年及学童有较大的吸引力。家长带着小孩观赏流连的情况较多，成为青岛海底世界的一个特色。

4. 依托中国科协及省、市政府的支持，资金、技术及标本来源得天独厚。青岛水族馆由中国动物学会及中华海产生物会发起建立，多年来一直获得国家科协与青岛市政府的支持。1978 年 4 月 8 日，在山东胶南市搁浅一头雄性抹香鲸，长 14 米，重 22 吨，初步鉴定为 37 岁，由中科院青岛海洋研究所制成标本后展于青岛海产博物馆。抹香鲸标本为无价之宝，其他海洋馆重金难求。

5. 注重科技研发，走科普、研发助推型可持续发展路线。青岛海底世界拥有自己的科研团队，其中有 1 名博士、2 名硕士，历年来发表的科学论文、专著和科普著作、研究成果之丰硕，在全国同行业中处于领先地位。目前能够培育繁殖几十种水母及鳄鱼等，产生了较大的效益。

（三）经营情况

2009 年，青岛海底世界全年累计接待游客 180 万人次，同比增长 40%，取得了开业以来接待人次新突破，创造了经营业绩的新纪录。开业 6 年来，青岛海底世界游客接待人次每年都保持两位数的增长，在国内同类海洋馆中名列前茅，创造了行业奇迹。

第二部分　三家海洋世界旅游企业经营模式比较分析

三家以海洋世界为主要旅游业态的企业经营模式区别较大，现比较分析如下：（经营模式分析比较表）

企业	特　点	核心竞争力	效益及扩张力
圣亚	1. 表演作品富有创意，《海豚湾之恋》优美动人。 2. 业务较为单一，业务集成创新不足。以门票收入为主，季节性强，盈利能力不足。 3. 模式扩张，进展不顺。正在酝酿业务及模式转型。	弱	弱
海昌	1. 做大规模，打造精品，制造轰动效应，打造善于创新，技高一筹的行业大师及领军品牌形象。 2. 项目设计高屋建瓴，业态先进，表演节目小品化、舞蹈化，较有深度。 3. 占领科研、环保行业制高点，注重社会效应，为海洋公园可持续发展提供科技及社会资源支撑。 4. 多业态聚集经营，互促共进，具有规模和聚集效应。 5. 利用旅游品牌破解土地资源招拍挂难题，实现海洋世界与商业地产相结合。	极强	海洋馆单独盈利及扩张力为一般。 与地产结合盈利及扩张力极强。
青岛海底世界	1. 标本量巨大，琳琅满目，能够扩大视野，增加观赏深度。 2. 造景逼真，标本制作技精美，富有观赏品味。 3. 突出教育主题，塑造教育品牌。 4. 依托中国科协及省市政府的支持，资金、技术及标本来源得天独厚。 5. 注重科技研发，走科普、研发助推型可持续发展路线。	较强	效益较高，扩张力一般。

比较分析不同模式盈利及扩张情况，可以发现：

一、持续创新，充分利用政府及社会资源，是海洋世界盈利丰欠和自身可持续发展的关键

所考察三家企业虽然都较为致力于创新，但海昌集团、青岛海底世界创新程度较高，盈利情况均好于圣亚，青岛海底世界在利用社会资源方面胜于海昌集团，因而单纯从海洋世界比较，其盈利可能也好于海昌。

二、海洋世界与其他旅游业态合理搭配，形成聚集效应，是其自身盈利和可持续发展必不可少的条件

三家公司在这一方面都有所用力，但海昌老虎滩极地馆、青岛极地海洋世界做得较好。实际上，在海昌集团的项目中，海洋世界只是其旅游业态的一部分，海昌已经实现了海洋世界与发现王国业态有机的结合，根据不同地区气候、地理、城市区位等条件，创造适合的游乐项目及其与地产项目的有机

结合。

三、海洋世界加地产模式盈利及扩张能力最强

海昌集团2002年介入海洋世界旅游业务，是三家公司中最晚的，但由于其创造了海洋世界与地产相结合的商业模式，发展速度一日千里，至今已完成或正在开发的该类项目达10个，成为行业超级龙头和垄断者。圣亚公司单纯经营海洋世界项目，现金流缺乏，产业扩张困难较大。青岛海底世界寄托中国科协及政府机构的强力支持，走科研科普路线，商业模式十分特殊，盈利能力也较强，但该种模式难以复制，因而扩张能力也不强。

四、海昌海洋世界产业发展模式

规模化，精品化，制造轰动，做好模式，快速扩张是海昌集团海洋世界做大做强的经验。海昌集团先将海洋世界大型化、精品化，引起市场轰动和政府关注，然后再以海洋世界+地产的产业模式快速扩张，抢占国内市场垄断地位。海昌模式的精髓在于打破常规，善于从产业之外研究产业的发展，从市场经济的整体、市场竞争的全局、甚至从市场经济及市场竞争之外研究谋划产业的发展战略。

第三部分 海洋世界业态特点及其发展趋势分析

一、海洋世界景观的特点

（一）海洋世界属于大众型旅游产品

海洋世界主要客户对象为30岁以下青年人、带有幼儿的家庭。其游客类型开始时主要为附近区域的散客，其后主要为在旅行社的组织和安排下的团队游客。高端旅游与之不同，面对的是小众，客户年龄较高、收入较高、受教育程度较高、社会地位较高。他们崇尚自然和真实，视旅游为完善自我的过程，购买的是独特的经历而不是旅游产品本身。高端旅游形式诸如疗养度假旅游、生态旅游、森林旅游、草原旅游、海洋旅游、河流旅游、沙漠旅游、修学旅

游、体育探险旅游、综合娱乐旅游、观光农业旅游、文化旅游、都市旅游等。高端旅游产品有高尔夫、豪华游艇、休闲度假设施等。大众旅游与高端旅游在开发经营模式和盈利水平上均有巨大的差别。

（二）海洋世界属于人造景点

人造景点缺乏独特性，容易模仿（人造景点的经营模式有时较难模仿），因此竞争较为激烈，生命周期越来越短。我国有相当数量主题公园是由纯观光性的静态人造景观组成的，园内参与性娱乐项目少，游客看过一次后大多不愿重复游览，因此主题公园重游率较低，公园的旺盛期较短，一般约为 3~5 年（余熙，世纪证券（筹）；赵梅，湘财证券，证券时报电子版，旅游资源行业分析报告，2001 年 8 月 22 日）。人造景区的独特性相对缺乏，进入门槛主要由规模经济壁垒、资本需求壁垒决定，因此市场竞争较为激烈。北京零点市场调查分析公司的一份《新型娱乐设施市场潜力调查报告》表明，目前中国主题公园 70%处于亏损状态，真正盈利的只有 10%左右。而国内旅游人士估计，在中国目前的 2500 个主题公园中，约有 2/3 景点难以收回投资（同上）。

二、海洋世界未来发展形势

（一）海洋世界项目独木难成林，必须和其他旅游业态合作发展

据研究，年游客量达到 200 万人次以上和停留时间达到 6 小时以上的主题公园，均采取多种旅游业态聚集协调发展模式。大连老虎滩极地馆与珊瑚馆、鸟语林、群虎雕塑、四维影院等游乐设施一起，形成了丰富多彩的游乐海洋。

海洋世界 + 地产模式更具有发展优势。大连海昌集团均已成功地将“旅游 + 地产”这一具有中国特色的“旅游综合体”发展模式复制到全国，未来发展潜力较大。这种旅游综合体发展模式，即先由旅游起步，旅游带靓环境，环境带旺地产，地产促进区域全面发展，从而实现旅游与地产的良性互动。其核心是“旅游聚集人气，景观提升品位”，构建“旅游带旺地产，地产反哺旅游”的良性循环，一块“生地”由旅游培育成“熟地”，“熟地”依地产再烘烤成

"宝地"。

（二）海洋世界国内市场容量有一定的限度，先行者将最终获得市场垄断地位

海昌集团总裁王旭光表示："极地海洋馆模式不能无限制扩张。"在其看来，如果在国内做到10个城市，国内市场将基本饱和。届时，海昌集团将凭借成本优势、技术优势和品牌优势，将会把其他效仿者挡在门外，形成相对垄断之势。而随着其未来"进入其他发展中国家"的扩张计划，海昌将向着"成为亚洲乃至世界最大的极地海洋馆主题公园运营商"的目标更迈进一步。

（三）打破常规，创新经营模式，科技研发，解决饲养和繁殖难题，是海洋世界未来发展不可或缺的两个轮子

模式创新成就了海昌。据王旭光称，从近年来大连馆和青岛馆两个项目的运作情况来看，"这种模式是成功的"。它不但能形成稳定的现金流收益，而且对于所在城市品牌、形象的提升，乃至对该地区税收、就业等方面的贡献，都表现极为突出，可实现经济效益和社会效益双赢的局面。正因为如此，海昌"极地海洋馆"模式在进行跨区域拓展时表现得相当顺利，所到城市，当地政府大都会在政策上给予支持。

值得注意的是，科技创新对于海昌及青岛海底世界的成功起到了较为关键的作用，并将会对海洋世界未来发展起到越来越重要的作用。谁占领了科技研发的制高点，谁将会拥有海洋世界行业的主动权。

海洋世界的项目安排、节目编排将会不断深化，表演内容及形式深挖细研、小品化、情景剧化将会有很大的发展。（2010年6月）

43

奇迹出于谋划，未来在于庙算

——华夏幸福商业模式解读

一、双轮驱动，一飞冲天

华夏幸福基业股份有限公司（简称“华夏幸福”）前身为廊坊市华夏房地产开发有限公司，成立于1998年，初始注册资本为200万元，后经历三次增资，三次股权转让，2007年整体改制为股份制公司。改制后总股本为10.5亿元，同时公司名称变更为华夏幸福基业股份有限公司。华夏幸福主营房地产开发与产业园区开发业务，具有一级房地产开发资质，业务范围遍及北京、环渤海等区域。

2009年3月，华夏幸福筹划借壳ST国祥（600340）上市，2011年8月29日获证监会批准，浙江国祥以其全部资产和负债作为置出资产与华夏幸福持有的京御地产100%股权及九通投资100%股权作为注入资产进行整体资产置换，置入资产、置出资产评估净值分别为16.7亿元和2.66亿元；资产置换的差额部分由浙江国祥向华夏幸福发行股份购买。

华夏幸福董事长兼总裁为王文学，间接和直接合计持有华夏幸福94%的股权，为华夏幸福的实际控制人。借壳完成后，王文学持有上市公司65.48%的股权。

华夏幸福上市之后，2013年定向增发募集资金60亿元，资本实力大幅提升，企业经营业绩扶摇直上，2014年实现营业收入289亿元，实现利润总额51亿元，净资产收益率高达42.12%；2009至2014年营业收入及利润总额年复合增长率分别达到165%及170%。

上市之前，华夏幸福业务经营已初具规模，商业模式已具雏形，上市后如虎添翼，从茫茫商海中脱颖而出，被世人所认识、研究、认可以致赞赏。根据《2014 中国房地产上市公司 TOP10 研究报告》，华夏幸福综合实力排名第六，创富能力排名第五，投资价值排名第四，仅次于万科、保利和招商地产，成为中国地产行业的佼佼者。

表一：华夏幸福 2009~2014 年财务指标（亿元）

项目＼年度	2009	2010	2011	2012	2013	2014	年复合增长 %
收入	26	44	78	121	211	289	165%
利润总额	3.8	6	17	25	36	51	170%
归属上市公司净利	3.7	4	17	18	27	35	158%
总资产	80	159	276	432	741	1140	170%
净资产	9	13	29	43	67	98	160%
净资产收益率	37.2%	37.55%	66.49%	51.35%	44.01%	42.12%	

二、合纵连横，转动“产业新城”魔方

华夏幸福坚持“以产兴城、以城带产、产城融合、城乡一体”的理念，确立以产业新城为核心产品的业务模式。华夏幸福的“产业新城”模式包括三个层面。

一是产城融合。华夏幸福主要业务由产业园区、地产、城市建设运营三大部分构成，园区开发带动城市发展与地产开发，城市建设促进产业发展，形成产城融合、产城互动。公司以园区开发立项，地产开发与城市建设随行的模式。该模式除了能确保低成本获取土地外，还可以依靠其对政府的影响力不断在园区周边获取土地，并参与到城市综合体、酒店、旧改以及学校、医院、娱乐设施等众多业态物业开发经营中，以此打造产业新城，以产城融合促进产城共同发展。华夏幸福通过城市发展定位和空间规划、产业促进、城市公共配套服务、城市建设、城市运营等系列整合经营行为，为区域发展提供健康可持续的综合解决方案，有效实现区域综合价值提升。随着产业新城的不断成熟，园区土地价值大幅升值，华夏幸福不仅获得了开发运营收益，同时也获得了巨大

的土地升值收益。

表二：华夏幸福 2014 年度应收构成（万元）

项目	营业收入	营业利润	毛利率 %	占主营 %
产业发展服务	356,808.39	345,707.04	96.89	13.27
综合服务	7,226.40	992.08	13.73	0.27
物业管理服务	16,296.90	-4,337.85	-26.62	0.61
城市地产开发	272,975.77	64,032.37	23.46	10.15
其 他	8,009.66	-9,139.78	-114.11	0.30
基础设施建设	143,229.64	55,315.15	38.62	5.33
园区住宅配套	1,580,694.76	450,500.84	28.50	58.79
土地整理	263,205.09	37,730.83	14.34	9.79
其他业务	40,108.24	20,833.76	51.94	1.49
合计	2,688,554.85	961,634.45	35.77	100.00

二是政企联盟。公司通过 PPP 模式，与政府结成战略合作关系。华夏幸福在开发实践过程中，形成了一体化的园区开发招商运营模式，覆盖区域规划、产业定位、区域建设、品牌推广、招商引资、投资服务、区域维护等多种业务形态。以固安工业园为例，固安县人民政府与华夏幸福签订《开发建设有关事项的委托协议》及补充协议，约定固安县人民政府委托华夏幸福在固安工业区开发中提供工业区规划、基础设施建设、土地整理、产业发展服务（招商引资专业化服务）等；该委托是排他性的、非经华夏幸福基业同意不可撤销或变更；且委托期限长达 50 年。通过合作，实现了企业与政府、企业与社会的共赢。2005~2014 年，固安县财政收入从 1.5 亿元增至 30.7 亿元，县区面貌焕然一新；华夏幸福从政府获得园区开发服务费主要包括四大类：基础设施建设、土地整理、产业发展服务以及园区综合服务。

三是产业互联。华夏幸福坚持一个产业园区就是一个产业生态圈的理念，从打造产业生态着手，实现产业互联，共进共赢。为此，华夏幸福首先与高校、科研院所、龙头企业合作，将高端技术资源、经营资源引入产业园区，发挥产业孵化、发展引领和带动作用，促进园区产业快速起步，繁荣发展。2014

年 5 月，固安县人民政府、河北清华发展研究院、华夏幸福三方签署战略合作协议，河北清华研究院将在固安高新技术产业开发区建立重大科技项目中试孵化基地，计划用 2 年左右时间完成“中试基地”建设，并同步开展完善政策、配置人员、调配资源等配套工作。先期中试孵化场所启动后，首期入驻项目 15 个，5 年内争取建成 10 至 20 个应用研究机构，投入研发中试经费 15 亿元至 20 亿元，预计可转移科技成果 150 项，其中 30 个左右完成“中试”并进入孵化。与此同时，华夏幸福积极与行业龙头企业合作，共同打造提升产业园区创业平台，如与航天科工研究院共同成立北斗经济与技术创新战略联盟；与京东集团合作规划建设专业化电商综合产业园，构建智慧电商物流网络和新生态体系；与工信国际合作，共同协助行业内知名企业在试验区内落户，将试验区打造成国际一流的电子商务及科技产业园，使其成为极具代表性的示范园区。

表三：华夏幸福产业园区开发运作获得收入分类

<table>
<tr><th>业务范围</th><th>内容</th><th>结算金额</th><th>结算方式</th><th>支付方</th></tr>
<tr><td>基础设施建设</td><td>在委托区域进行道路、供水、供电、供暖、排水设施、公共项目等基础设施建设管理</td><td>实际投资 *10%</td><td rowspan="4">一次性或分期，不超过三年</td><td>固安工业区管委会</td></tr>
<tr><td>土地整理</td><td>对委托区域内进行土地整理</td><td>实际投资 *10%</td><td>固安工业区管委会</td></tr>
<tr><td>产业发展服务</td><td>对委托区域内工业园区进行宣传、推广并进行招商引资</td><td>新增落地投资额 *45%</td><td>固安工业区管委会</td></tr>
<tr><td>园区综合服务</td><td>对委托区域内进行物业管理、公共项目经营与维护等</td><td>实际投资 *10%</td><td>固安工业区管委会</td></tr>
<tr><td>其他业务</td><td>自有工业厂房、仓库、土地的租赁或出售等</td><td></td><td></td><td></td></tr>
</table>

华夏幸福秉承“商以载道·幸福共享”经营理念，聚集了大批不同行业、不同类型的合作伙伴。正如华夏幸福总经理孟惊所言：“华夏幸福始终相信，企业要做大做强，必须坚持合作共赢。在未来的岁月里，华夏幸福将搭建与合作伙伴共生、共赢、共享的平台生态系统。”通过合纵连横，华夏幸福转动了产业新城魔方，2013 年，其“产业新城”商业模式被评为“最佳商业模式”。

三、聚众智慧，描摹蓝图

中国区域经济学会副会长兼秘书长陈耀指出，华夏幸福模式的基本特点就是“发现价值、创造价值、传递价值”。整合全球资源，科学定位园区发展策略，通过产业规划、空间规划以及科学分析，为区域量身定制解决方案，发现区域价值。通过对生产、商务、生活、金融、产业促进、政策等的全方位研究，创造区域价值。通过强大的产业招商能力，品牌塑造能力以及客户服务能力，有效传递区域价值。

发现区域发展价值，编制高水准的区域与产业发展研究规划，是华夏幸福模式的基石，也是其核心竞争力之所在。华夏幸福研究策划系统包括三个方面，一是全球顶级市场经济与产业发展专家团队，华夏幸福与全球专家、学者合作，共同探讨中国产业升级课题。二是华夏幸福城市发展研究院、产业发展研究院与行业研究院，城市发展研究院与产业发展研究院分别研究城市与产业发展一般规律，中国城市与产业发展历史趋势，城市与产业经济区域演变机制等一般理论课题；行业研究院则研究行业市场形势、竞争格局、演变趋势以及企业成长对行业市场生态因素的需求等。三是行业数据库，华夏幸福行业数据库记录保存了 18 万个企业的有关数据，包括企业名称、所在行业、投资规模、老板姓名、联系电话、经营情况等，另外，华夏幸福招商团队日常跟进每个产业前 50 至 100 名企业。公司建立了较为系统的优秀企业筛选标准、合作机制、退出办法等，将真正符合产业定位的优秀企业招进来，建立伙伴关系，实现共同发展。华夏幸福在研究策划方面坚持重投入，不惜重金聘请国内外顶级专家出谋献策，固安工业区累计策划费用高达 3 亿元；为了提升其自身研究策划能力，公司组建了博士研究团队，延聘国务院工信部规划司副司长顾强领衔，使其产业研究规划能力达到了国家级水平。华夏幸福聚众智慧，打造强大的城市发展研究、区域经济研究、产业发展研究等能力，通过对经济、社会及产业未来发展趋势深刻洞察，实现对区域发展的超前谋划，引领区域发展与产业转移、产业创新的战略走向。

四、“产业新城”，未来可期

从固安起步后，华夏幸福开始进行全国战略布局，分别在河北香河、任丘、保定及涿鹿，辽宁沈阳，江苏无锡、镇江，上海嘉善，北京霸州，房山及河北永清等地与地方政府展开合作。目前，华夏幸福正以其独特的商业模式，在全国范围内快速复制。2015 年 1 月，华夏幸福与保定政府签订白洋淀科技城 300 平方公里委托开发补充条款，与保定市政府指定单位共同组建混合所有制公司，推进项目开发。2015 年 4 月，华夏幸福与四川仁寿县签订合作框架协议。据此，仁寿县将以包括视高镇、兴盛镇、清水镇共约 50 平方公里的区域的整体开发事项与华夏幸福进行合作。同时与南京市溧水经济开发区管委会签订框架协议。溧水经济开发区管委会将把江苏省南京市溧水区内约定区域的整体开发各事项委托给华夏幸福，委托区域占地面积不少于 8.9 平方公里。

2015 年 3 月 31 日，华夏幸福与上海市金山区枫泾镇人民政府签署整体合作开发建设经营上海市金山区枫泾镇约定区域框架协议。该区域占地面积约为 91.7 平方公里，其中开发建设用地不低于 300 亩。区域地理位置优异，金山区位于上海市西南、杭州湾北岸，被上海市区、江苏和浙江所包围，是长三角经济区域中心的重要交通节点和上海南翼辐射长三角的“桥头堡”，距长三角 16 个重要城市的距离均在一小时车程以内，距上海市中心 50 公里，距虹桥机场 50 公里，距浦东机场 70 公里，距洋山深水港湾跨海大桥 30 公里。委托区域距上海绕城高速仅 16 公里，距上海外环高速仅 40 公里，距沪杭高铁金山北站（由金山北站至上海虹桥站仅需 20 分钟左右）仅 7 公里，交通非常便捷，区位优势明显。未来三年，华夏幸福将对长三角、珠三角展开布局，计划投资开发 200 个产业新城。

此外，华夏幸福正谋划实施服务优化和升级，增加对园区企业服务内容，提高服务质量，创造更好的企业发展环境，其中最重要的是加大孵化服务，实施联盟孵化。2014年，华夏幸福在美国建设孵化器，目前已有23家企业进入，根据协议，孵化成功后，这些企业都要来华夏幸福产业新城投资生产。未来华夏幸福计划将在德国、韩国、以色列等建设孵化器，三至五年建成 40 至 50 家孵化器。从全球引进创新资源，实现全球技术、华夏加速、中国创造。

有关中国产业园区开发运营行业研究认为，张江高科为行业龙头，华夏幸福排名第七，中国产业园区建设运营依然有较大改进空间。该类研究将华夏幸福与苏州高新在区域城市规划能力、土地一级开发能力、客户资源、招商能力、市政公用事业配套能力、房地产开发能力、产业孵化能力以及对外输出能力等方面进行了对比分析，结果苏州高新略胜一筹，但也同时认为，苏州高新由于体制原因，创新复制等受到较大限制。中投证券李少明评论“华夏幸福模式独特，难以复制”；第一财经日报刊文认为，华夏幸福独特模式能够在中国成功，平台化产业新城模式是其核心优势，未来，资金、人才是这家公司能否快速实现园区复制的关键因素。总体来看，华夏幸福抓住了中国城市功能优化、区域产业格局重构、产业转移及产业升级的大趋势，重新思考、规划和建设中国产业新格局，引导产业新布局，市场空间巨大，产业新城模式未来可期。（2015 年 5 月）

44

试看鹏博士与运营商争雄

一、公司简介

成都鹏博士电信传媒集团股份有限公司（简称“鹏博士”）为上交所上市公司，实际控制人杨学平，持有公司 11.73% 股份，公司是以新一代光纤通信技术为基础，以宽带互联网接入服务、智慧城市、文化创意为主营业务的民营企业，旗下企业包括长城宽带网络服务有限公司、北京电信通电信工程有限公司等。

目前，公司员工 3 万多名，其中 300 多名研发人员，大部分为市场推广人员。公司光纤网络覆盖超过 100 个城市，骨干网链接 180 个城市，同时拥有奔腾一号骨干网；全国 6 大数据中心，其中北京、上海、成都、广州分部数据中心营收规模较大，并提供云服务。

截至 2014 年 12 月 31 日，公司总资产 153 亿元，净资产 49 亿元；2013 年、2014 年公司分别实现营业收入 58 亿元、70 亿元，分别实现归属于上市公司净利润 4.0 亿元、5.3 亿元，目前市值约 400 亿元。

二、历史沿革

2002 年 4 月，深圳市多媒体技术有限公司、深圳市联众创业投资有限公司与成都工益冶金股份有限公司（下称“成都冶金”）签订股权转让协议，成都冶金第一大股东攀钢集团成都无缝钢管有限责任公司（国有企业）将其持有的成都冶金国有法人股 4321.44 万股分别转让给深圳市多媒体技术有限公司及深圳市联众创业投资有限公司，实现国资退出、民营企业借壳上市。成都工益冶金股份有限公司更名为成都鹏博士电信传媒集团股份有限公司（简称“鹏博士”），深圳市多媒体技术有限公司投资人杨学平入主上市公司，为公司法定代表人。

成都冶金 1994 年 1 月 3 日在上海证券交易所上市，公司经营范围是钢锭锻件精密等，公司长期盈利不佳，一度陷入亏损。深圳市多媒体技术有限公司为专业从事多媒体技术及应用系统软件开发的高科技企业。经营范围为计算机多媒体技术开发、计算机网络技术开发、计算机软件开发。

股权转让的同时，成都冶金对原有冶金业务进行了部分剥离，注入计算机多媒体业务，开始向网络多媒体转型。

三、转型互联网综合服务提供商

2007 年 5 月，鹏博士非公开发行股票 15000 万股，融资约 11 亿元人民币。公司用 7.7 亿元收购北京电信通电信工程有限公司 100% 股份，并且将其余资金投入“平安北京”和“酒店多媒体”项目。2008 年 5 月，鹏博士将冶金资产全部转让，通过本次重大资产收购及冶金资产处置后，公司从以特钢冶炼为主的传统公司转型为基于网络基础的电信增值服务为主的新型高科技公司。成为以电信增值业务（宽带接入、数据中心等）、安防业务（平安北京工程）、网络传媒业务（网络广告、都伦传媒）为主的综合业务服务商。

2012 年 7 月 21 日，鹏博士收购长城宽带，巩固了其宽带接入行业地位。当时长城宽带接入网覆盖达到 30 个中大城市，宽带覆盖用户近 1400 万户，缴费用户超过 260 万户。鹏博士宽带覆盖用户 1100 万户，缴费用户约 75 万户，收购长城宽带后，鹏博士个人宽带接入覆盖用户和缴费用户大幅增加，行业地位得到极大巩固。

四、缔造“智慧生活圈”

（一）战略目标

2013 年底，鹏博士宣布向“智慧生活”服务转型。打造“云生活体验馆”，以 PC、TV 等终端为用户直观展示智能家居、智慧社区、互联网家庭院线、电视购物、远程在线教育等全新应用。目前，鹏博士包括北京、上海、广州、深圳、武汉、成都、天津在内的 51 个城市，部署了 1400 个“云生活体验馆”。

鹏博士未来三年的目标是：互联网接入“四分天下有其一,三年筑就千亿梦”，三年之内，鹏博士市值实现超千亿。

（二）战略措施

1. 研发千兆级路由，升级宽带接入

2015 年 3 月 19 日，鹏博士披露增发预案，募集约 50 亿元全部用于“家庭智能无线感知网”项目，计划通过对公司在网用户布设大麦超级路由器的方式，对光纤网络进行全面升级改造和新建，力争在 3 年内实现为 1000 万家庭提供无线互联网服务能力，打造基于 100M-1000M 超宽带 + 大麦智能终端所构建的中国规模最大的“智慧家庭 Wi-Fi 生态”，进而成为公司布局物联网、把控“智慧家庭”的核心价值所在，同时完成公司从“宽带固网”向“智能无线感知网”的产业化升级和战略转型。

2. 构建“云、管、端”生态圈

（1）公司加快数据中心集群和云平台建设，进一步丰富云端资源内容。（2）公司宽带业务持续快速发展，在网用户达到 805.8 万户，预计 2015 年在网用户突破 1000 万户。（3）公司通过发布大麦盒子、大麦超级路由器、大麦超级电视等终端产品，促进终端资源的整合。（4）与华为建立战略合作关系，发展云计算、大数据、物联网等技术，完善 4K 视频大数据传输；与深圳光启及光启科学签署《战略合作框架协议》，加快超级 WiFi、工业互联网、无线感知网等领域的技术发展，为公司开辟全新发展空间。

3. 拓展互联网内容业务

与巨人教育合作推出万人空中云课堂，整合线上线下教育产品及服务资源，进入在线教育市场。

4. 国际化发展

2014 年，公司先后与韩国 KT 公司（韩国电信公司）和美国 SPRINT 公司达成共识，利用各自优势，拟在互联网数据中心（IDC）、移动虚拟网络运营商（“MVNO”）业务等方面进行深入合作，以便通过行业先进技术的引进，吸收国际领先运营商的经验及特长，不断完善拓展公司互联网增值业务产业链和价值流，提高核心竞争力。同时，公司已着手在美国设立子公司，将在 SPRINT 公司的网络以及系统平台支持下，在美国提供移动虚拟网络运营商业务及 OTT 业务。

五、鹏博士奇迹分析

鹏博士由原来一个以冶金业务为主的微利企业，经过 6~7 年的时间，发展成为互联网综合服务提供商，市值达 400 亿元的大型高科技公司，其成功经验值得探讨借鉴。

（一）超前的战略洞察力

2007 年，公司转型网络增值服务，与中国移动、中国电信及中国联通三大国有运营商直接竞争，这种不畏强势的勇气，源于其超前的战略洞察力。鹏博士当时就看到了互联网宽带接入市场的广阔前景，同时也看到了自身经营机制方面的优势，因而才有毅然进入宽带增值服务决心。

当前，移动互联风头正劲，中兴、华为等大型 IT 公司纷纷开发智能移动终端，而鹏博士却大举进军智能电视。鹏博士认为，家庭、办公视频终端仍是互联网终端的主流，人们不可能将太多的时间用在移动终端上，其大部分时间、大多数业务特别是重要业务都将通过固定终端处理。进军智能电视，抢占家庭、办公等互联网入口，又显示了其不同凡响的战略视角和战略智慧。

（二）搭上上市公司快车，实施双轮驱动

鹏博士前身是成都冶金为国有控股公司，经营机制不活，盈利能力低下，上市公司平台难以发挥作用，深圳市多媒体技术有限公司借壳后，利用民营企业充满活力的运作机制，通过资产重组、定向增发等资本运作手段，将公司经营业务进行了彻底改造，实现由传统冶金业务向互联网业务转型的凤凰涅槃。

（三）以人为本的激励机制

公司工作环境较为宽松，激励机制力度较大。鹏博士许多高管来自国企，他们对鹏博士宽松的环境及较高的薪酬待遇感到十分满意。据一位副总介绍，收购长城宽带后，重新设计了工资体系，实行了工资＋奖金＋期权的薪酬制度。公司分17个级别，各地区总经理分为三档，四项考核，完成预算就拿出总利润的8%奖励，扭亏企业拿出超额扭亏的12%作为奖励；员工持股占比例较大，城市公司的总经理有100万股。工资＋奖金＋期权已成为该司常规性薪酬制度，比如该司为了开展研发业务，收购了两家IT公司，对科研骨干马上授予期权。

（四）敢于投入，掌握战略主动权

鹏博士多年来进行了大量的重资产投资，该司六大数据中心，其投资规模不少于40亿元，其骨干网、接入网也是重投入项目，目前该司计划募集资金50亿元用于开发千兆路由器研发，应该说其投入远远大于盈利，目前该市仍处于仅投入阶段。鹏博士之所以进行如此大的投入，关键在于其看准了市场方向以及其掌握战略主动权的决心。鹏博士正在为未来开辟了一条黄金大道。（2015年5月）

45

杭州创联——本土创客的一个样本

一、公司基本情况

杭州创联成立于2000年，由该司董事长贾幼尧率领中电三十六所原技术研发团队骨干人员创立，注册资本100万元。该司凭借过硬的研发能力和对铁路通信市场的了解，从零开始，逐步壮大，目前股东发展到7人，全部来自于中电三十六所，注册资本 3300 万元，净资产 20000 多万元，员工 300 多人。2014 年销售额 20000 多万元，利润 7800 多万元。

二、公司发展路径

（一）研发驱动。公司创业团队均为中电三十六所科技精英和技术骨干，创新能力十分突出。公司坚持自主创新，在国内缺乏行业标准、国外没有同类产品的情况下，根据客户要求，大胆创新，不断改进，不断提升，终于成为电子控制技术行业的佼佼者，原创性研发为公司开辟了一片天地。目前，公司拥有发明专利 10 项，实用新型专利 40 余项，软件著作权 80 余项，不少技术填补了国内外空白，不仅成功创立了国家标准（起草多项铁道部产品标准），甚至成为国外企业学习的标杆。

公司建立了较为有效的创新管理制度，培育了一支较有实力的技术研发队伍。目前研发人员 60 余人，公司实行了研发部门待遇高半级的薪酬制度，研发工程师年薪在 20 万元至 25 万元之间。

（二）市场导向。铁路信息控制是中电三十六所服务领域之一，贾总对此十分了解，在离开国家单位完成了身份转变之后，创业团队市场与服务意识大大提升。因此，创业一开始就能够紧贴市场需求进行产品开发，反复改进，精益求精，直到客户满意为止，赢得了客户的信赖。

公司销售人员 50 余人，售后服务人员 100 余人，是公司最庞大的部门；公司采取与客户深度融合的营销策略，营销人员与客户在工作之内是合作伙伴，工作之外是亲密朋友。

（三）轻资产、轻管理、重经营。公司轻资产运作，没有银行贷款，也不接受风险投资，完全靠自有资金发展；公司管理人员比重很小，研发、销售、生产是公司三大中心，其中研发人员 60 余人，占全部员工的 20%，销售人员 150 人左右，占 50%，生产人员 60 多人，占 20%，生产主要是总装，大部分部件外包，财务、人事、行政后勤 10 余人，占 4% 左右。部门负责人大部分兼任，公司领导也兼任部分部门的负责人，实现了决策与执行合一，公司全部力量均能有效投入到经营之中，集中力量进行产品研发与市场营销。

（四）个性考核，综合统筹，突出业绩，兼顾共享。杭州创联薪酬绩效管理强调与市场接轨，有针对性地进行业绩考核，突出绩效，同时兼顾共享。公司每年市场调查，年初调薪水，奖金根据业绩上不封顶，高管与员工待遇较高。

针对研发人员，杭州创联实行新产品奖励制度，将新产品连续三年内销售额的2.5%拿出来奖励研发与销售人员，其中研发人员1.5%，销售人员1%，计发起始时间由研发与销售团队自行确定。

对销售人员的考核既注重当前销售量，更注重未来市场的保持和开发；考核中，销售业务量占40%权重，客户回访占30%，同行新产品情报工作占20%，人品占10%。销售人员每周要写工作汇报，将竞争对手在做什么、用户需要什么等收集汇报高层领导。

财务、人事、行政等后台人员薪酬一方面根据其业务量与完成质量，同时与公司业绩增长挂钩。

公司高管年薪与个人业绩挂钩，高管基本年薪一半平时发，一半年终发，但业绩薪酬只占50%，另外50%与公司整体或单位整体效益挂钩，强调个人业绩与集体成长之间的平衡。

（五）由权威认同到文化认同。贾总原是三十六所的技术权威和老领导，深得下属的认同，所以下属愿意跟随其创业、打拼。另外，贾总人品公正敦厚，淳朴务实，合作重义，在公司形成了浓厚的“义”文化，使整个公司以贾总为中心形成合力。公司将师傅带徒弟与行政领导合二为一，以师徒关系取代或软化上下级关系，企业内部关系较为和谐，降低了管理阻力，提高了执行力。一个中心、适度激励和“义”文化，有效减少了公司管理成本，使公司能够全力以赴搞研发、抓市场。

三、未来发展战略

（一）战略问题列入工作日程。公司起初只考虑生存问题，根据现实客户需求开展研发生产；由于铁路通信市场空间有限，不能满足企业进一步发展的需要，迫使企业必须考虑未来利润来源和长期可持续发展问题，战略管理提上议事日程。公司原来主要开发生产铁路通信产品，近期开始向油田、煤矿电子产品及安全监控领域拓展，并将三分之二研发力量用于未来产品开发，目前已开发出油田三相计量设备、电子司钻系统、游车防撞装置、车联网等。公司成立了战略产品研发决策委员会，进行研发决策。

（二）优化研发管理。改组研发部，在研发部下设研发分部，成立硬件部、软件部，整合专业研发力量，推进专业研发；成立软件测试部，强化测试环节，确保产品质量；成立新技术部，加大新技术产品开发力度。计划招聘引进博士等高端人才，提高整体研发实力。

（三）谋求资产上市，实现创业价值。一是创业团队有部分套现、实现创业价值的需求，二是原行业发展空间有限，希望通过与上市公司合作，突破发展瓶颈，寻求更大的发展。因此，杭州创联近年来开始探索资产整体上市问题。目前，杭州创联已与广东高新兴通信服务股份有限公司（简称“高新兴”，股票代码 300098）签署协议，高新兴公司以现金 + 股票合计 11 亿元的对价，收购杭州创联全部资产。

（四）健全治理结构，改善利益相关者关系。公司原来的治理结构与利益相关者关系管理已不适应市场发展的要求，并越来越成为发展的掣肘，必须进行市场化改革。公司近期建立了董事会，贾总不再兼任总经理；加强了与政府的沟通合作，密切与政府的关系，争取政策支撑，提高社会形象。

（五）实施股权激励，凝聚人才效力长远发展。杭州创联计划未来结合企业并购实施经营者骨干员工持股，此外，杭州创联与高新兴公司商定，未来通过上市公司向骨干员工增发股票，实施股权激励。

四、后续发展研判

（一）公司运作机制逐步健全规范，企业文化向契约文化、职业化文化、诚信文化转型。并入上市公司以后，预计创联公司管理权仍会掌握在贾总及其团队手中，但上市公司会进行一些财务、人事、重大信息上报披露等制度建设，运作机制更加规范，为进一步做大做强奠定制度架构。另外，公司原来的师徒文化、“义”文化，也将会逐步向契约文化、职业化文化、诚信文化转型，师徒文化、“义”文化作为公司良性的亚文化仍会继续存在，也有必要给予适当维护。

（二）公司的研发潜力有望充分释放。新的制度框架、新的文化理念将会为企业释放出更大的发展空间，贾总及其创业团队将会有更大的事业平台，公司资金投入将会加强，新产品研发会加速，公司研发潜力将会更大地发挥出来。

（三）杭州创联业绩提升，高新兴市值创新高。随着新开发技术产品陆续上市，杭州创联业绩有望进一步提升。杭州创联并入后，高新兴每股收益将大幅提高（大约提高一倍），高新兴公司股票有望再创新高。目前高新兴每股价格约 34 元，动态市盈率 93 倍，总市值 62.7 亿元，并入后有望上百亿（不考虑注册制改革因素影响）。

五、几点体会

（一）企业发展需要多级引擎

企业发展必须解决方向与动力两大问题，即要通过战略管理与动力引擎的设计打造，实现企业不断成长与可持续发展。企业引擎可以分为不同的级次，如果说生产制造是一级引擎，技术研发就是二级引擎，市场拓展是三级引擎，资本运作为四级引擎，商业模式创新为五级引擎。所有这些经营运作均是以市场体制为前提，市场体制是上述运作逻辑的必要条件，但不是充分条件。

根据上述分析，杭州创联具备一级、二级及三级引擎，但不具备四级及五级引擎，战略管理也相对薄弱，创业团队来自于同一个单位，相同的经历、知识结构及趋同的思维模式，限制了公司的视野。因此，杭州创联把下一程发展的接力棒交给了高新兴。

高新兴公司于 2007 年成立，比杭州创联晚 7 年，三年后于 2010 年登陆创业板，发行股票 1710 万股，募集资金 5.7 亿元；2013 年定向增发募集资金与中国移动合作开发平安城市项目，转型平安城市建设业务；2014 年底实施股权激励计划，受激励人数约 160 余人，占员工总人数的 24%；同时展开企业并购，已完成讯美电子科技有限公司并购，正在进行杭州创联并购。

从技术创新能力、盈利能力方面来看，杭州创联不亚于高新兴，可能还略胜一筹，但高新兴战略视野开阔，资本运作能力较强，善于商业模式创新，因而能够抓住机遇，实现更大的发展。

杭州创联的情况说明，转型升级是企业通向未来的必由之路，而企业发展壮大需要多层级引擎。集团企业应加强转型研究，从体制机制、研发、市场、资本运作、商业模式等多个层面研究转型升级的可能性，积极利用外部资源，激活内部资源，打造多层级发展引擎，推动企业不断转型升级，实现长期可持续发展。

（二）人才与机制是支撑企业的脊梁

杭州创联十分重视人才队伍及激励机制建设，杭州创联的研发部门高半级制度及双向晋升制度，均有效地聚集了大量高素质科研人才；特别是杭州创联面向市场实施创新激励，有效激发了专业人才的创新与市场拓展活力，赢得了企业的快速发展，值得集团企业借鉴。另一方面，杭州创联高端科研人才不足、管理人才来源单一，对公司的发展产生了较大的制约作用。

（三）数据库建设与外部资源管理应提到重要工作日程

无论是产品研发，还是市场开拓、兼并收购等，均需要对市场及行业形势有一个全面的了解和前瞻性预判，从而需要对市场与行业数据的广泛占有和深刻解读，没有市场与行业数据的先行积累，上述工作就会陷入被动，甚至会使企业丧失发展的机会。企业的客户、合作伙伴、关联企业、甚至竞争对手等均应该看做企业可利用的资源，应认真加以研究，寻找机会加以开发利用。

建立行业数据库，加强外部资源管理，壮大大数据资源和运用能力，是大数据时代对企业经营的必然要求。（2015 年 6 月）

46

解读复星传奇

一、三无创业，上演财富传奇

（一）投笔从商，商海弄潮

1992 年，受我国改革开放大潮的影响，郭广昌放弃出国深造的机会，与梁信军一道以 3.8 万元创业，成立广信科技咨询公司，此即为复星国际的前身。公司起初做管理咨询和科技推广业务，1993 年，刚刚进入上海市场的台湾元祖食品公司想寻求进一步的多元化发展，希望专业的咨询公司为其出谋划策，广新科技在毫无经验的情况下中标，并且因服务专业水准较高，元祖食品公司另外多付了 2 万元的咨询费。之后，广信科技的咨询业务开始繁忙起来了，公司很快赚到了整整 100 万元。

赚到第一桶金后，郭广昌、梁信军的另外三个校友汪群斌、范伟、谈剑陆续加入，广信科技也由此改名为复星科技。1993 年 6 月，郭广昌决定退出市场调查业务，率领团队转而主攻房地产销售代理和生物医药领域，成为上海第一批房地产销售公司之一。1993 年，复星接手代理的为了“留学家庭”而设计的第一个楼盘。郭广昌把广告挨个送上门去，精准营销，年底赚到了复星的第一个 1000 万元。

（二）转动资本魔方，迅速发展壮大

1998 年，复星实业在上交所上市，成为上交所第一家民营上市公司，募集资金 3.5 亿元，当年复星实现营业收入 3.4 亿元，净利润 0.6 亿元，公司总资产 6.4 亿元，净资产 5.1 亿元。郭广昌认识到资本运作的魔力，此开展资本运作后寻找各种投资机会，相继进入地产开发、钢铁、证券、矿业等领域，企业实现了跨越式发展，成长为横跨房地产、钢铁与矿业、健康医疗、时尚快乐、保险金融、投资与资产管理等多个产业领域的国际性大型集团公司，拥有大小参控股公司数百家，其中上市公司 57 家。2014 年，公司实现营业收入 617.38 亿元，净利润 95.86 亿元，2014 年底公司总资产 756.8 亿元，净资产 494.1 亿元，从 1998 年以来平均每年增长 1 倍以上。

（三）成就商界传奇

复星国际的经营成就受到国内外企业界的高度评价。近期获得的荣誉称号有：“2015 年《福布斯》全球企业 2000 强”第 536 位、“最受赞赏的中国公司”、“最佳管理公司”、2014 年中国 PE 十强名单第二位等。行业有关专家认为，郭广昌成就了中国式商界传奇。

二、乘势而为，演绎产业蓝图

（一）站在价值地板上与周期共舞

在 2014 年年报中，郭广昌发表了致全体股东的一封信，提出复星要“站

在价值地板上与周期共舞”，表明了复星国际当前与未来投资与产业发展的战略思想。“站在价值地板上与周期共舞”既是复星未来的行动指针，也是复星历史发展的高度概括。

所谓站在价值的地板上进行投资，就是坚持价值投资，以基本面分析作为投资的根本依据。郭广昌强调，复星最重要的原则是坚持价值投资的基本逻辑与纪律，坚持价值投资、长期投资，始终关注企业的长期成长。他认为，投资永远都是在黑暗中摸索，黑暗的原因是因为人们总会被人性的贪婪和恐惧隐蔽了心灵的智慧。要让心灵不被蒙蔽，就要靠对自己的严格要求，坚持价值投资；就必须依靠一天天勤奋的学习、积累，做一个不断进步的人，依靠内心的修行慢慢强大、渐渐提高自己，提高自己基本价值的判断能力。

与周期共舞就是沿着经济与社会发展的曲线投资，逆产业波动周期投资。复星成立以来的产业投资可分为三个阶段，其阶段性转型十分契合国内、国际经济与社会发展的节奏。

一是服务业阶段。从 1992 年复星开始创业，即成立“广信科技发展有限公司”，到 1998 年第一个产业公司——复星医药（原上海复星实业有限公司）上市，是复星集团的创业和资本积累阶段，这一阶段复星主要从事企业咨询、医药研发销售、房地产销售代理等，属于服务性产业投资发展阶段。

二是重化工阶段。从 1998 年复星医药上市，到 2007 年 7 月 16 日复星国际在香港成功上市，是复星集团的快速发展及重化工业布局阶段。1998 年，复星敏感地捕捉到了中国重化工业发展的机遇。复星国际副董事长兼首席执行官梁信军介绍说，在 1998 年到 2008 年这十年中，复星准确判断中国制造业的发展与成熟为中国重化工业（原材料、装备、物流）发展创造了良好的机遇。所以复星踩准重化工行业的发展节点，做出了一系列重要的投资。如 1998 年我国开始住房市场化改革，7 月 3 日，国务院发布《国务院关于进一步深化城镇住房制度改革加快住房建设的通知》（国发（1998）23 号），同年，复星地产公司成立。随着房地产、高速公路、城市基础设施建设的大范围展开，连续多年亏损或微利的中国钢铁行业，2001 年开始逐步进入发展快车道，2002 年，复星即开始投资钢铁、矿业。2004 年，复星投资招金矿业，2005 年年底金价结束从 250 美元到 340 美元一盎司的长期低位徘徊开始腾飞，2011 年 8 月涨到 1793.8 美元一盎司。

三是健康与快乐时尚产业阶段。早在 2002 年，复星就投资了上海文化地标——豫园商城，这是复星首次涉足快乐时尚领域。2010 年投资 Club Med（法国地中海俱乐部），引入国际旅游休闲品牌，先后开设了亚布力、桂林和珠海东澳岛三家度假村。近期，Club Med 宣布旗下新度假理念品牌 Joyview by Club Med 在中国全面启动，将精致短途假期的新度假体验引入中国，带领大城市的消费者们回归自然，享受多彩假期。如今，复星在健康产业的投资已经形成了较强的产业发展基础，如控股的复星医药、Alma Lasers（以色列飞顿医疗激光公司）、Luz Sa ú de 医疗集团、和睦家医院、禅城医院、Multicare 健康保险等，以及合资的国药控股、星堡养老、复星保德信人寿。复星在快乐时尚产业的投资也已经具备强大竞争力，如豫园商城、旅游目的地企业地中海俱乐部和三亚亚特兰蒂斯、创新电影制作 Studio 8 等平台企业。

（二）多元化投资，专业化经营

关于多元化与专业化的优劣，郭广昌与王石曾经有过争论，郭广昌坚信多元化可以分散风险，同时也利于构造产业生态圈，形成经营合力，因此坚持了一条多元化发展的道路。目前，复星已横跨房地产、钢铁与矿业、健康医疗、时尚快乐、保险金融、投资于资产管理等多个产业领域，细分行业更加庞杂。

在多元投资的同时，复星十分重视每一产业的产业链建设，并逐步打造了复星医药、豫园商城、南钢集团、复地等产业发展平台，演化成健康医疗、房地产投资开发、钢铁矿业、快乐时尚几大产业生态圈。如豫园商城参股或控股公司多达 142 家，其中合并报表的有 138 家，围绕黄金珠宝时尚饰品研发销售，构建了较为完善的产业生态圈。复星医药参控股企业 32 家，涵盖研发生产、药品销售、医疗保健等各个领域。

复星的专业化经营从投资决策开始。按照通常的惯例是先调查、研究新公司的市场空间，然后出资，最后找个总经理开始干。复星的程序有些不同：在经过前期调研和初步决策后，接下来是把同行业的能人招来，让他们谈复星能不能办家公司，如果能，复星会组织两个或者更多的团队去论证并分别听取他们的意见，复星最后做出判断。复星投资的每一项产业、每一个企业，都聘用一流专业团队负责经营。复星旗下复星医药、豫园商城、南钢股份、复地集团在产业经营与发展方面都有不错的表现，特别是复星医药、豫园商城已成为行业品牌企业，具有较大的发展潜力。

2015 年 7 月 12 日傍晚，在第三届外滩国际金融峰会的闭幕环节，王石作为最后一位嘉宾发表主题演讲。他认为，在传统企业转型当中，复星给我们做了一个示范。从房地产、医药、钢材，应该说是一种多元化发展，最后再通过跨国经营当中走向了金融或者叫“金控”，并表示非常看好郭广昌。

（三）中国动力嫁接全球资源

1. 把握中国动力

复星发展的一条主线，就是不断发现并紧跟中国成长动力。所谓中国动力，就是中国经济赖以增长的根本动力，它在不同的经济发展阶段是不同的，复星准确的判断并牢牢抓住了每一阶段的中国成长动力（参考“站在价值地板上与周期共舞”一节）。

2. 嫁接全球资源

复星所嫁接的全球资源包括品牌、人才、技术、网络等等。这不仅是海外企业分享中国发展的需要，也是很多国内企业走向世界的需要。复星希望通过投资，做这样一个国际化的平台。

2010 年，复星投资 Club Med（法国地中海俱乐部），为复星国际投资的第一个项目，从此开始了复星国际化发展的新阶段。复星发现，2007 年次贷危机引发的金融风暴及 2010 年延续至今的欧美债务危机给世界经济造成很大破坏，欧美主要经济体经济增长停滞，欧美的家庭消费在未来的三五年可能会出现停滞或低增长，导致原来以欧美市场为主体的很多优秀企业的利润增长面临挑战甚至停滞，进而在资本市场的定价下降。但这些企业还是好企业，他们优质的产品和服务在中国会有非常好的发展。如果选择在中国市场有发展潜力并愿意到中国来发展的欧美日企业，投资成为第一、第二大股东，然后合作开拓中国市场，利用中国市场的高速成长，带动其全球的增长，同时也让中国人享受到更好品质的产品和服务，提高生活品质。于是，复星在全球化推进过程中，总结经验，于 2010 年提出了“中国动力嫁接全球资源”的模式。

2010 年 2 月 24 日，复星集团与凯雷投资集团签订全面战略合作协议，共同设立并管理具有联合品牌的人民币基金，投资于高成长型企业。对于复星来说，与凯雷合作，借助凯雷的资金、品牌与人才，可以在国际 PE 市场，平步获得第一梯队的入场券。

2010 年 6 月，复星成为 Club Med（地中海俱乐部）第一大股东。Club Med 是全世界最大的旅游度假酒店集团，在全世界著名的风景点有 76 个四星级和五星级酒店。复星投资后，协助 Club Med 的中国团队，通过宣传让中国人到全球的 Club Med 旅游，在中国开发度假村。投资 6 个月后中国第一家度假村在亚布力开业，2011 年 8 月在桂林开业。2011 年中国区的收入同比增长了 40%，带动其全球销售增长的 6.25%，全球净利润则增加了 312.5%。

2011 年 4 月，复星投资希腊 Folli Follie，成为其第二大股东。该公司旗下主要有两个品牌，一个是 Folli Follie，全球著名的时尚少女品牌，主要生产手表、项链，很有设计感。第二个是 Links of London，是伦敦最大的珠宝商，做银饰品方面全球领先。投资后通过扩大分销渠道，提升团购，扩大宣传等方式，迅速提升其在中国的销量，进而带动全球利润增长。

（四）实施金融 + 投资，做大做强资金融通端口

1. 资本运作实现产业快速扩张

复星做产业扩张的一个特点是，能买的不租，能租的不建。复星现有 20 多家药厂，只有一家是由复星自己投资建设的，其余均为合资拥有。这样做的好处是，兼并成本不高，却能产生很大的协同作用。

2. 建立以保险为核心的金融系统，做大做强资金融通端

2003 年 5 月，复星与沈阳恒信国资经营公司等 5 家单位，共同发起组建德邦证券有限责任公司，总投资 10.08 亿元，其中复星持股 54%。2007 年 12 月，复星通过旗下的复星医药、复星产投、复星工发三家公司出资 4.69 亿参股永安保险，总持股比例达 14.6%，正式介入保险行业。2014 年 9 月 29 日，复星参股浙江网上银行，持股 25%，为第二大股东。2014 年 1 月 10 日，复星收购葡萄牙最大保险集团 Caixa Seguros，持股 80% 股份。2014 年 3 月 26 日，复星以 9850 万欧元收购德国最大的私人银行，成为该银行第二大股东。2015 年 5 月 4 日，复星以 18.4 亿美元的价格买断美国保险公司 Ironshore 全部权益，

2015 年 6 月 22 日，复星斥资 29 亿元收购以色列保险公司 52% 股权。

截至 2014 年 12 月 31 日，复星综合金融板块总资产 1627 亿元，占集团资产总额的 49%，实现归属于上市公司净利润 33 亿元，占总利润的 48%。2014 年，复星保险业务板块的营业收入达到人民币 78.68 亿元，同比增长 2742.3%，占集团总收入的 12.7%；来自保险业务的归属于母公司股东的利润为人民币 11.49 亿元，同比上升 119.4%，已占集团净利润的 16.8%。

三、复星新愿景

（一）未来产业布局——保险金融 + 大健康快乐时尚 + 蜂巢

2015 年 3 月 20 日，复星集团正式对外宣布其快乐时尚大产业的“1+1+1”战略。复星集团董事长郭广昌在新闻发布会现场详解了复星快乐时尚大产业“1+1+1”战略的具体含义：第一个“1”是复星的保险资金，第二个“1”是地中海俱乐部（Club Med）与 Thomas Cook，第三个“1”是复星打造“蜂巢城市”的地产开发能力。三个 1 代表的是三个平台，即金融平台、大健康与快乐时尚产业平台、复合地产平台，复星未来将以这三个平台，分别演绎金融生态圈、大健康与快乐时尚生态圈与复合地产生态圈。

（二）聚焦大健康与快乐时尚产业

郭广昌表示，从现在起，复星将会特别强调和积极支援大健康与快乐时尚平台企业主动参与全球产业整合，更加积极地把强劲的中国消费动力和深受全球客户喜爱的品牌、服务等那些正处于价值错配期的资产联结起来，集聚资源、用最优质的产品和服务满足全球特别是中国客户想要更美好生活的需求，打造出一个以中国成长动力为基础、具备全球产业整合能力的健康和快乐时尚生态圈。

（三）全球化运作

一是资源整合时进行全球性对标。复星在获取 LP 资金时，要海内外对标，看哪个最优惠划算。国企改制也要关注海外，地产投资也要有比较，包括矿业能源、医药投资。寻找全球范围内资源、市场需求与产业发展之间的不平衡，在全球范围内发现机会。二是开展全球管理对标，向全球最好的公司学习经营管理，复星最重要的标杆为和记黄埔、美国通用以及巴菲特的伯克希尔·哈撒韦公司。

2010年，复星投资Club Med（法国地中海俱乐部），为复星国际投资的第一个项目，之后提出“中国动力嫁接全球资源”，国际化程度不断深入，全球化运作是复星的既定方向，复星的金融端、快乐时尚、健康医疗产业走在了全球化运作的前面，房地产紧跟其后。

复星地产香港退市后，制定了投资蜂巢城市、嫁接全球资源战略，复地集团、星浩资本、星泓资本、星豫、星健资本等若干开发平台，以中国动力为核心用投资的角度去做蜂巢城市。复星最初以收购海外物业资源做起，2013年10月18日，复星国际以7.25亿美元从摩根大通手中买入美国纽约曼哈顿下城区地标建筑物第一大通曼哈顿广场，之后开始进行地产项目开发。2015年4月17日和29日，复星地产分别收购澳大利亚三块土地部分权益和美国纽约麦迪逊大道土地。两笔收购都有一处共同点，复星地产都将联合当地公司共同开发建造地产项目。复星在澳大利亚悉尼收购的三块地块都位于悉尼近郊，离悉尼CBD较近。而美国纽约的地块则位于市中心的核心位置，紧邻帝国大厦。从目前所获信息来看，在悉尼近郊和纽约市中心所建物业极有可能都为高端住宅大楼，针对当地白领等高收入人群。

（四）产业、经营+互联网

复星近几年先后投资了如分众传媒、菜鸟网络等新兴企业，还成立了一支专门的移动互联网VC团队，开展移动互联网领域的布局。

复星传统行业嫁接移动互联网领域已有深入布局，如推动旗下的永安保险、创富融资租赁联合嫁接互联网P2P业务，成功试水互联网融资租赁，挂号网+复星药房，“海南矿业+金融+互联网矿石交易平台+物流”，“南钢+金融+互联网钢材交易平台+物流”，“豫园黄金+金融+互联网黄金交易平台”，“ROC+金融+互联网油品交易平台+物流”等等。

复星公司运作管理互联网化转型步子也很大，开发了内部经营决策软件系统——“复星管理通”，实现了“一站式”决策（参考“‘创客型’定位，‘一站式’决策”部分）。

（五）成为一个不断进化的智慧生命体

郭广昌认为，有了移动互联网，复星能够通过云和端对组织进行无缝连接，把企业内部的组织管理、企业之间的融通和外部客户的管理，都放在移动互联网上，这样企业的组织就具备了一个立体、但又扁平的非常高效的管理架构，这就是复星成为智慧生命体的技术基础。

利用互联网技术，在复星价值观的引领下，复星最终将成为一个开放学习的平台，许多优秀企业家在一起学习，丰富知识，不断进步，成为一个不断进化的智慧生命体。

四、专家型企业定位，专业化运作管理——复星经营模式

（一）汇聚卓越人才，打造专家团队

最近，郭广昌要求复星高管必须知道的 7 件事一文网上疯传。其中第一件事是要有企业家精神，要有很强烈的愿望去做什么事，能利用复星平台整合资源。他曾在不同场合表示："复星未来要发展，就要引进大批的企业家，也要引进大批的职业经理人。职业经理人的职业素养和专业技能是非常有价值的，他们专业知识丰富、考虑问题比较系统全面，是我们需要的。但是在文化上，我们一定是倡导创业型企业家的文化，倡导高效率的文化，倡导结果导向的文化。如果缺乏这种文化，缺乏这种企业家精神，这个企业原来是一匹很有战斗力的野马，就被家养了，退化了，被圈起来了。"

郭广昌要求复星管理团队的思考、学习能力、眼光要达到全球水平；看问题的时候，要站在全球产业的高度、全球市场的高度、全球资本的高度。

（二）"创客型"定位，"一站式"决策

郭广昌认为，投资是复星集团（指复星国际总部）最本职工作，复星应该成为一个优秀的投资集团，要把精力集中在投资上，"你作为一个投资人，你的核心团队整天还处在某个行业的运营当中，这样的话就会陷入在里面，把你最重要的工作给忘了"。

复星母公司就是一个大投行，其主要任务包括集中各个子公司的闲散资金，进行优化配置，在各个子公司之间进行资金调度；对外进行投资并购，并

将收购的较好的企业单独培育上市，不能上市的以三至四倍的市盈率出售给自己下属的上市公司；给予公司的并购、上市、借壳 、重组等提供中介服务。目前复星总部有 1000 多名员工，其中 600 多名为投资专家或专业人士，有 38 个（一说 48 个）投资团队，在全球范围内寻找投资机会。

2013 年、2014 年，复星开发了“复星管理通”，让复星在全球任何地方，甚至和家人度假的时候都可以随时参与到项目讨论决策；2015 年，复星的每个业务体系、每个企业，要求都能把客户管理系统放在基于移动互联网的云和端上来管理，通过“复星管理通”，复星实现了“一站式”决策。任何决策事项，无论是本部或者下属企业决策事项，全部发布到“复星管理通”上，不同层级、各方面人员均可以同时看到实时信息，并发表意见，建言建策，最后由最高领导拍板决策，决策效率、决策质量大幅度提升。

（三）实行赛马机制，激发首创精神

复星实行赛马机制，通过设计运营架构，发挥企业家团队的积极性和创造性。

一是实行大平台小团队运作。复星改变了以往不同产业平台独立开展各自业务，核心管理层各管一摊的模式，实行大平台小团队运作模式。形成了以大地产、大健康、大文旅等大平台为枢纽，在这些平台上，多个团队展开运作。以地产为例，曾经的地产旗舰复地退市后，成立了星浩、BFC、星豫、星泓、星颐、星景、星堡、策源、浙商建业等多个地产实体。不同团队之间，在新成立的复星地产控股（大地产平台）的组织协调下，既有分工，又有一定的竞争地带，既发挥了规模优势，也激活了团队及个人积极性。

二是灰度管理。复星不给团队或高管非常清晰的要求，复星的发展空间太大，边界不可能划得那么清楚，进入复星的人才要自我定位，不能按指令等安排行事。复星不给高层人才定编、定岗、定责制。复星为人才或团队的发展预留空间，郭广昌认为，“企业就像一个小孩，每天都在成长，衣服永远是偏小，因此企业的组织构架搭建得大一些，甚至说浪费一些，这样才能适应企业的迅速长大。”

（四）秋后算账的激励与约束机制

复星对高端的激励与约束实行秋后算账模式。郭广昌认为，高级管理人员的工作根本上还是由他自己的价值观、性格决定的。出了问题的，价值观有问题的，查出来了，秋后要算账；对于那些做了贡献的，要实行正向的秋后算账。

保证资源向具有企业家精神的团队倾斜，所有资源向他们集中，让他们去打仗、冲锋陷阵，为企业创造价值。在用人体制、机制上，一定要向这些人倾斜，为这些企业家营造出更好的空间和环境，给他们更多的资源，这样复星才有希望，才更有战斗力。

五、复星文化

（一）修身齐家立业助天下——复星使命

修身齐家立业助天下是郭广昌倡导的复星价值观，也是复星的使命。根据郭广昌的解释，修身就是做一个学习型的个人，成为一个学习型的组织，一旦丧失了不断学习的能力，那就没有希望可言。关于“齐家”，是要形成企业家庭和企业文化，而“企业家庭”则倡导一种宽容、互敬的氛围，共进共享。所谓“立业”，就是发展企业与发展自己，要撑出一片天空。关于“助天下，一是热爱祖国，二是对这个社会多一份责任，多一份回报，复星要创造更多功能的资源回报于社会。

（二）取势、守正、修为、全球化——复星之术

所谓取势，审时度势，顺势而为。所谓守正，坚持正确的价值观与人生观。所谓修为，就是提升自我，就是持续发现投资机会、持续对接优质资本、持续优化管理和创造价值。全球化，则是指全球化布局、全球化运作。

（三）太极文化——复星哲学

郭广昌说复星文化就是打太极，其本人在不同场合为人们表演太极，一招一式十分认真，太极蕴含着复星的文化密码和企业基因。

太极是中国古代文化一个重要概念，具有丰富的哲学含义：一是指太极

是宇宙最原始的秩序状态。太极出现于阴阳未分的混沌时期（无极）之后，而后形成万物（宇宙）的本源。太极生两仪，便是由太极的分化形成天地的过程，两仪，即是天地，亦可是阴阳。二是万物变化之源。太，即大；极，指尽头，极点。物极则变，变则化，所以变化之源是太极。三是指事物相生相息。“一阴一阳之谓道”，所谓道，是指天道，地道，人道。万事、万物都有两面，相互关联并且不断变化。四是万物变易。太极这个实体是健运不息的，即宇宙在运动，动则产生阳气，动到一定程度，便出现相对静止，静则产生阴气，如此一动一静，阴阳之气互为其根，运转于无穷。

太极精神已经融汇于复星人的身心。复星“修身齐家立业助天下”的伟大使命，复星“取势、守正、修为、全球化”的竞争战略，复星金融 + 投资布局及不断演进的企业成长，其价值观、方法论等思想渊源，在于太极，太极是复星的企业哲学和文化基因。（2015 年 6 月）

47

亨通光电—永保创客气质

一、白手起家，快速崛起

江苏亨通光电股份有限公司（简称“亨通”或“亨通光电”）成立于 1993 年，2003 年 8 月，在上海证券交易所挂牌上市。公司主要生产光纤、光缆和电力线缆，技术基础与产业资源相对薄弱。上市之后，公司发展迅速，现已形成“棒、纤、缆”一体化产业链，相对多元发展的较大型公司。

2005~2014 年，亨通营业收入年复合增长率为 35.24%，净利润年复合增长率为 25.55%，2014 年实现营业收入 104.71 亿元，实现净利润 3.83 亿元，综合排名位列国内三甲。全球权威分析机构英国 CRU 公司就发布 2013 年年度报告，以光缆品牌排名，亨通成为全球第二大光缆生产商。

亨通 2005~2014 年经营指标（亿元）

年度 项目	2005	2006	2007	2008	2009	2010	2011	2012	2013	2014	年复合增长 %
净资产	6.58	10	11.99	12.77	14.68	23.35	25.09	28.15	31.23	45.64	24%
收入	6.89	10.63	11.00	14.38	18.87	51.87	66.89	78.04	85.90	104.71	35.24%
净利润	0.49	0.58	0.98	1.24	2.20	3.01	3.04	3.97	3.27	3.83	25.55%
净资产收益率	7.45%	5.8%	8.17%	9.71%	14.99%	12.89%	12.12%	14.10%	10.47%	7.4%	
管理费占收入比	4.9%	4.9%	4.2%	0.51%	0.69%	5.63%	6.43%	7.39%	7.73%	7.0%	

二、战略布局，快马先鞭

走进亨通，会感到浓郁的市场搏杀气息，亨通给人一种“西部牛仔”形象，这是亨通纤缆产业的前沿阵地，全面理解亨通，需要深入到其深层运作系统，尤其是其战略管理系统。为确保企业持续、快速、健康发展，亨通集团成立了由中国科学院、中国工程院七名院士担纲，包括数十名在企业管理、金融投资、科研开发等领域的著名专家学者组成的亨通集团发展战略委会员，为亨通集团的发展出谋划策、保驾护航，抢占战略制高点。目前看来，这可能是我国企业界最高水准的战略委员会，有可能也是最昂贵的战略委员会，亨通集团对战略的重视程度无以复加。正是在战略的指引下，亨通纤缆产业在生产、研发及国家化方面均走在了行业发展曲线的前面。

（一）快速扩张，先行布局

亨通产能扩张行动快，步子大，在别人踌躇迷茫的时候敢于出手，公司通过直接投资、收购兼并，实现快速扩张，如最初与日本妙香岩合资，引进了大批先进设备，极大地提高了光缆的生产能力，实现了首次规模扩张。1996年收购中邮国浩，并且将该公司的所有进口光缆生产设备搬迁到七都，使亨通的光缆产能跃居全国第七位。2011 年 12 月并购古河电工（西安）光通信有限公司，从而完成在全国光纤光缆研发、制造基地的整体布局。

（二）倾力研发，夯实根基

亨通深知技术创新对企业生存与发展的重要作用，始终将科技研发作为企业发展的关键环节和根基。亨通通过三大战略性措施快速推进研发。

一是与科研院所合作研发。亨通与北京大学、复旦大学、上海大学等科研院所保持着良好的合作关系。在海缆研发生产中，亨通与中国电子科技集团公司 23 所就海洋科学观测网项目进行合作，与 705 所签订战略合作协议，与厦门大学海洋学院就科学观测网的远程供电问题进行交流。在南京邮电大学设立奖学金，支持学生学习深造，吸引优秀毕业生到亨通工作。

二是自主研发。公司创建了国家级企业技术中心、院士工作站、博士后工作站、重点实验室等创新平台，至今累计获国家授权专利 1500 多项，其中，发明专利 120 项，参与国家及行业标准制定 81 项。在光纤光棒、智能电网、海底通信、电力传输等领域拥有核心的研发技术及自主产权。

亨通光纤预制棒的研发成功，显示了其不凡的自主研发实力。2006 年，公司投入 6 亿元研发资金，在 200 多名科研人员连续 1500 个昼夜的奋力攻关下，终于在 2010 年研制出我国的第一根光棒。之后，亨通又继续推动预制棒从 80 毫米向 120 毫米、150 毫米、180 毫米、200 毫米等大口径、大长度方向冲刺，拉丝技术不断取得新的突破。2014 年 12 月，亨通直径 200 毫米、长达 6 米的“光棒”研制成功并全面投产，一举刷新了世界纪录，这也标志着我国“光棒”生产技术水平跻身国际先进行列；同时，亨通抗弯曲“光棒”、低损耗光纤“光棒”、特定海缆“光棒”以及传能光纤“光棒”等研发也在积极推进，其中“长距离低损耗海底光缆用光纤预制棒的研发及产业化”项目 2015 年初取得重大突破，并成功申报省级科技成果转化项目。目前全球仅有少数几家企业掌握这一技术。

三是通过合资合作引进技术。2010 年亨通与美国 OFS 合资成立江苏 OFS 亨通光科技有限公司，总投资 5000 万美元，占地面积约 67000 平方米，依托于 OFS 源于贝尔实验室的“光纤实验室”为技术研发平台，采用世界先进的生产工艺及检测方法，建设全球最大商用光通信研发生产基地，引领世界光通信的发展。2011 年 4 月至 6 月，亨通先后收购了上海宏普技术有限公司及其深圳分公司，完善了整个 ODN 网络，通过快速收购实现了产业链延伸。未来三年，国内 ODN 需求会达到 300 多亿元，这也将给亨通带来爆炸性的市场增长。目前亨通的 ODN 产品已经被华为、中兴广泛采用。

（三）立志高远，转型超越

亨通未来目标一是升级，二是转型。通过特种光棒的研发，升级棒纤缆产业链；通过向综合方案提供商和国际化转型，进一步做大做强。亨通是我国线缆行业第一个实施全面升级转型的企业，所为全面转型，即由“生产型企业向研发生产型企业转型，从产品供应商向系统服务商转型，从本土企业向国际化企业转型”。亨通国际化的目标是 50% 以上的海外销售、50% 以上的海外资本、50% 以上的国际化人才。亨通试图通过转型升级，实现新的超越。

亨通向综合方案提供商转型早已开始布局。2011 年，亨通先后收购上海宏普技术有限公司以及其深圳分公司，完善了整个 ODN 网络；2014 年 12 月，公司先后成立了亨通光网、亨通网智等专业从事宽带接入、智慧城市建设、智能小区建设及服务运维的专业化公司。近期，亨通正策划收购具有设计、施工、监理资质的黑龙江电信国脉通信，从而使公司具备通信网络设计、EPC 工程总包以及提供移动互联网服务的能力，极大地提升公司全方位参与通信基础设施建设的能力。亨通宽带接入市场布局已具雏形。

国际化转型方面，亨通 2000 年就成立了国际业务部，推动国家化工作，2012 年亨通在巴西设立海外第一家工厂，目前海外设立的代表处达 20 多家，已取得多个国家的市场准入认证，已开发众多战略客户（Reliance、TATA、印度电网、True、TOT、ABENGOA、ESKOM、埃及电信、ISA、ENDESA、Light、ELEKTRO 等），通过直接营销、代理渠道、合作开发（华为）、工程总包等形式，产品销售覆盖 110 个国家和地区。此外，亨通拟收购的电信国脉公司，具备国内外重大工程总包和系统集成的实施经验，并曾在埃塞俄比亚、孟加拉、也门、毛里求斯、埃及、坦桑尼亚、尼日利亚、土库曼斯坦等 10 多个国家承接通信设备工程服务项目。通过对电信国脉的收购和对双方资源的整合，亨通将进入通信行业的设计、工程、系统集成和海外 EPC 项目总包领域，从而助推亨通实施国际化战略，建立快速发展海外业务重要基础。

三、集团管控，大道至简

亨通集团管控不落俗套，其“一体化”集团管控模式别具一格。亨通集团是以光电线缆研发制造为主，覆盖地产置业、热电能源、金融服务及对外投资等多元领域的大型企业集团，拥有全资或控股子公司30余家，2014年实现营业收入400多亿元，“十二五”末计划实现营收突破500亿元（高安敏，2012年11月11日）。亨通集团是一家规模较大的集团公司，但经营管控仍然采取单体公司的管控模式，或基本上属于单体公司管控模式，表现在一是集团总公司是战略决策中心、财务中心、人事中心、投资中心，下属企业是执行中心，即使是上市公司也不例外，二级企业的战略决策、中高层人士任免考核、项目投资、经营预算考核等基本上掌握在集团手中；二是不重复设置职能机构，集团战略委员会、薪酬与考核委员会等，同时也是下属企业包括上市公司的工作机构，下属企业行政、财务、人事部经理由集团外派及考核任免，下属企业职能部门实际成了集团职能部门的派出机构。通过上述措施，亨通实现了集团与下属企业“一体化”管控，大幅度提高了决策与执行效率。另外，亨通管理人员也十分精简，目前集团总部职员90余人，作为一家年销售额近500亿元的多元化集团公司，同时承担集团主要管控职能，无疑是精干之至。

亨通以净资产收益率作为核算企业领导人工资与奖金的基准，以收入增长、重点工作推进等综合因素构成的KPI指标作为调节因子，将市场导向落到实处，也体现了大道至简的管理理念。目前亨通规定企业净资产收益率必须达到11%，达到11%标准时，年度工资额就是基本工资乘以KPI指标考核分，如果基本工资为50万元，KPI指标考核结果为100分，年度工资就是50万元；对于净利润超过11%的部分，按5%提取奖励，上不封顶，低于11%的，则要扣工资。亨通集团每年对于科技研发成绩突出的进行奖励，2014年度奖金300多万元，其中亨通光电公司获得奖励66万元。新产品上市连续考核三年，按三年销量和产生效益的一定比例给予奖励。

亨通的长期激励通过任期考核和公司股票实现。高管年度工资奖金只发一半，另一半任期考核结束时发放；2014年4月，亨通通过了奖励基金运用方案，公司每年提取奖励基金并委托苏州信托在二级市场择机买入公司股份，目前一期购买计划已经实施完毕。

四、再造自我，志在涅槃

亨通将来目标是“中国第一，世界领先”，这不仅要超越诸多行业先驱，更需要实现自我超越。近期，亨通相继启动了自我再造工程，一是激励机制优化。2014 年实施了公司股票激励制度，使经营者骨干员工利益与公司长期业绩融合。二是生产与管理流程再造。2015 年 3 月，亨通聘请 BM 公司负责指导实施企业管理信息系统项目（SAP）建设，实现棒纤缆的一体化管理。本次 SAP 一期项目主要涉及亨通光缆、亨通光纤、研发中心，项目总投资 8000 万元，预计在未来的 6 个半月内完成项目建设。三是引进国际化人才。亨通十分重视高端人才引进，2014 年度支付猎头费 400 多万元，目前在任副总王英明、薛梦驰，离任副总尹红兵等技术人才，分别来自大唐电信及烽火通信。2014 年 2 月，亨通聘请北京康宁光缆有限公司技术总监许人东任总工，许人东历任北京 768 厂助理工程师、北京西门子国际交换系统有限公司生产助理经理、北京朗讯科技光缆有限公司研发高级工程师、北京康宁光缆有限公司技术总监，是一位较为资深的国家化科研管理人才。据许人东本人介绍，此次人才引进，是亨通国际化进程的一部分。许人东的引进造成了原副总、总工程师尹红兵辞职，产生了不小的人事震荡。尹红兵原为烽火通信公司副总，2003 年加入亨通，在亨通光纤拉丝等技术创新方面做出过较大贡献，尹红兵辞职对亨通来说是一大损失，处理得当或许能够避免，但自我再造必然会经历摩擦和阵痛。

目前亨通管控机制仍不尽完善；人才结构仍然是生产型企业特征，研发管理及综合研发实力需要较大幅度的提升，研发规模偏小，缺少软件开发板块，对未来信息化、智能化转型形成较大制约；企业文化对国际化高端人才引进的制约需要进一步破除，亨通的超越之路仍很长。（2015 年 6 月）

48

烽火通信——机制改革再燃烽火

一、出身科技名门，嫡传光通绝技

烽火通信科技股份有限公司（简称“烽火通信”）成立于 1999 年 12 月，

由武汉邮电科学研究院为主发起成立，2001 年 7 月向社会公开发售 8000 股普通股，同年 8 月股票在上交所挂牌交易，公司总股本 41000 万股，其中武汉邮电科学研究院持股 28900 万股，持股比例 70.49%，经过增发及转让，目前武汉邮电科学研究院持有 48580 万元，占 48.82%。公司主要经营通信、电子产品、自动化技术与产品的开发、研制与服务。

烽火通信的主要发起人武汉邮电科学研究院是中国光通信的发源地、国家科技部认定的国内光通信领域唯一的“863”计划成果产业化基地和创新型企业，中国的第一根光纤、第一个实用化的光通信工程以及一系列重大科研成果都是在这里研制完成的。烽火通信脱胎于武汉邮电科学研究院，深得中国光通信科学技术之嫡传，可谓中国光通信产业领域的“天之骄子”，继承了邮电科学研究院专注光通信技术发展所培养的专家人才队伍，目前拥有中国工程院院士 1 名，国家级专家 10 人，省部级专家 31 人，享受国家政府特殊津贴专家 60 人。烽火通一直以“光通信专家”定位。

烽火通信是研发型企业，研发人员、研发投入一直占较高的比重。长期以来，公司研发投入一直保持在营业收入的 10% 以上。2011 年，公司员工 1843 人，其中硕士及以上人员占 13.94%，研发人员占 38.52%，生产人员占 34.13，销售人员占 14.16%，行政人员占 13.15%；2014 年，公司员工 9352 人，其中硕士及以上人员占 20%，研发技术人员占 38.2%。截至 2013 年 12 月 31 日，烽火通信在光通信领域累计申请国内外专利 950 多项，牵头制订并发布国际标准 8 项，制定国家及行业标准 240 多项。在光纤光缆领域，牵头制订了 40% 以上的国内标准，位居国内领先地位。同时是多个国际标准组织的成员，在国际标准制订工作中发挥了重要作用。

二、投身市场打拼，改革强身健体

烽火通信成立时，华为、中兴已经十分强盛，1999 年华为营业收入达 120 亿元人民币，员工工资是烽火的 10 倍，员工流失严重，烽火要求生存，必须进行改革，自成立以来，烽火通信进行了一系列的改革，其中较为重要的有以下方面：

一是 2002~2004 年称之为“试水之痛”的改革，建立了基于价值创造的业绩考核体系，确立了市场导向的核心价值观。战略绩效的变革是烽火这一次变革的核心，烽火引入了“开放式考核”，就是说薪酬没有天花板限制，做得多分配的就多，做得少分配的就少。年初，公司根据各单位预算目标分配相应的费用额度（含工资、材料成本等的费用包），如果经营单位业绩预算目标大，分配的费用就多，工资奖金也就多，当让要逐月或逐季度核算，如果实际完成没有达到预算标准，分配的费用就不能用。年终考核，如果没有超过上年指标，对应的费用就要在上年的基础上打个折扣，只有超过上年水平时，所获得费用才有可能跟去年持平，业绩增长越多，奖励比例越大，鼓励增量，鼓励冒尖。

二是2005~2006年的“固本之法”改革，建立了专业技术人员的任职资格体系和经理人竞聘制度，打通了员工职业发展的多维通道。

三是2007~2008年的“健体之路”改革，引进“集成研发”（IPD）和产品生命周期（PLM）管理系统，优化产品研发和产品生命周期管理，从市场成功和财务成功两个维度去筛选研发课题，以市场成功和财务成功作为产品开发的主导，市场和财务目标贯穿于开发团队的构架，项目经理、生产、采购等贯穿于全部过程之中，保证开发有的放矢，缩短研发时间，加快产品上市，提高研发质量和效率。

四是实施股权激励制度。2009年，烽火通信首次试水股权激励，149余名经营者与技术骨干获得公司236万股股票期权，成为国内第一家员工持股的央企控股上市公司。2014年，烽火通信再次实施股权激励，此次规模较大，720名管理层与核心技术人员，以7.15元/股的价格，买入公司2879.5万股股票，总金额近2.06亿元。

三、乘风高翔，使命尚远

我国信息化建设起步于1993年，1994年成立了国家信息化专家组，作为国家信息化建设的决策参谋机构，“九五”期间步入快速发展阶段，2002~2012年，我国光纤销量增加了24倍，年复合增长率达30%。一批企业凭借信息化建设的强劲东风快速崛起，烽火通信同样抓住了这一历史机遇，实现了企业的加快成长，2005~2014年销售收入年复合增长率为24%，净利润年复合增长率为36%，目前行业排名在长飞之后，位居第二，但收入与利润均已超过长飞，未来与长飞的距离有可能进一步拉大。

另一方面，烽火的业绩仍难言靓丽，其“十二五”目标恐难落地。

一是业绩增长逊色于资源禀赋与行业形势。相对于其资源禀赋来说，烽火通信经营业绩不能算丰厚；相对于行业形势，烽火通信的业绩也难言靓丽；相对其战略目标，烽火仍有较大的距离，烽火计划“十二五”期末年产值达到200亿元，而2014年销售收入仅有107亿元，估计2015年难以翻番，计划目标可能会落空。

二是经营效益没有显著提高。与同行相比，烽火净资产收益率不高，大部分年度处于10%以下；2008年以来增长不大，2012年之后又有所下降。烽火2009年实施首次股权激励，但企业业绩并没因此明显改善，净资产收益率有所增长，但管理费用占销售收入的比重反而增加，而且此后保持增加态势（见下表），有关评论认为，烽火股权激励措施没有起到促进企业发展的作用。

烽火通信经营效益情况表：

项目 \ 年度	2005	2006	2007	2008	2009	2010	2011	2012	2013	2014
总资产增长率	8.5%	2.71%	13.72%	13.72%	28.07%	11.67%	24.72%	24.30%	14.55%	7.49%
主营业务收入增长率	1.16%	22.42%	22.11%	46.02%	36.80%	21.25%	24.07%	16.03%	11.32%	17.70%
净资产收益率	1.56%	2.29%	4.59%	7.32%	9.71%	11.27%	12.07%	10.87%	9.53%	9.23%
净资产收益率增长率	2.63%	94.10%	143.67%	41.21%	14.71%	21.20%	7.10%	-19.67%	6.38%	-11.29%
管理费用 / 主营收入	10.57%	11.50%	10.99%	10.61%	11.63%	11.89%	11.74%	11.78%	12.89%	12.72%

四、胸中有高标，改革需深化

烽火已完成“棒、纤、缆”产业链闭合，下一步战略是巩固闭环，开发高性能、高附加值产品，同时向信息化解决方案业务转型。烽火将进一步强化研发创新，致力于下一代高速光传输技术研究和开发，烽火率先推出400G解决方案，并于2012年发布样机，目前IEEE已经确认将400GE作为下一代路由器光传输接口。从2013年至今三大运营商100GDWDM/OTN集采中，烽火屡次成功中标，技术排名稳居前二，是处于第一阵营的设备厂商。

烽火向“信息化解决方案专家”转型有四大方向：

一是终端设备，包括智能网关、机顶盒等，烽火智能网关不仅在国内市场广泛应用，在中国联通和中国电信2013年的家庭网关集采中中标份额均排名第一，还多次在跨国主流运营商的全球集采中中标，规模已打进南美、欧洲、东南亚等广阔市场。统计数据显示，目前为止烽火通信家庭网关在全球已累计出货2000多万台；烽火通信在全球的商用规模已经超过600万端，在中国联通、中国电信的集采中，排名稳居前二位。

二是智能专网。2011年初，烽火通信设立了行业网营销中心，聚焦行业网市场，销售收入每年都增长50%以上，凭借在轨道交通、电力网等领域的创新成果与持续努力，目前该业务板块销售规模迅速突破10亿元，占公司总收入的比重也超过了10%。烽火通信在智慧社区解决方案——驻地网合作中创造了全新的业务模式。烽火通信出资完成驻地网项目建设，运营商负责市场营销和业务发展；结算方式是运营商获取经营收入之后按照约定分期付款，烽火获得约定的收益额度之后，资产归属运营商。这样一来，运营商前期投资较少，便于加速占有市场；同时，通过运营商收入支付建设款可以有效缓解资金压力；合作完成后资产归属运营商可以获取后续长期收益。该模式在项目实施中较为顺利。

三是网络安全。2014年11月，烽火通信收购了“烽火星空”全部股权。烽火星空主要从事网络安全软件开发和应用服务。收购之后，烽火在软件领域实力大增，为各行业信息化提供整体解决方案并使网络安全保障的能力进一步增强。

四是云计算。2015年4月25日，烽火通信南京开发区云计算重大项目签约仪式在南京国际博览中心隆重举行。烽火通信云计算项目总投资逾7亿元，用以建设国内领先的云计算及云服务中心。项目投入运营后将专注于为客户挖掘大数据时代的业务增值潜力，可以为广大客户提供领先的云计算业务、数据处理、存储服务、IDC基础等业务。

烽火通信的转型方向契合了时代潮流，并开始了紧锣密鼓的措施部署和行动落实，烽火“开放式考核”“双向通道制度”“集成研发”等一系列改革，释放了企业活力，随着第二次股权激励方案的实施，员工的积极性进一步提升，公司发展有望步入一个新的台阶。

烽火通信下一步的成就，仍取决于能否进一步深化改革。烽火第一次股权激励没能起到明显的效果，有关分析认为是由于激励的力度不够，股权激励应该达到多大规模，操作上难以把握；高科技企业投资的特点是规模大、跨周期、不确定性高，投资与收益存在较长的时期错位，有的甚至 10 年、20 年，需要特有的风险防范、成本承担与利益驱动机制；高科技企业需要“三高人才”，企业运转需要“三高机制”，目前华为的运转依靠的是全球范围内“百万年薪量级”至“数千万年薪量级”人才的推动和支撑，烽火依靠的是中国范围内“百万年薪量级”及以下人才的推动和支撑，其动力差距十分巨大，逆转“孔雀东南飞”趋势，形成人才高地，烽火需要有更大的胸怀与气魄；股权激励终难补就更不能代替产权机制，混合所有制改革是否是出路？诸如此类问题需要烽火积极探讨并加以解决。烽火未来发展的高度取决于其改革与创新的深度。（2015 年 6 月）

49

长飞再起飞

一、凭借成熟技术，领跑光通信产业

（一）荷兰技术嫁接中国动力。武汉长飞公司于 1988 年成立，在中国邮电部及武汉市政府的参与及支持下，由武汉长江通信产业集团股份有限公司（现为“长江通信”）、武汉市信托投资公司、荷兰飞利浦公司共同投资创建，注册资本 2900 万元荷兰盾，后经数次增资扩股，飞利浦股权转让退出及央企股权划转，股东变为中国华信邮电经济开发中心（简称“中国华信”）、德拉克及长江通信三家，其中中国华信与德拉克分别持股 37.5%，长江通信持股 25%。2014 年底长飞公开发行股票并在香港上市，股票增发后，公司注册资本 6.39 亿元人民币，中国华信持股与德拉克分别持股 28.12%，中国华信与长江通信持股中资公司合计持股 46.88%，新发新认购股东持股 25%。

中国华信1993年成立，原为中国邮电部直属企业，现为中国国新控股有限责任公司下属企业，中国华信是中国信息产业领域对外合作和科技创新的重要投资运作平台，旗下有上海贝尔股份有限公司、长飞光纤光缆股份有限公司、上海富欣通信技术发展有限公司、中盈优创资讯科技有限公司、上海华信富欣科技网络有限公司，业务涉及光通信、系统与软件、企业网络、云计算与智慧城市等领域。中国华信的战略发展以通信解决方案，光通信，系统与软件三大业务板块为核心优势。同时，加速企业网络和云计算，智慧城市两大新兴业务在全球市场的拓展。

德拉克为意大利米兰证交所上市公司普睿司曼三级企业，普睿司曼为欧洲最大光纤光缆企业，主要产品有光纤预制棒、光纤、光缆、铜缆及连线等。

长江通信现为武汉烽火科技集团有限公司下属企业（持股28.63%），主要从事通信、半导体照明及显示等高科技产品的投资、研发、制造和销售，产品包括光传输设备、接入网设备、光纤光缆、无线通信系统与设备、基站射频电缆、数字视频设备、通信设备精密结构产品、光存储产品以及相关软件等，并从事通信、信息系统的集成和技术服务。目前正在介入北斗导航应用领域。

我国信息化建设起步于1993年，1994年成立了国家信息化专家组，作为国家信息化建设的决策参谋机构，“九五”期间步入快速发展阶段。长飞是我国光通信领域的先行者，成立时即获得了飞利浦公司光纤制棒技术使用权，后来又获得德拉克PCVD制棒工艺授权，在国内生产光纤预制棒，在国内有关管理机关及企业界尚处于光通信启蒙阶段的时候，以大幅度的超前步伐，登上光通信产业发展的舞台，对我国光通信产业发展具有极大地启迪和引领作用。

（二）自主研发平台逐步建立完善。长飞光纤光缆制备技术国家重点实验室，是国家科技部于2010年12月批准部署、由湖北省科技厅主管、依托长飞光纤光缆股份有限公司建设的、光纤光缆行业内唯一的企业国家重点实验室，2013年通过国家科技部建设验收。

实验室以应用基础研究、关键技术研究和共性技术研究为主要研究重点，以解决预制棒、光纤（含特纤）、光缆及其制造设备、应用与检测等光纤光缆制备技术问题为主要研究内容，设立了光纤技术、光缆技术、设备技术、光纤应用技术和检测技术的5个研究室或中心。

实验室现有固定研究人员100余人，含博士15位，硕士58位；实验室建设面积7000多平方米；建立健全了预制棒技术、光纤技术（含特纤）、光缆技术、检测技术等多个科研创新平台。

公司研发投入占收入比保持在4%以上，截至2013年12月31日，长飞获得发明专利75项，4项外观专利，95项实用新型专利。2014年上半年申请国内专利51项，申请国际专利26项。

二、二十六年发展，业绩斐然

（一）龙头地位无以取代。长飞是当今中国产品规格最齐全、生产技术最先进、生产规模最大的光纤光缆专业制造和研究开发的企业公司。主要产品包括：光纤预制棒、光纤及光缆，以及特种光纤及光缆、特种集成系统等，其中预制棒占中国市场的37%，占世界市场的19%；光纤占中国市场的25%，占世界市场的13%；光缆占中国市场的16%，占世界市场的8%。2013年生产光纤预制棒2892.4万芯公里，生产光纤2962.5万芯公里。长飞在我国纤缆行业的龙头地位短时间内没有企业能够取代。

（三）以棒为主，赢得高额利润。长飞主要产品为预制棒、光纤、光缆，其中预制棒与光纤销售额占公司销售总额的约60%，光缆占35%。产品主要销售市场在国内，2014年度国内销售收入为52.79亿元，同比增长17.75%，占全部销售的93%；国外销售3.98亿元，同比增长16%，占全部销售额的7%。

表一：2014年度收入构成表（亿元）

	预制棒与光纤	光缆	其他	国内	国外
收入	32.3	19.87	4.6	52.79	3.98
同比增长	18.65	9.55	60.5%	17.75%	16%
占比	56.9%	35%	8.1%	93%	7%

长飞依靠预制棒技术，不仅赢得了诸多对政府、运营商乃至同行业企业的话语权，也赢得了市场竞争的主动权。近年来，长飞经营业绩保持平稳增长。2014年，长飞实现营业收入56.77亿元，同比增长17.6%，实现净利润4.66亿元，同比增长12.3%，净资产收益率为21%；2011~2014年，营业收入及净利润年复合增长率约为11%。净资产收益率长期保持在20%以上，行业内企业难以企及，甚至在房地产界也是凤毛麟角。

表二：长飞营业收入、利润情况表（亿元）

	2011 年	2012 年	2013 年	2014 年	年复合增长
收入	41.75	47.78	48.26	56.77	11%
净利润	3.44	3.65	4.15	4.66	11%
净资产收益率	22.9%	22.1%	25.5%	21%	
管理费用占收入比	9.0%	9.0%	9.1%	9.0%	

三、未来成长需要突破战略与文化制约

（一）全产业链与国际化是未来方向。公司将通过大力提升研发实力，推进全产业链、多工艺路线、国际化和多元化的发展战略，将长飞打造成全球研发中心、营销中心、制造中心、咨询和服务中心，形成与国际一流企业相竞争的能力，实现可持续发展。

2013 年 12 月，长飞公司与台湾威盛电子共同投资 3.25 亿元，组建长芯盛（武汉）科技有限公司（长飞占股 69.23%），生产有源光缆。有源光缆是指通信过程中需要借助外部能源，将电信号转换成光信号，或将光信号转换成电信号的通信线缆，光缆两端的光收发器提供光电转换以及光传输功能。相较于传统线缆，有源光缆具有传输速率高、传输距离长、能耗低、使用方便等诸多优点，能够帮助通信设备享受到光传输的巨大优势，是数据中心、消费电子等领域理想的传输线缆。

2015 年 3 月 26 日下午（美国西部时间），在第 40 届美国光纤通信展览会及研讨会（OFC）上，长飞发布了最新研发成功的全贝 ® 超强（FullBand ® Ultra）G.652 光纤和远贝 ® 超强（FarBand ® Ultra）G.654 光纤。这两种新型光纤均采用了长飞公司的纯硅芯技术和下陷包层技术，具有超低衰减和弯曲不敏感性能。低衰减、抗弯曲和大有效面积是目前通信单模光纤的主流发展趋势，长飞两款新的光纤产品引领了这一潮流，为现网及未来 400Gb/s 及以上光纤传输网络提供了光纤解决方案。长飞公司已成为世界屈指可数、国内首家掌握超低衰减光纤技术的企业，迈入了光纤技术全球领先者的行列。

长飞国际化起步较晚，但行动较快，至 2014 年底，长飞在国外建立了 8 个代表处。2014 年 12 月，长飞在缅甸注册成立合资公司，合作双方占股 50%

股权；2015 年 1 月，在印尼注册成立合资公司，占股 70%，进行光纤制造、销售及相关业务。2015 年，长飞将尽快完成缅甸和印尼合资公司的筹建工作，同时，长飞还将在非洲建立合资企业，在中国西部建厂，通过“丝绸之路”，将产品打入中东和欧洲市场，开设更多的海外办事处，进一步扩大海外销售网络。

（二）最大制约在于股东战略与企业文化。长飞进一步做大做强，其品牌、技术及管理等优势能够提供一定的支撑，但也存在诸多不足。

一是产品较为单一。公司主要产品为预制棒、光纤、光缆，其中预制棒占国内市场 37% 的份额，进一步扩大份额的空间不大，产品单一制约了长飞的做大做强。

二是股东战略定位对公司制约战略选择。长飞主要股东为中国华信、德拉克及长江通信，均于长飞存在较大的同业竞争关系。第一大股东中国华信业务涉及光通信、系统与软件、企业网络与云计算、智慧城市等领域，限制了长飞的转型空间；德拉克母公司普睿司曼是欧洲最大光纤光缆企业，限制了长飞国际化发展空间，根据长飞与德拉克的协议，若是德拉克持有长飞股票在 20% 以上，长飞国际市场空间则限制在亚洲与非洲，欧洲与美洲归德拉克及普睿司曼。长江通信为烽火科技集团属下上市公司，其产品涵盖光传输设备、接入网设备、光纤光缆、无线通信系统与设备、基站射频电缆、数字视频设备等，对长飞的战略选择也有较大的制约。

三是稳健专注型文化不利于转型与快速发展。由于长期依托既有技术优势在相对较窄的行业通道上运营，加之利润率较高，公司形成了较为稳健与专注的企业文化，视野有所局限，没有转型与快速发展的急迫感，上市融资就显得没有必要，因而公司于 2014 年底才登陆香港证券市场。2011 年以来营收及净利润增长率为 11%，低于我国行业水平。

（三）战略空间不足，转型需要更大突破。长飞做全产业链，巩固龙头地位有其必然性。光纤光缆市场未来仍有较大的增长空间，长飞自身具有进一步完善产业链的优势和潜力，股权结构所形成的政治与产业生态制约了长飞的其他选项，稳健专注的企业文化引导长飞进一步巩固其行业龙头地位。因此，长飞实施沿着现有产业链延伸的战略势所必然，较大幅度的转型发展的可能性较小。

由于长飞产业研发基础较为雄厚，中国市场规模巨大，接近世界市场规模的 50%，作为中国市场的龙头，长飞在纤缆板块超越康宁的战略目标有把握实现。

由于纤缆行业市场规模较为有限，沿着既定行业领域发展的空间不会太大，假设长飞产业规模能够扩大一倍，收入将达到百亿，利润近十亿，但与相对多元发展企业的距离有可能会拉大。因此，长飞做全产业链及国际化转型的战略空间相对不足，需要开辟更大的发展空间。

从市场形势、企业自身发展需要等情况来看，长飞需要更大的市场空间，需要进行相对多元化转型，如何突破上述股权掣肘及文化制约，是急需破解的重大课题。长飞目前采用 PCVD 工艺制造光棒，今后将致力于掌握其他两种主流光棒制备工艺，可能是其突破股东制约的战略措施之一。（2015年6月）

50

硅谷创客

一、硅谷改变世界

硅谷是指北起旧金山南到圣克鲁斯（San Cruz）之间的狭长地带，总面积约 3800 平方公里，核心地带南北长约 50 公里，宽约 16 公里，面积约 800 平方公里，以圣何塞（San Jose）为中心，包括几个县和几十个很小的城市，总体人口大约是 450 万 ~600 万。硅谷于 20 世纪 60 年代随着微电子技术高速发展而逐步形成，因当地企业多与高纯度硅制造的半导体和计算机有关而得名。

硅谷开启并主导了现代信息产业革命。1955 年，诺贝尔物理学奖得主，“晶体管之父”威廉·肖克利（William Shockley）带着他的晶体管发明回到老家圣克拉拉谷，很多东部的人才纷纷前往硅谷，投奔到 Shockley 的实验室，不久，他的八名核心骨干离职并联合创办了一家名为“仙童”的半导体公司，后这八人又离开“仙童”公司各自创办了几家公司，其中“集成电路之父”罗伯特·诺伊斯（Robert Noyce）和摩尔定律的提出者戈登·摩尔（Gordon Moore）

联合创立了英特尔公司（Intel）。1971 年，英特尔创造出世界第一款包括运算器、控制器在内的可编程运算芯片（又称微处理器、集成电路），为信息技术发展奠基，微电子与信息技术由此走上了突飞猛进的发展之路。硅谷迅速成为微电子信息技术与产业的聚集地，以高技术中小公司群为基础，并拥有思科、英特尔、惠普、朗讯、苹果等大公司，融科学、技术、生产为一体，成为第三次工业革命的重要发源地，开启并主导了人类社会现代信息产业革命。

硅谷开创了人类社会新经济时代。据有关统计，硅谷地区占美国人口不到 2%，有效面积占美国千分之一到千分之二之间，但创造了美国差不多 4%~5% 的 GDP，对美国经济发展的贡献极为突出。其实，硅谷的伟大贡献远不止于此，而是开创了人类社会的新经济时代。新经济是指信息技术（IT）革命以及由信息技术革命带动的、以高新科技产业为龙头的经济。新经济是信息化带来的经济文化成果，具有低失业、低通货膨胀、低财政赤字、高增长的特点。这一新的经济发展模式将人类社会带向了新的更高程度的繁荣，并将进一步推动人类社会的快速发展。20 世纪 80 年代中期以来，随着信息技术及其产业的发展，信息技术逐步渗透生产、生活等社会各领域，经济结构、社会组织结构、生产效率获得大幅改善，经济高速增长。1990~1999 年，美国信息技术产业国内总收入从 3300 亿美元增长到 7290 亿美元，平均每年增长 10.4%，大大高于经济总量增长速度，占经济的比重由 5.5%上升到 8.2%。1995~1999 年，美国 GDP 年均增长速度为 3.8%，计算机、软件和电讯产业对 GDP 增长的贡献为 0.87 个百分点，约占 23%。信息技术同样推动了世界经济的快速发展。20 世纪 90 年代后期，世界经济的年均增长率在 3% 左右，而信息技术及相关产业的增长速度是经济增长速度的 2 到 3 倍。1998 年信息技术和信息产业对世界经济增长的贡献率为 14.7%，考虑到产品和服务价值下降因素，实际贡献率超过 25%。

硅谷是第四次工业革命的旗舰。硅谷一直以来在科技创新方面独领风骚。根据《硅谷指数》，1996~2006 年，硅谷地区注册专利数占加州的比重从 35% 上升到 46.8%，占全美国的比例从 8% 上升到 11.6%。2007 年，第一发明人在硅谷注册的专利，占加州注册专利的 50%，占全美的 12%，注册专利前十位的城市，有一半是硅谷地区的城市。一直以来，硅谷创新先行优势有增无减，2013 年，硅谷专利占加州的比例上升到 52.3%，占美国的比例上升到

13.8%。当前，硅谷科技创新方向集中在以下5个领域，一是新芯片与生物模拟。如通过模拟嗅觉和味觉分子结构来获取相应的生物化学信息，并据此判断对人们的影响。二是人工智能与服务机器人。硅谷生产的Knightscope安保机器人就是典型代表，它可以自动巡逻，通过丰富的传感器捕捉现场环境实时信息，然后再经过预测分析引擎结合商业、政府、众包社交数据集等进行相关性处理，从而判断是否在现场环境中存在问题或威胁。三是纳米技术、新材料与新能源。IBM就在2014年7月宣布将于未来5年投资30亿美元开发7nm芯片。四是虚拟现实、增强现实与新社交。美国科技网站Techcrunch预测，到2020年全球增强现实和虚拟现实的市场规模将达到1500亿美元。这就意味着2016年是虚拟现实与增强现实加速发力的一年。五是新软件与新IT，这种具有高度智能和智慧的软件体系，能够在自动化管理系统的基础上，用算法去优化算法、用机器学习去优化机器学习，从而达到软件的自我进化和高度的机器自治。

显而易见，硅谷正在迎来第四次工业革命的黎明。正如美国国家航空航天局宇航员Yvonne Cagle近期在谷歌和硅谷创投平台F50举办的Founder World 2015上说："硅谷现在所发生的一切，让我相信人类的那一大步飞跃其实近在咫尺。"

二、创客轻骑兵

硅谷是创客云集的世界。在硅谷，没有制造业，没有工厂，几乎所有的企业都是在从事科技研发、科技产品创新，或者为创客企业提供金融、法律、广告等方面的服务。创客是科技探险征途上的轻骑兵，身怀绝技，轻车简从，千里疾行，攻关斩隘。创客企业在股权结构、组织制度、运作机制、盈利模式等方面与传统制造企业相比均有极大的不同。

首先，创客企业在规模上一般比较小。硅谷虽然有惠普、网景、英特尔、苹果、太阳微系统等在世界领先的大公司，但大部分是小企业。有关研究显示，"20世纪80年代，硅谷约有3000家电子公司，员工人数超过1000名的公司只占2%，85%的公司的员工少于50名，70%的公司只有1至10名员工，截至1999年3月，人员不超过50人的公司占科技公司的80%，约有4800家"（罗良忠、史占中，当代经济，2003年第3期）。即使像谷歌这样的大公司，也总是通过不断的变革来保持组织柔性和创新活力，保持自身的创客特质。谷歌于美国时间 2015 年 8 月 13 日成立一家名为 Alphabet 的“伞形公司”（Umbrella Company），把旗下搜索、YouTube、其他网络子公司与研发投资部门分离开来，独立运作。Alphabet 旗下包括谷歌及一系列子公司，除了谷歌，还包括谷歌风投、谷歌资本、谷歌实验室 Google X 和 Nest 以及健保业务如 Life Sciences 和 Calico 等。谷歌重组的目的是打破组织刚性，化小组织规模，激发活力，向新的目标重新进发。正如谷歌 2013 年创始人公开信中所言：“有一只小而专注的团队，用不寻常的办法从基础做起，成就一番事业，这种感觉非常了不起。然而随着时间流逝，我意识到让团队斗志昂扬、充满干劲是件非常难的事情，因为大多数人接受的不是这种“登月”式的教育。他们倾向于假设事情是不可能的，或是会被失败吓倒。这就是我们为什么要投入如此多的精力，在谷歌招聘独立思考的人，并设定宏大的目标。”谷歌的团队工作模式是：针对不同的工作任务，组建项目团队，且保持小团队工作，谷歌内部有两个“披萨原则”，即团队规模不能多到两个披萨还吃不饱。

其次是组织结构简单。创客企业一般专注于某项技术产品、服务，公司主要人员集中在技术产品开发与市场开拓上，没有复杂的组织架构，也没有庞杂的管理制度。如硅谷某家创业企业，目前已经过 5 轮融资，员工增加到 200 多人，其中工程师 100 多人，市场开拓人员 100 多人，其他不足 20 人。

第三是人才为本。谷歌创始人谢尔盖·布林曾经说过：“我们公司的创造力就是我们的员工。我们以后如果遇到瓶颈，那一定是我们没能以足够快的速度雇到最聪明、最能干的员工。所以，我们必须要对员工负责，让他们长期留在公司，为公司服务。”创客企业以人才为本，工程师不仅薪酬较高，而且一般都根据工作年限，分享公司的股权。另外福利待遇比较优厚，如谷歌员工享受免费三餐、免费洗衣、免费医疗与牙齿护理、免费班车接送等。在公司里，员工可以进行按摩，马桶是有 6 档温度可调节，自动清洗、烘干、冲厕，无需使用卫生纸。创客公司都具有较为宽松、平等的企业文化，有人称之为“工程师”文化，体现了对人才的充分尊重。谷歌因执着于技术创新，一直保持着较强的“工程师文化”，实施组织扁平化，坚持工程师与总裁之间层级不超过三层，维护工程的自主与自由，为鼓励创新，谷歌每周给员工一天的时间做自己感兴趣的工作。谷歌营造了一种校园文化，打破了工作与休闲的界限，员工随便着装，带着宠物狗上班，Google 总部有足球、排球、篮球、溜冰鞋，装饰的五彩斑斓的厨房里存放了大量的免费点心和饮料。本次谷歌重组，有专家解读为“摒弃集中式功能架构 转向工程师自治架构”。小型创客企业更没有什么层级可言，如上述已过 5 轮融资的创客企业，创始人仍与工程师一起从事编程工作。多数创客企业都实行了灵活的工作制度，如早上 9 点到 10 点半之间上班，下午 4 点半到 6 点下班，有时还可申请在家上班，等等。

第四是创客主导。创客企业颠覆了人力资本与物质资本的关系，人力资本所有者成为企业的主导者，是企业的灵魂。创客企业开展运作和实现发展，必须获得创业资本的投入。一般情况，一家成功的公司上市前，可能需要经历四到五轮融资。第一轮即种子轮，主要由天使出资，规模从 50 万美元到 200 万美元不等，公司则出让 10% 到 20% 股份。然后是新一轮融资，早期风投会投资 500 万美元到 1000 万美元，占公司 20% 到 30% 股权。到公司上市时，创始人股权最终可能只剩下 30% 左右，创业资本持股 60%，员工持股 10% 左右。然而无论是天使投资者还是风险投资者，他们一般只起到战略咨询与支持的作用，绝不会取代创客，主导公司运作。即使创客公司成功上市，企业依然由创客来主导，否则就有可能失去活力，特别是创业者退休，能否由年轻创客即企业家接棒，是公司持续发展的关键。

三、龙飞凤舞地

硅谷是制造传奇的地方，半个世纪以来，这里连续上演着创新神话，成就了众多伟大梦想。目前，硅谷创新浪潮更加高涨，大批高科技创新性企业云集硅谷，每年约 4 万至 5 万新创企业诞生，特别是 20 世纪 90 年代以来，硅谷每隔 5 年左右就会出现一个从创业发展到改变世界的高技术大公司。科技企业巨人荟萃，英特尔、谷歌、苹果、雅虎、Facebook、Uber、Airbnb、Dropbox、Pinterest、Square 等等，估值达到 100 亿美金的世界前二十大创业公司中，超过八成来自硅谷。

世界各国政要、企业家、学者纷纷到硅谷拜访、学习、投资创业，以图揭开硅谷之谜，或借硅谷之势，取硅谷之经，实现创新腾飞之梦想。2015 年 5 月 1 日，日本首相安倍晋三出席斯坦福大学举办的公开研讨会，表示为推动技术革新将启动扶持项目，在今后 5 年内选出 200 家拥有卓越技术实力的日本中小企业或初创企业，帮助其进军 IT 产业集中地硅谷。2015 年 9 月 23 日，习近平主席造访微软总部，与美国包括硅谷在内的多家科技精英和企业家进行座谈，增进两国科技企业界的互动交流。近年来，中国科技公司百度、阿里、腾讯、小米、乐视、联想、猎豹等大举在硅谷投资。阿里投资了美国租车应用 lyft、聊天软件 Tango 和电商 Jet.com 等；腾讯投资了一大批美国的游戏公司以及一些新兴行业的科技应用，如美国世界景观公司开发的太空旅游项目；百度则于 2014 年底投资了打车软件 Uber（优步）。

2015 年 9 月 26 日和 27 日，印度总理莫迪访问硅谷，与美国多位科技企业领袖举行会谈，邀请他们到印度投资，随后，Google 在 28 日宣布已经与网络服务商 RailTel 和印度铁路局达成合作，将在印度 400 个火车站提供免费的高速 Wi-Fi。项目预计在 2016 年底之前会首先覆盖印度最忙的 100 个火车站。微软 CEO Nadella 承诺将帮助印度政府在农村进行无线网络的建设，高通承诺将拿出 1.5 亿美元用于投资印度的创业公司。在更早一点时间，Amazon 已经宣布 20 亿美元投资印度市场。

世界各地大小模仿硅谷的科技园区为数不少，但成功者不多。有关研究认为，硅谷传奇的根源一是良好的气候条件。一年 365 天有 300 天是大太阳天，而且温度不高不低，四季如春。二是科技资源优势。硅谷有 30 所高校，并有斯坦福大学、加州大学伯克利分校、圣克拉拉大学等世界一流大学为其培养人才。斯坦福大学是硅谷创客的摇篮，并为硅谷提供了源源不断的前沿科技与创新人才。1959 年，斯坦福大学工程学院院长特曼（Frederick Terman）将 1000 英亩土地以极低廉、只具象征性的租金，长期租给工商业界或毕业校友设立公司，再由他们与学校合作，提供各种研究项目和学生实习机会。这一决定不仅奠定了硅谷的基础，也彻底改变了斯坦福大学的格局。硅谷还拥有数千家研发机构和企业培训机构，这些高校和培训机构向硅谷源源不断地输送人才。三是硅谷的人才素质很高。硅谷吸引了世界上近四分之一的诺贝尔奖奖金获得者、近千名科学院和工程院院士前来工作。总体上，约 45% 的硅谷人口至少拥有学士学位，近 20% 的硅谷人持有研究生学位。硅谷吸引着来自全球的人才，逾 60% 在硅谷科技和工程领域工作的毕业生出生于美国本土以外。四是成熟的风险投资体系。1968 年首个旧金山湾区天使基金成立，1979 年以利润为导向的风投业诞生，之后快速发展，目前发生在硅谷的风投金额已占美国风投总额的40%以上。赫赫有名的硅谷沙丘路（Sandhill Road）被认为是资本圣地。五是知识产权制度。硅谷十分重视知识产权，尊重人的知识与创造性，尊重人才的价值。在硅谷，几乎所有的公司都实行员工持股制度，股票期权奖励是硅谷创业公司能够吸引到顶级人才、并迅速发展壮大的重要机制，这也造就了独特的硅谷式价值观。直到今天，在硅谷，仍有许多人想要离开Google、Facebook、Microsoft和Yahoo，加入到10人以下的创业公司。但有人指出，世界上气候好的地方不止硅谷，比硅谷大学多的地方不在少数，如波士顿地区有58所大学院校，风投也不是起源于硅谷。所以，硅谷崛起的真正秘密应该是文化。如宽容失败，宽容叛逆，标新立异，追求卓越，拒绝平庸。在硅谷，模仿是很可耻的一件事，而市场通行的规律又是赢者通吃，所以你必须做到数一数二。

其实，上述因素都是硅谷腾飞的重要因素，但单独来说都不是决定因素。从历史演进过程来看，良好的气候，斯坦福大学的支持与帮助，加之斯坦福开放、自由与平等的文化，无疑对硅谷的形成起到了不可或缺的作用，促成了硅谷创客的率先起步，获得了先行优势。在这种优势的作用下，硅谷逐步吸引了大批高端人才和创投基金，形成了独特的企业运作机制和创客文化。广义而言，硅谷持续走强在于其独特的文化，如今，如果你在硅谷西装革履，就是硅谷的异类，如果企业没有员工持股，就难以聚集高端人才，也会被硅谷人所诟病。各种有利因素叠加，形成了一种鼓励创新、推动创新的特殊社会结构和社会运作模式，硅谷由此成为创新圣地。

四、让世界更美好

硅谷创客摘星揽月的壮举实为高山仰止，然而其伟大的精神追求更引人入胜。正如“风险投资之王”约翰·杜尔所言：“硅谷是一种思维状态”，它混合了大胆梦想、竭力创造、不畏失败、燃烧青春等诸多元素。一旦你在精神层面触及了硅谷的本质，无论是在硅谷，还是在北京、特拉维夫或班加罗尔，你都会从中获得给养。

硅谷人的精神追求可以分为两个层面，一是追求自由，摆脱不利的社会文化约束，来到这片自由的天地，从事自己喜爱的事业，展现自我，甚至像神一样的自由创造；二是希望通过科技革命和技术创造来改变世界，让世界更美好，此为硅谷精神的核心内核。

1885 年，加州铁路大王利兰 · 斯坦福为了缅怀独子（小利兰 · 斯坦福）的早夭，出资 4000 万美元（相当于如今的 10 亿美元）和 8180 公顷的牧场土地，兴建一所“高水平的大学”，以使加州所有的孩子都可以在这里免费接受教育。老斯坦福在大学成立时写下了如下校训：“为培养学生的个人成功和人生的直接有用性，为人类与文明促进公共福利，教授法律规制下的自由，灌输爱以及对于追求生命、自由与幸福不可剥夺的权利的尊重……”。老斯坦福这种人间大爱和进取精神通过斯坦福大学传承和发扬开来，孕育出大批科技精英和企业领导人。

康德说过：“有两种伟大的事物，我们越是经常、越是执着地思考它们，我们心中就越是充满永远新鲜，有增无减的赞叹与敬畏——我们头上的星空，我们心中的道德法则！”这种对道德法则的无比敬畏与对自然界奥秘的执着探究，正是硅谷创科的精神根基和智慧之源。（2015 年 12 月）

51

迪斯尼创意永无眠

一、风雨百年，叶茂花红

华特 · 迪士尼出身贫寒，但却是一位极具艺术创造力的天才，1923 年，他与兄长罗伊 · 迪士尼共同创办迪士尼兄弟工作室（后改为迪斯尼公司），一个世界级娱乐帝国由此滥觞。

迪斯尼创业之路磨难重重。1927 年，迪斯尼公司《幸运兔子奥斯瓦尔多》系列第一部发行并上映，取得了巨大成功，但好景不长，1928 年，发行商凭借对作品版权的控制，又高薪挖走了迪斯尼的核心团队，使迪斯尼公司前功尽弃，重归一无所有。

1937 年 9 月，二次世界大战爆发，动画影视市场严重萎缩，迪斯尼三部动画长片无法收回成本，负债累累，被迫发股融资渡过难关。

1966年12月，华特·迪士尼病故，1971年12月，罗伊·迪士尼辞世，继任者“萧规曹随”，产品开发没有跟上市场需求的变化，业绩大幅下滑。1979年度迪斯尼票房收入仅仅有4030万美元，占好莱坞总票房的4%，降到了10年来的最低点，大批骨干相继离开，股票被恶意收购。最终迪斯尼大股东通过“股份回收”挽救了公司，并改组了公司董事会，聘请帕拉蒙电影公司总经理兼执行副总裁艾斯纳担任迪斯尼公司董事长。

艾斯纳带领迪斯尼成功再造辉煌，但后期过渡自我膨胀，唯我独尊，排除异己，员工感到压力难耐，艾斯纳与人称“动画狂人”的动画部主管卡森伯格的矛盾激化，致使后者另立门户，创立了“梦工厂”公司，直接与迪斯尼竞争；另外，外部合作者皮克斯电脑动画制作公司（乔布斯投资的公司）与其分道扬镳，苹果公司创始人乔布斯以“再也受不了艾斯纳的侮辱了”为由，宣布皮克斯与迪斯尼解除合作。在艺术创作上，艾斯纳也固步自封起来，怠于三维动画的开发，企业利润大幅下滑。2001年第四季度利润只有5.3亿美元，仅为2000年第四季度的22%，公司股票价格下跌40%，并再遭并购噩梦。终于，艾斯纳被罢免，迪斯尼首席运营官艾格升任首席执行官，并开始了一系列新的改革与创新。

渡尽劫波意更坚。迪斯尼没有被挫折与劫难击垮，反而一路向上，成长为世界级企业巨人。当今的迪斯尼主要业务包括娱乐节目制作、主题公园、玩具、图书、电子游戏和传媒网络。旗下有皮克斯动画工作室、惊奇漫画公司、试金石电影公司、米拉麦克斯电影公司、博伟影视公司、好莱坞电影公司、ESPN体育电视网、美国广播公司等影视制作传播公司，并在全球拥有6家大型主题公园。根据财务报表，迪斯尼2015年总收入约合人民币3457.6亿元，超过了腾讯、阿里和百度三家公司（BAT）2015财年总收入之和；净利润约合583.37亿元人民币，相当于阿里巴巴同期的2.39倍。在2008年《商业周刊》的世界100强品牌评选中，迪斯尼排名第9位。

二、创新无限，涤荡乾坤

迪斯尼以艺术创新起家，艺术创新是其制胜法宝。公司虽然曾多次因创新停滞而陷入困境，但每次都能重启创新反败为胜，并将公司推向新的高度。

迪斯尼创始人华特·迪士尼是艺术创新的极客，他凭借天才般创意和顽强毅力开创了动画时代，为迪斯尼娱乐王国奠定了基础，也注入了文化基因。在华特·迪士尼的带领下，迪斯尼公司创造了米老鼠、白雪公主等风靡全球动画影视节目，成功进入真人电影领域；建设了世界第一个现代大型主题乐园——洛杉矶迪斯尼乐园。为了培养创新人才，1932 年，迪斯尼开始在乔纳德艺术学院办培训班，1961 年又在洛杉矶创办加州艺术学院，培养出无数的杰出艺术创作者，其专业艺术家、表演艺术工作者、电影制片、动画制作等创意人才分布在世界各地。华特·迪士尼一生获奖无数，其中包括 29 项奥斯卡金像奖，4 项艾美金像奖和 1 枚总统自由奖章。纽约时报这样评价华特·迪士尼："华特·迪士尼开始时一无所有，仅有的就是一点绘画才能，与所有人的想象所吻合的天赋的想象力，以及百折不挠一定要成功的决心，最后他变成了好莱坞优秀的创业者和全世界最成功的娱乐大王。"

华特·迪士尼与罗伊·迪士尼两位创始人相继去世后，迪斯尼公司一度陷入停滞甚至衰退。1984 年 9 月，艾斯纳上任迪斯尼公司董事长兼总经理，开始了新一轮的改革创新。一是改造了动画部，将创意部门与制作部门分开，并设计了"想象工程师"这一新的职务，专门为动画片设计妙趣横生的情节，重新激活动画创新。二是增加动画影片产品销售渠道，将动画片制作成录像带出售，放大动画创意收益。三是凭借其在派拉蒙电影公司的经验，大力开展真人电影业务，喜剧、冒险、动作、科幻等一系列影片连创佳绩，使迪斯尼由过去的二流公司晋升为好莱坞八大电影公司之首。四是大举兼并收购，1995 年收购美国广播电视网，2001 年收购福克斯全球家庭娱乐频道，使迪斯尼形成了由有线电视、广播电视、关联性媒体产品三部分组成的媒体网络业务，成为迪斯尼公司的四大支柱业务之一。五是改革影视衍生品授权运营商业模式，清理授权渠道，实施分类经营，收紧授权额度，严把产品质量，收益成倍增加。在艾斯纳的带领下，迪斯尼公司创造了新的辉煌，1984 年爱纳斯上任，迪斯尼营收为 16 亿美元，利润为 1 亿美元。2004 年离任时，公司收入达到 300 亿美元，利润达到 45 亿美元，公司股价 1984 年为每股 1.33 美元，2004 年为每股 25 美元。艾斯纳因此被人们称为"华特·迪士尼再世"。

巨大的成功使艾斯纳本来就十分独断的性格日益膨胀，企业管理日趋僵化，合作伙伴风道扬镳，企业陷入低谷，艾斯纳也因此倒台。2005 年 3 月，迪士尼原首席运营官艾格升任首席执行官。艾格上任之后立即纠正了艾斯纳的错误，并着手展开业务创新。一是与乔布斯会面，恢复与皮克斯公司合作。二是顺应互联网时代潮流，开展在线销售，与苹果电脑公司签署协议，同意消费者通过苹果电脑下载迪士尼影片，此外还与“美国在线”“康卡斯特有线电视公司”“雅虎公司”等传媒大亨在内容分销方面达成协议。三是收购皮克斯公司，使迪斯尼艺术创意与皮克斯公司制作技术完美结合。四是开展内容创新，故事情节、人物形象突破原有的套路，题材更加多元，增多了诙谐、叛逆、甚至搞怪的元素，一种“改良的迪斯尼风格”在 3D 动画大片烽烟四起的当下，带给人们久违的感动与怀念。

基于创意的艺术创新开辟了迪斯尼成功之路，支撑了迪斯尼帝国大厦。2015 年迪斯尼收入 3467.6 亿元人民币，其中电视和网络业务收入占比超过 44%，主题公园与度假村占比约 30%，电影和娱乐占比约 14%，衍生消费品等业务占比 12%。电影娱乐虽然占比只有 14%，可它却是迪斯尼整个业务的种子和基石，迪斯尼凭借精湛的创造力，不断创造出精彩绝伦、引人入胜的艺术作品，在赢得丰厚收益的同时，也树立了公司的品牌，形成与积淀了无比宝贵的知识产权，迪斯尼的其他业务收入，都是以其知识产权为基础，由其知识产权衍生而来。

三、中原逐鹿，谁与争锋

1999 年 2 月，迪士尼进入中国，随后其他娱乐公司也纷纷开辟中国市场。2012 年 2 月，美国“梦工厂”与华人文化合作建立“东方梦工厂”，进军动画技术研发、动画影视制作、数码游戏、主题乐园等领域。2014 年 3 月，美国梦工厂、华人文化及香港兰桂坊集团联合在上海打造“梦中心”。2015 年 1 月 6 日，北京环球影城奠基，项目规划用地 4 平方公里，总建筑面积约 202 万平方米，总投资额约 500 亿元。2015 年 9 月 28 日下午，美国六旗娱乐集团与山水文园合作，总投资 300 亿元，打造浙江海盐山水六旗国际度假区。伦敦当地时间 2015 年 10 月 21 日上午，英国现场娱乐集团——默林娱乐与中国华人文化产业投资基金成立合资公司，着手在上海及周边地区开发家庭娱乐主题乐园——“乐高乐园”，并进一步在全国范围内开发一系列中小型室内外现场娱乐及主题公园项目。

面对迪斯尼等外国娱乐公司的竞争，国内企业提出了不同的措施。华侨城、万达提出以主题公园规模取胜。2014 年 3 月 14 日，华侨城新任总裁侯松荣在 2013 年度业绩发布会上表示，华侨城将利用欢乐谷、东部华侨城、欢乐海岸等多条不同类型的产品线，以及在国内所构建的多点经营格局，以面对点应对迪斯尼（观点地产网，2014 年 3 月 17 日）。2015 年 2 月 10 日，段先念在华侨城年度工作会上首次提出了以“文化产业 + 旅游产业 + 城镇化”模式布局，积极参与中国新型城镇化建设的企业发展战略，丰富了华侨城“旅游 + 地产”模式。2015 年 7 月 22 日至 24 日，首届中国（四川）国际旅游投资大会在成都举行，万达集团创始人、董事长王健林在会上表示：“2020 年，万达旅游业到访人次要达到 2 亿人次，年收入超过 1000 亿元，超越迪斯尼成为世界规模最大旅游企业！”。“万达新的发展定位一是高科技，二是大投入大产出，三是融合，将文化、旅游、商业融合在一起。”（孙永剑，中华工商时报，2015 年 7 月 30 日）。

目前来看，华侨城、万达的迪斯尼之路远未成功，两公司尚无法摆脱对地产的依赖。受国内房地产降温的影响，近年来，华侨城业绩增速下滑，2014 年降为个位数，收入与净利润增幅分别为 9.1% 与 8.31%；2015 年收入增幅再降为 4.94%，净利润则下降 2.80%。万达集团 2015 年收入 2901.6 亿元，其中万达文化集团收入仅 512.8 亿元，且多为院线、发行等渠道收入，尚无自主开发的影视节目问世。依靠大规模主题公园建设不仅难以追赶迪斯尼，而且与迪斯尼背道而驰。

网络影视公司谋划以 IP 为核心构建泛娱乐产业链，打造迪斯尼模式。盛大网络创始人陈天桥描绘了一幅“网络迪士尼”的蓝图：“我的目标是把盛大打造成一个互动娱乐媒体公司，就像迪士尼那样多元化的媒体帝国”（田昌宇，商界评论，2014 年 5 月 30 日）。言犹在耳，盛大网络即已易主。

光线传媒于 2011 年 8 月上市后投资了网游公司、电视剧制作公司、互联网视频公司等项目。2014 年以来，光线传媒进行了一系列并购，开展影视网络生态布局。2016 年 3 月，光线传媒董事长王长田在一次小型媒体见面会上表示，光线在内容方面投资了 50 余家公司，到 2016 年底将达到 80 家。未来光线传媒将是一个公司集群，包括游戏公司、动画公司、互联网视频公司、移动互联网社区类公司、网络文学公司、视频技术公司、主题公园公司等。

2015 年 12 月 22 日，华谊兄弟在海口举办投资者交流会。会上宣布了华谊兄弟三大产业布局，即影视娱乐 +IP 授权与互联网娱乐 + 实景娱乐。华谊兄弟从 2012 年开始布局实景娱乐，计划到 2016 年底在全国范围内打造 20 个项目。截至 2015 年底，公司品牌授权及实景娱乐累计签约项目已达 13 个，其中包括深圳坪山华谊兄弟文化城项目，该项目计划打造以全功能室内影棚群为基础载体、配套影视制作人居环境，同时提供影视文化娱乐休闲功能。

影视类公司以 IP 为核心构建泛娱乐产业链模式切中了行业的本质，是一条较为可行之路。然而，在实际运作中，国内影视企业资本运作有余，影视艺术创新不足，重炒作轻创新甚至迷上了“颜值经济”，至今没能拿出能够与好莱坞大片相抗衡的影片。应该说，影视类企业的迪斯尼之路为之尚远。

影视游乐市场走进战国时代，竞争对手越发强劲，如梦工厂以其功夫熊猫影片轰动华夏，迪斯尼需要永保创新的速度与激情。（2016 年 5 月）

52

小额贷与新金融

一、行业拐点出现，低空难成高翔

2008 年 5 月 4 日，中国银监会、中国人民银行出台《关于小额贷款公司试点的指导意见》，之后，全国各地纷纷制定试点政策以及配套措施，小额贷款公司（简称小贷公司）如雨后春笋，大批涌现。截至 2015 年末，全国共有小贷公司 8910 家，贷款余额 9412 亿元，从业人员 117344 名。小贷公司的快速发展填补了我国信贷市场的空白，对于改善中小企业融资环境，促进中小企业健康发展起到了较好的作用。然而，2015 年上半年以来，小贷公司行业增速开始放缓，2016 年一季度更是出现了负增长。2016 年一季度，小贷机构数量环比（较 2015 年底）减少 43 家，从业人员减少 979 人，实收资本减少 33.89 亿元，贷款余额减少 31.41 亿元，分别下降 0.48%、0.83%、0.40% 及

0.33%。

小贷公司行业负增长，其原因可能有两个方面：

一是宏观经济持续下滑，需求不足。预计2016年上半年城镇固定资产投资增速为9.9%，同比下降1.6个百分点；预计全年增速为9.8%，同比下降0.2个百分点；中小企业投资下降更为明显，1~5月民间投资名义增速仅为3.9%，同比大幅下降7.5个百分点。2016年消费总体疲软的现象也比较明显，预计上半年全社会零售增速为8.0%，同比下降了1个百分点；预计全年增速为7.8%，同比下降1.5个百分点。市场需求不足，行业增长乏力，贷款需求下降。

二是小额贷政策空间不足。我国小贷公司不能吸收存款，银行融入资金不能超过资本净额的50%，资金规模难以做大；只能办理各项小额贷款业务，不能从事投资业务、委托贷款业务及其他中间业务，业务模式单一；只能在注册地开展业务，对同一借款人的贷款余额不得超过小贷公司资本净额的5%，没有业务规模效应；贷款利率不能超过银行利率的4倍，且不享受银行业税收优惠，盈利空间受到“双边”限制。根据上述规定，政府只是向小额贷开放了有限的低空空间，小贷公司很难有较快地发展，也很难有较大的发展。

孟加拉国经济学家穆罕默德·尤努斯被认为是“国外小额信贷之父”，他所创立的孟加拉“格莱珉乡村银行”专门为乡村穷人贷款，其模式在国际上享誉已久，并于2006年10月13日被授予诺贝尔和平奖。受“格莱珉乡村银行”模式的影响，东南亚一些国家相继推行针对中小企业和贫困阶层的信贷业务。印度尼西亚目前约有5万家小额信贷机构，形式包括商业银行、农村银行、合作社、基金、信贷联盟、国有发展银行和国有典当行。印尼人民银行小额信贷部下设地区人民银行、基层银行和独立营业中心，全国多达3600个。国外小额贷款机构有的是专业组织，有的是银行下属专门机构，但无论如何均属于金融机构，具有金融机构的基本业务职能。我国明清时期兴起票号、钱庄，其经营业务也涵盖货币的存、贷、汇、兑，依靠存贷差和汇兑收益赚取利润。与其不同，我国小贷公司不属于金融机构，业务开展受到诸多限制，实为一种较为奇特的现象，究其原因，无非是防范金融风险，但却在资源效率方面付出了较大的牺牲。

二、黑云压城，固守无力

小贷公司的使命是开辟我国小微企业金融市场这块处女地，期初也算是我国金融市场的一片蓝海，但随着市场经济的转型和金融业的改革开放，传统商业银行面临越来越激烈的竞争，增长停滞，利润收窄，被迫开始转型，其方向之一就是开展小微贷款业务。根据中国银监会消息，截至2015年末，全国银行业金融机构小微企业贷款余额23.46万亿元，占各项贷款余额的23.90%，小微企业贷款余额户数1322.6万户，较上年同期增加178万户。相对于小贷公司，传统银行资本实力巨大，技术力量雄厚，与工商、税务、海关等具有特殊的密切关系，能够较为方便的开展合作，获得客户信息资源，因而具有不可匹敌的竞争优势。

与传统银行转型小贷市场的同时，另一股竞争力量也迅速崛起。2014年3月，银监会正式启动民营银行试点工作。截至2015年5月末，第一批试点的5家民营银行，即深圳前海微众银行、上海华瑞银行、温州民商银行、天津金城银行、浙江网商银行已全部获批开业。民营银行均定位于小微金融市场，微众银行定位为互联网小额信贷产品，其“微粒贷”业务经过一年的时间已取得了较快发展。截至2016年5月15日，微众银行微粒贷累计发放贷款超400亿元，总授信客户超过3000万人，贷款笔数500多万笔。背靠阿里的网商银行截至今年2月末，服务小微企业的数量已经突破80万家，累计提供信贷资金达到450亿元。落户上海自贸区的华瑞银行市场定位于贸易相关，着力满足“跨境业务需求”，此外华瑞还开展了投贷联动试点。2016年5月，第二批12家民营银行试点开始落地，其中重庆富民银行、四川希望银行分别于5月19日及6月13日获批，初步统计，到目前为止，国家工商行政管理总局已通过预先核名民营银行达400余家。银监会有关负责人表示，民营银行数量没有上限，现已进入常态化审批程序。对于新设民营银行，受理权限已经下放给了各地银监局，目前各地监管局已经全面受理成立民营银行的申请，并对申请进行初步审查和尽职调查。民营银行的资本实力、技术水平等都是小贷公司难以比拟的，而更为重要的是民营银行与产业生态融为一体，深深地扎根于产业生态之中，加之民营银行杰出的创新精神，发展空间不可限量。

业内人士认为，小贷公司行业整体上面临三大突出问题：一是资金来源受限，资金衔接成为突出问题；二是资金价格高难以形成客户粘性；三是人工手段进行营销与风险控制，效率难以提升，盈利能力与其他行业相比难有优势。随着竞争的深入，传统银行与民营银行凭借巨大的优势，与小贷公司展开竞争，居高临下垂直打击，小贷公司将难有还手之力，其生存将会受到越来越大的威胁。

三、转型发展，何处龙门

小贷公司必须转型，转型方向目前看来有两个，一是转型金融控股公司，如麦肯特金融控股集团，从小贷做起，目前已在深圳、湖北、河南、福建等省市成立了 3 家小贷公司、1 家典当公司、3 家资产管理公司、2 家投资公司、1 家财富管理公司、2 家基金管理公司。麦肯特走的是传统金融的道路，在金融业普遍向互联网金融转型的大背景下，麦肯特道路应该较为艰难，能走多远尚难判断，估计空间不会太大。另一方向是新金融。所谓新金融，亦称互联网金融，即是互联网和信息技术相结合而催生出来的新的金融生态、金融产品与服务，目前主要存在形式为第三方支付、P2P 贷款模式、众筹融资、余额宝模式等。另外，微众银行、网上银行等民营银行利用互联网大数据征信，开展无抵押贷款业务，也是新金融的重要实现形式。新金融才刚刚滥觞，将会不断地演化发展。平安董事长马明哲认为，新金融（互联网金融）1.0 时代是搭建跨地交易平台，实现不同地域客户间的投融资需求相连接互联网；2.0 时代是搭建跨业开放平台，以满足投资人对不同行业产品的需求，建立不同行业金融机构间的交易市场；3.0 时代是搭建跨境国际平台，实现国内国外投资市场互联，吸引海外投资人。著名经济学者宋宏斌认为新金融最终会形成资金融通的全面众筹。当然，新金融的成长还有较长的路程，传统金融一定时期内不会失去自己存在的土壤，但趋势已定，必须抓紧筹谋。小贷公司与其在传统领域抗争，不如转向新金融胜算更大。

转型新金融，以下两个条件缺一不可。一是植根于产业生态圈、产业链或生活（社交）社区。小贷公司需要植根于上述生态圈、产业链或社区之中，并与之融为一体；二是利用互联网大数据技术进行征信。数据信息是金融公司的重要资产，谁拥有大数据挖掘技术或手段，在大数据分析利用方面获得优势，谁将会掌握金融市场的主动权。小贷公司需要根据自身特点开拓创新，找到其与产业生态圈、生活社区及互联网技术的结合形式，打造具有特色的商业模式，唯此有望跨入新金融之龙门。（2016 年 6 月）

53

关于战略管理的几点认识

一、战略管理是综合性、行动导向型管理工具

人们常把人力资源管理、财务管理、技术创新管理作为现代企业的三大管理中心，其实，战略管理才是现代企业管理的核心。战略管理、人力资源管理、财务管理、技术创新管理虽然都萌芽于人类社会形成初期，如古代人的“结绳记事”“刻石记事”就是会计的先河，我国西周时期就出现了“会计”这一词汇；我国春秋战国时期苏秦、张仪的“合纵连横”战略，“孙子兵法”等均为战略管理的先河。但战略管理理论形成的时间却相对较晚，作为现代会计方法的复式计账法萌芽于 13 世纪的佛罗伦萨式，成熟与 15 世纪的威尼斯、热那亚等城市，而企业战略管理萌芽于 20 世纪初的美国，20 世纪 60 年代，战略思想开始运用于商业领域，并形成了战略管理理论。战略管理理论之所以形成较晚，是因为它十分复杂而难以被人们认识和把握。

战略管理理论是一种交叉性理论研究体系。相对而言，财务核算更多像自然科学，数学在财务管理中的应用较为深入，特别是实行会计电算化以后，会计核算就像解一道道较为复杂的数学题。战略管理更多像社会科学，涉及科技、经济、文化、政治、思想观念等不同方面，当然也涉及数学，但很难单独用数学的方法加以把握，单纯靠逻辑思维也难以奏效（三段论推理、辩证法、现代逻辑等），需要多种学科理论的综合运用，需要灵感、顿悟和直觉等。

战略管理输出的思想、分析，是个性化的判断，财务核算将一切物品、经营活动抽象为价值，并用货币进行计量，其输出结果是价值量及关于价值量的分析，强调共性，比如现在国家一般都有统一的会计制度，会计准则，另

外还有国际会计通则（管理会计也有共性）。战略管理是通过对客观世界的分析和综合，发现不同事物的特质，得出战略研判、战略思想、战略规划、战略执行措施等，强调个性，企业要力争自身战略与其他企业的不同，形成差异化优势。

战略管理确定取舍，确定优先选择，确定方向，但不是绝对，不是唯一。财务核算有一套明确的规则，结果是唯一的，确定的。战略管理虽然也有一系列的战略管理理论与方法，这些理论与方法能够帮助人们进行有效的战略管理，但由于人们的社会背景、知识背景、思想观念、价值追求、心理素质等不同，所形成的战略也不相同。一是并不一定能够保证产生正确的，或有效的战略；二是有可能产生不同的但均是正确的或有效的战略。例如：万科当初选择了住宅地产，万达选择了商业地产，王石曾怀疑其可行性。现在看来，万科和万达都是对的，战略并非非此即彼，战略选择具有多种可行性，假设当时万科选择做商业零售连锁，也是正确的战略，因为现在看来是可行的。

二、战略愿景及其实现路径

（一）什么是战略——学者的论述

美国哈佛大学商学院教授迈克尔·波特认为：企业战略是企业为之奋斗的一些终点与企业为达到它们而寻求的途径的结合物。

美国管理学家彼得·德鲁克认为：企业战略是一种统一的综合的一体化计划，用来实现企业的基本目标。

加拿大管理学家明茨伯格认为：企业战略是一系列或整套的决策或行动方式（应变性、竞争性和风险性）（5 个层次）：企业战略是一种事先的计划，对未来行动方案的说明和要求；企业战略是一种策略，其目的是用智慧战略战胜竞争对手；企业战略是一种连续一致的决策模式，这种模式是在一系列有意识和无意识的行为中表现出来的，并非都是计划好的；企业战略是一种定位，是在组织与环境的匹配中找到最能充分利用组织有限的资源并使其持续创造利润的方法；企业战略是一种视野，是一种观念和意向，反映的是组织成员共享的思维方式，即他们观察世界的视角。

学者们的论述包含两层意思，一是战略是一系列或整套的决策或行动方式，是一种事先的计划，是一种策略，是一种定位，是一种视野，等等；二是战略包括出发点、目标愿景和行动路线所有要素。

（二）战略的基本属性

1. 战略的基本要素

（1）企业愿景：企业在未来某一时期希望达到的理想目标。

（2）产品与市场范围：说明企业属于那个特定的行业和领域，企业在所处行业中产品与市场的地位。

（3）成长方向：表明企业从原有产品与市场组合向未来的产品与市场组合移动的方向。

（4）竞争优势：表明企业的产品与市场组合的特殊地位、与其他企业的差别所在。

（5）措施计划：方法措施及实施步骤。

2. 战略要回答的基本问题

（1）企业的宗旨和目的；

（2）公司的基本路线是什么；

（3）公司的长期及短期目标，二者是否协调；

（4）哪些产品将趋于过时，如何及时替换过时产品；

（5）以后几年的资金流量是多少；

（6）企业的市场是什么、在哪里；

（7）企业希望有多大的市场，怎样才能达到期望的占有率；

（8）企业的竞争对手是谁，他们可能采取何种不利于我们的行动；

（9）市场正在发生什么样的变化，这种变化将会对企业造成什么影响；

（10）未来企业的机会和风险有哪些。

3. 战略的特征

（1）全局性——战略是一个组织的总体发展规划，它是以企业全局为研究对象，来确定企业的总体目标，规定企业的总体行动，追求企业的总体效果。

（2）长远性——战略是一个组织对未来较长时期的生存和发展道路所进行的筹划。

（3）空间性——空间定位，指向目标。

（4）系统性——连续一致的决策模式。

（5）纲领性——一个组织的战略无论从时间上还是从空间上都具有相对的宏观性，对组织的长远目标、发展方向、前进道路、行动方案、重大措施和基本步骤等方面做出了原则性和概括性的规定，起到了行动纲领的作用。

（6）稳定性——战略通常具有相对的稳定性，一旦建立不宜轻易变更。

（7）竞争性——战略是在抵抗外界各种压力、冲击和挑战的情况下，在复杂多变的环境中寻求机会，以便战胜竞争对手的具有对抗性和博弈性的行动方案。

（8）风险性——由于某些不可控环境因素的不可预见的变化，或者由于竞争对手采取了新的应对策略，会导致战略性失败。

（9）智慧性——用一系列的智慧、谋略战胜对手。

（10）哲学性——世界观对于战略有决定性作用，不同的战略以不同的世界观作支撑。

4. 战略及战略规划的形式

（1）战略的形式

战略是一个很抽象的概念，抽象到有时被认为根本不存在。其实战略是一种系统的关于未来的思想，首先产生于人们的大脑中，将这种思想用文字表述出来，就是战略规划。

这样看来，一个企业即使没有战略规划，也不能就此认为这个企业没有战略，没有战略管理。小微型企业的战略就在业主的头脑中，一般不会形成战略规划，大型企业的战略思想一般要形成战略规划。

为什么还要制定战略规划？因为通过制定战略规划，可以使战略思想更系统、更完善、更具有深度；可以使企业战略更易于传达贯彻。

（2）战略规划的形式

不同企业战略规划的涵盖内容差别不是太大，但强调的重点，时间跨度、表现形式等方面却有较大的差别。国家国资委制定了《中央企业战略规划编制大纲》，对中央企业战略规划涵盖的基本内容有具体要求。

（3）战略规划与计划区别与联系

区别：战略规划具有全局性，计划多指单项或较为简单工作的时间安排；战略规划时间跨度较长，计划时间跨度较短；从复杂性来看，战略规划的内涵较为复杂，计划则次之；从确定性程度来看，战略规划较为宏观，不确定性较大，计划较为微观，确定性较强。

联系：战略规划要通过一系列的计划来实施，通过分解为年度计划、月度计划等进行落实，这样看来，战略具有向计划转化的必然性和内在要求。

三、战略管理是对美好未来的谋划、设计与追求

（一）什么是战略管理——学者论述

根据《商务字典》（Business Dictionary.com），战略管理包括战略规划（制定）、战略实施和战略评估（Strategy management includes strategy planning, strategy implementation and strategy evaluation.）

美国学者乔治·斯坦纳认为：企业战略管理是确定企业使命，根据企业外部环境和内部经营要素确定企业目标，保证目标的正确落实并使企业使命最终得以实现的一个动态过程。

通过上述定义可知，战略管理就是对未来愿景的设计、描绘，是对实现这一愿景措施途径的策划布局、实施推进。因此，战略管理是当下对未来前程的经营管理，是对美好未来的谋划、设计与追求。

（二）什么是战略管理——从与战略经营的关系看战略管理

1. 学者见解

肖刚在其《现代企业战略经营学》中认为，企业战略管理仅为企业战略经营的一个环节或职能，企业战略经营过程或职能是由企业战略决策、企业战略管理、企业战略监督、企业战略改善四个以上环节或职能构成（1991 年 7 月获湖南大学管理学硕士，先后在政府及企业工作，曾担任过中美房地产公司、深圳一家中外合资股份公司的总经理）。

保罗·尼文在其《平衡记分卡实用指南—战略经营时代的管理系统》一书中使用了战略经营一词（strategic management 或 strategy management），意指企业从战略的高度（即更宏观、更长远、更加多维度的运作谋划）开展企业经

营。保罗·尼文是美国绩效管理和平衡计分卡领域内著名的演说家、实践者与咨询顾问。

2. 语义分析

根据《新华字典》，经营——①筹划并管理（企业等），②泛指计划和组织；管理——负责某项工作使顺利进行。显然战略管理不能理解为负责战略的顺利实施。

英语中 Management 一词既有管理的含义，也有经营的意识。

如：

Management and Administraion of Logistic Enterprise. 物流企业经营与管理，其中 Management 译为经营。

Commercial bank marketing（CBM）is the combining of marketing theory and commercial bank management theory. 商业银行市场营销理论是市场营销原理与商业银行经营管理理论相结合的产物，其中 Management 译为经营。

Recently，combination of capital operation and financial management is a main subject in financial management field. 近些年来，资本经营与财务管理的组合一直是会计学界深入讨论的财务管理议题，其中 Management 译为管理。

3. 根据上述分析，战略管理，实质上也就是战略经营

战略经营更能表现这一企业运作活动的本质，但因“战略管理”这一概念在我国使用已十分广泛，在此沿用“战略管理”这一说法，不过要注意，战略管理中的管理，含有经营的意识，不宜将战略管理仅仅理解为执行管控，战略管理包括管控，但首先主要的是谋划。

（三）战略管理相关概念的辨析

1. 战略和战略管理：战略和战略管理同时产生，战略管理产生以前，不可能有战略，因为战略是战略管理的产物；战略产生以后可以以文本的形式——战略规划的形式存在，但只有通过战略管理，战略才能发挥作用，因此可以说战略与战略管理同时存在。

2. 战略管理与战略性工作（任务）：战略管理与战略性工作（任务）不同，战略管理是专门机构所开展的一系列的与战略制定、执行与评估有关的经

营性活动，战略性工作或任务（战略管理除外）是指一项重要工作（任务），它会对战略产生影响，但它本身以及它的开展实施不是战略管理，也不构成战略管理的内容。

四、战略管理的产生

（一）古代军事战略管理

古希腊时期的战略管理。战略一词的希腊语是 strategos，意思是“将军指挥军队的艺术”，古希腊时期，战略是一个军事术语，说明当时在军事中存在战略管理。

我国古代军事战略。战国时期有“合纵连横”战略。苏秦推行“合纵抗秦”战略。《史记》记载，苏秦先后游说燕、赵、韩、魏、齐、楚六国诸侯，请求六国联合起来西向共同抗秦。然后苏秦挂六国相印回到赵国，当了联盟军的“总参谋长”，投“从约书”给秦国，于是秦兵不敢越过函谷关十五年。后来张仪推行“连横破纵”战略，先后游说六国，主张小国应依附大国才能存活，要六国共同服从秦国。连横战略最终使合纵联盟解体，促进了秦国的强盛。

（二）企业战略管理思想的萌芽时期

20 世纪初，法约尔对企业内部的管理活动进行整合，将工业企业中的各种活动划分成六大类：技术活动、商业活动、财务活动、安全活动、会计活动和管理活动，并提出了管理的五项职能：计划、组织、指挥、协调和控制，其中计划职能是企业管理的首要职能。这可以说是最早出现的企业战略思想萌芽。

（三）企业战略管理理论正式形成期

20世纪60年代，战略思想开始运用于商业领域，并形成了战略管理理论。

美国学者安索夫最初在其 1965 年出版的《战略管理》一书中提出了“企业战略管理”概念，他认为：企业的战略管理是指将企业的日常业务决策同长期计划决策相结合而形成的一系列经营管理业务。

乔治·斯坦纳在他1982年出版的《企业政策与战略》一书中则认为：企业战略管理是确定企业使命，根据企业外部环境和内部经营要素确定企业目标，保证目标的正确落实并使企业使命最终得以实现的一个动态过程。

比较上述两个关于战略管理的定义可以看出，安索夫时期战略管理仍处于萌芽状态，仍依附在企业日常经营之上，没有形成自身独立的体系；在乔治·斯坦纳时期，战略管理已经从日常管理独立出来，形成了自身独立运行系统。

（四）战略管理产生的条件

1. 人类活动范围的扩大，人类的竞争与合作在较大范围展开，需要大的纲领进行组织协调。

2. 竞争激烈，社会不确定性增大，为了在不确定中谋取一种确定的利益，需要人们做早做谋划、长远谋划、综合谋划。

古代农业生产为什么没有战略？因为古代农业生产没有变化，春种、夏长、秋收、冬藏，年复一年，古代农业社会人们自给自足，没有交往，没有大规模的协作，所谓“鸡犬之声相闻，老死不相往来”，数千年如一日，改革开放前，我国农村的生活与2000多年前没有多大区别，在这种情况下，战略没有用武之地。

现代社会竞争愈加激烈，仓促应战，短兵相接往往损失惨重，不得不进行长期的优势积累，谋划组合拳、迂回包抄等战略路线和措施。

3. 人类智力的发达和分工的产生。战略管理需要较高的抽象思维能力，高水平的战略需要有较高的智慧；战略管理需要一批专业人员支撑、维持，这些均需要人类智力和社会分工的充分发展为前提。

五、战略管理理论的发展

（一）战略管理理论发展的历史阶段

20世纪60年代以来，战略管理理论不断发展，从传统战略理论阶段、竞争战略理论阶段，到现在的动态竞争战略理论阶段，每个阶段又有不同的学派。

1. 传统战略理论阶段

（1）存在时间及主要观点（20 世纪 60 至 70 年代）

1965 年，安索夫出版了第一本有关战略的著作《企业战略》，成为现代企业战略理论研究的起点。自此以后，很多学者积极地参与企业战略理论的研究，在这一时期出现了多种不同的理论学派。

①设计学派。这一学派是以安德鲁斯教授及其同仁们为代表。设计学派认为，企业战略的形成必须由企业高层经理负责，而且战略的形成应当是一个精心设计的过程，它既不是一个直觉思维的过程，也不是一个规范分析的过程。战略应当清晰、简明，易于理解和贯彻。

②计划学派。计划学派是以安索夫为杰出代表。计划学派认为，战略的形成是一个受到控制的、有意识的、规范化的过程。战略行为是对其环境的适应过程以及由此而导致的企业内部结构化的过程。

③创意学派。创意学派认为战略形成过程是一个直觉思维、寻找灵感的过程。

④认知学派。认知学派认为，战略的形成是基于处理信息、获得知识和建立概念的认知过程——其中后者是战略产生的最直接、最重要的因素，而在哪一阶段取得进展并不重要。

⑤学习学派。学习学派与以往学派的不同之处在于，它认为战略是通过渐进学习、自然选择形成的，可以在组织上出现，并且战略的形成与贯彻是相互交织在一起的。

⑥权力学派。权力学派认为，战略制定不仅要注意行业环境、竞争力量等经济因素，而且要注意利益团体、权力分享等政治因素。

⑦文化学派。文化学派认为，企业战略根植于企业文化及其背后的社会价值观念，其形成过程是一个将企业组织中各种有益的因素进行整合以发挥作用的过程。

⑧环境学派。环境学派强调的是企业组织在其所处的环境里如何获得生存和发展，其不过起到了一种让人们关注环境因素的作用。

⑨结构学派。结构学派把企业组织看成是一种结构——由一系列行为和特征组成的有机体；把战略制定看成是一种整合——由其他各种学派的观点综合

而成的体系。

（2）传统战略管理理论的特点

①企业战略的出发点是适应环境。环境是企业无法控制的，只有适应环境变化，企业才能生存和发展。

②企业的战略目标是为了提高市场占有率。企业战略要适应环境变化，旨在满足市场需求，获得足够的市场占有率，这样才有利于企业生存与发展。

③企业战略的实施要求组织结构变化及与之相适应。经典的企业战略实质是一个组织对其环境的适应过程以及由此带来的组织内部结构变化的过程。因而，在战略实施上，势必要求企业组织结构要与企业战略相适应。

④较为专注企业内部因素，对外部环境关注不足。

2. 竞争战略理论阶段

产生时间及流派：20 世纪 80 年代，企业竞争战略理论涌现出了三大主要战略学派：行业结构学派、核心能力学派和战略资源学派。

特点：与传统战略管理理论相比，竞争战略理论更强调主观能动性，不主张被动适应。

①行业结构学派。行业结构学派的创立者和代表人物是迈克尔·波特教授。波特认为，行业结构极大地影响着竞争规则的确立以及可供企业选择的竞争战略。为此，波特创造性建立了 5 种竞争力量分析模型，他认为一个行业的竞争状态和盈利能力取决于 5 种基本竞争力量之间的相互作用，即进入威胁、替代威胁、买方讨价还价能力、供方讨价还价能力和现有竞争对手的竞争，而其中每种竞争力量又受到诸多经济技术因素的影响。在这种指导思想下，波特提出了赢得竞争优势的三种最一般的基本竞争战略：总成本领先战略、差异化战略、专一化战略。

②核心能力学派。1990 年，普拉哈拉德和哈默尔在《哈佛商业评论》上发表了《企业核心能力》一文。其后，越来越多的研究人员开始投入企业核心能力理论的研究。所谓核心能力，就是所有能力中最核心、最根本的部分，它可以通过向外辐射，作用于其他各种能力，影响着其他能力的发挥和效果。因此，企业战略的目标就在于识别和开发竞争对手难以模仿的核心能力。另外，

企业要获得和保持持续的竞争优势，就必须在核心能力、核心产品和最终产品三个层面上参与竞争。在核心能力层面上，企业的目标应是在产品性能的特殊设计与开发方面建立起领导地位，以保证企业在产品制造和销售方面的独特优势。

③战略资源学派。战略资源学派认为，企业战略的主要内容是如何培育企业独特的战略资源，以及最大限度地优化配置这种战略资源的能力。在企业竞争实践中，每个企业的资源和能力是各不相同的，同一行业中的企业也不一定拥有相同的资源和能力。这样，企业战略资源和运用这种战略资源的能力方面的差异，就成为企业竞争优势的源泉。因此，企业竞争战略的选择必须最大限度地有利于培植和发展企业的战略资源，而战略管理的主要工作就是培植和发展企业对自身拥有的战略资源的独特的运用能力，即核心能力，而核心能力的形成需要企业不断地积累各种战略资源，需要企业不断学习、不断创新、不断超越。只有在核心能力达到一定水平后，企业才能通过一系列组合和整合形成自己独特的、不易被人模仿、替代和占有的战略资源，才能获得和保持持续的竞争优势。

3. 动态竞争战略理论阶段

（1）动态竞争战略理论的产生

企业面临的竞争环境更加易于变化和难以预测。面对竞争环境的快速变化、产业全球化竞争的加剧，以前的战略管理理论方法无法满足现实商业生活中企业战略管理决策的需要。于是，一些管理学者提出了新的战略理论——动态竞争战略。西方管理学者从二十世纪九十年代初开始，就在总结七八十年代过分多样化错误的基础上，注意到了竞争动态化的特点。2003 年，美国宾夕法尼亚大学沃顿商学院的教授戴伊与雷布斯坦因合著的《动态竞争战略》一书出版，系统介绍了动态竞争战略。

（2）动态竞争战略的特点

①动态竞争是高强度和高速度的竞争、每个竞争对手都在不断地建立自己的竞争优势和削弱对手的竞争优势，竞争对手之间的战略互动（Strategic Interactions）明显加快。

②任何一个抢先战略都有可能被竞争对手的反击行动所击败。

③任何竞争优势都是暂时的，而不是可以长期保持的。

④竞争战略的有效性不仅取决于时间领先，更主要的是及时地建立新优势。

⑤在静态竞争条件下，竞争战略的主要目的是建立、保持和发挥竞争优势，主要对成本与质量、时间和专有技术、建立进入障碍、规模优势等四个领域的竞争有直接贡献，但在动态竞争条件下，上述四个领域所建立起来的优势都是可以被打破的。

（3）如何培育动态战略竞争力；

①培育伟大的理念和优秀的、独具个性的企业文化；

②主动的创新意识与前瞻的创新行为；

③用战略思想指导企业将有限的资源打造出一流的竞争力；

④建立学习型企业；

⑤增强企业化解风险和危机的能力。

（二）战略管理理论的发展趋势

1. 战略的竞争空间在扩展

行业的界限、企业间的界限日趋模糊，竞争战略的谋划将不再只限于既定的行业内市场份额的竞争、产品或服务的竞争，而更多的是在无边界的范围内对商业机会的竞争。

这一竞争必然导致竞争参与者之间，在塑造未来产业结构方面展开争夺。竞争是不同的联盟之间、不同的商业生态系统之间，不是单个企业的竞争。竞争的物理空间也由区域性范围扩大到全球。由于竞争已不在某一特定的地理区域或行业界限内进行，企业必须从全球的角度、从跨行业的角度来考虑配置自身的资源，在资金、人力资源、产品研发、生产制造、市场营销等方面进行有机地组合，以获得最佳的管理整合效果。

2. 企业的战略具有高度的弹性

企业面临的经营环境快速变化，要求企业的竞争战略与外部变化节奏保持同步的条件下，企业要具备快速的反应能力，必须依赖于战略的弹性而伸缩自如。

战略弹性是基于企业自身的知识系统对不断变化的不确定情况的应变能力。战略弹性包括：组织结构的弹性、生产能力和生产技术的弹性、市场营销的弹性、管理的弹性和人员构成的弹性。

3. 不过多考虑战略目标是否与企业所拥有的资源相匹配，而是较多地追求建立扩展性的目标

在未来的市场竞争中，制胜的手段正由单纯地寻找稀缺资源过渡到寻找稀缺智力和稀缺知识的结合，寻找的范围不仅局限于企业边界内部，而是着眼于对离散的创造价值的活动的识别与整合。

这种战略要求企业创造性地通过各种途径来整合资源，通过与知识的组合来克服资源的限制，从而为顾客创造价值。

4. 由企业或企业联盟组成的商业生态系统成为参与竞争的主要形式

在未来变幻莫测的环境中，任何一个企业都不可能，也没有实力单独参与竞争，因为整个商业活动的主体是以一个或多个企业为核心的生态族群，即未来的竞争是不同商业群落之间的竞争。

对于一个单独的企业个体来讲，竞争更体现在加入或营造有影响力的、能为自己带来实际价值的企业生态系统，并且在一个系统中寻求一个更为有利的地位，当然也包括争取作为整个群体的领导。在竞争与合作的和谐环境中，使优势和潜能充分发挥，降低经营成本和经营风险。

5. 制定战略的主体趋于多元化

制定战略可能不光只是企业高层决策人员的特权，普通员工也不再仅仅是战略的接受者与执行者。

扁平化：由于信息技术的日益发展和应用，使得组织结构向扁平化方向演化，信息的传播手段和渠道也变得大众化和多样化，这就导致了在整个企业内部拥有信息的权力趋于平等。

网络化：信息传播方式的网络化决定了每一个个体在整个网络系统中都是信息传播的一个节点，普通员工可以有更多的机会参加企业的战略制定，他们具有既是决策参与者又是决策执行者双重身份的特征。

六、战略管理的意义

（一）战略管理使人或一个组织做正确的事

南辕北辙的故事。出自《战国策·魏策四》：魏王欲攻邯郸，季梁谏曰：我来时，见一人驾车向北远行，说要到楚国。我告诉他：楚国在南边，你怎么向北行？他说他的马好、资费多，而且善于驾驶。我说，这几项的条件愈好使你离楚国愈远。现在王想成为霸主，需树立信誉于天下，如果凭着国家大、兵力强而攻邯郸，以扩大地盘的方式走上霸主地位，不是和想到楚国而北行一样吗？

（二）战略与执行的关系

1. 执行决定成败——观点之一

郭蓉在其《弗布克员工职业素质系列：执行决定成败》指数中认为，执行决定着企业的生存和发展，完美的执行造就卓越的员工，卓越的员工打造优秀的企业。郭蓉现供职于某通信设备有限公司，任人力行政经理，8 年 HR 从业经历，先后在快速消费品行业、IT 行业从事 HR 相关工作，主讲课程包括绩效面谈、新员工职业化训练。

企业战略专家姜汝祥认为，没有执行，一切都是空谈！要想赢，执行是关键的关键（姜汝祥：著名战略管理专家，持续增长战略第一人，北京锡恩企业管理顾问公司总裁）。

著名培训师蔡忠成认为，执行力决定成败，没有执行力，再好的决策也只能是一席空话。企业的成功，30% 靠战略，50% 靠执行力，其余的 20% 包含了机遇、环境等客观因素，可见执行力的重要，没有执行力，就没有竞争力，养成良好的工作习惯，树立正确的工作观，提升团队的战斗力和凝聚力，才能保障企业和谐健康发展（蔡忠成为携训网特约讲师，前沿讲座签约讲师，核源企业管理咨询有限公司高级讲师，浙江工贸职业技术学院创业分院客座教授）。

汪中玉认为，战略决定高度，执行决定成败。战略和执行永远是企业发展的两个车轮，缺一不可、相辅相成（中国注册高级策划师，某集团运营总监，中国连锁经营协会会员，西安交大 EMBA 总裁班讲师）。

2. 战略决定成败——观点之二

孙子云：自古不谋万世者，不足谋一时；不谋全局者，不足谋一域。是故胜兵先胜而后求战，败兵先战而后求胜。德鲁克认为：企业战略就是企业发展的蓝图。没有战略的组织就好像没有舵的船，会在原地打转。对发展战略已不是“是否需要”重视，而是“如何重视”及“重视程度”的问题。张瑞敏认为：一个企业没有发展战略，就是没有发展思路，没有思路也就没有出路。“据统计，20 世纪 50 年代前后，做出长远战略发展规划的美国企业仅占 20%，到了 70 年代，就几乎达到了 100%”。“有资料表明，世界上倒闭企业 85% 是因战略失误造成”。张文松《战略管理》（张文松，男，博士，教授，九三学社社员。北京交通大学发展战略研究所常务副所长，中国发展战略学研究会企业专家委员会委员，美国 UtahStateUniversity 高级访问学者）。

3. 战略与执行究竟谁能决定成败——综合分析

首先，战略是执行的前提，没有战略就没有执行，战略不正确，执行就是帮倒忙，只有在战略正确的前提下，执行才决定成败；其次，如果将战略和执行分开，逻辑上战略在前，执行在后，战略先决定成败，然后执行才决定成败；第三，战略与执行本来是战略管理的有机组成部分，离开战略，执行不可能单独存在。可以断定，如果一个组织缺乏执行力，执行效果不好，该单位的战略管理能力肯定不强，也不会制定出高水平的战略。在这种情况下，离开战略片面的夸大执行的决定作用，是错误的。

4. 市场导向、客户导向、战略导向

（1）市场导向。企业经营首先要坚持市场导向，没有市场，企业就没有存在的空间。但坚持市场导向，并不是什么赚钱就干啥。世上处处有芳草，但也不能处处流连，迷失了自己；进一步来讲，有时市场是要发掘的，表面的直观并不能察觉到其本来面目。所以说以市场为导向是对的，但又是不够的，需要深入。

（2）客户导向。深入下去就是客户导向，客户是企业的衣食父母，重要的是要找到客户、了解客户需求，包括潜在需求、更高一级的需求。客户导向是市场导向的深入阶段。

（3）战略导向。有两层含义：一是通过战略进行市场或客户定位，找到自身的市场领域和特定客户群，战略管理是实现企业定位的最根本方法；二是战略确定之后，企业经营就要围绕战略展开，因此也可以说以战略为中心。

5. 价值观、战略与商业模式的关系

（1）主要观点：

价值观决定战略，战略决定商业模式；

价值观必须通过战略实现，战略必须通过商业模式才能落实；

商业模式是综合性的执行，战略确定之后，商业模式就是决定的因素。价值观确定之后，战略就是决定的因素。

（2）孙子兵法与现代企业战略

企业战略源于军事战略，但二者也有质的不同。军事是零合游戏，目标是消灭对手，企业战略追求双赢；军事战略多用阴谋诡计，企业战略要厚道诚实。

兵者，诡道也。故能而示之不能，用而示之不用，近而示之远，远而示之近。利而诱之，乱而取之，实而备之，强而避之，怒而挠之，卑而骄之，佚而劳之，亲而离之。攻其无备，出其不意。此兵家之胜，不可先传也。

（3）案例分析

①曹操成功的原因

占领战略制高点：曹操在荀彧、毛玠等人“奉天子以令不臣”的建议下，把汉献帝接到许昌，自己官拜汉朝的丞相、大将军，集行政和军事权力于一身，对内实际上控制皇帝和朝廷，对外则是“奉天子以令不臣”，尽管做得不是那么完美，但是依然取得了政治上的优势，使得自己能够以朝廷的名义，以中央问罪地方的形式，讨伐和自己争夺天下的诸侯，也利于其赢得士大夫的心，聚集文臣武士以及利于其凝聚人心，也可以给军队置入灵魂，让军队感觉为江山社稷，为天下苍生而战。

心怀正义。曹操自入仕途以后，一直想以一个正面的形象出现，树立个人正义的旗帜。起初，他以一个严于执法的直臣的面目出现，为了京城治安，棒杀权宦蹇硕的叔父，使得京都肃然。为了治理好济南国，他不惜以严法整顿地方吏治，实现政治清明，减轻人民的负担，扭转不良的社会风气，迫使大量不法分子或遵纪守法，或逃匿而去，实现了地方大治。待董卓乱政，上挟天子，下压群臣，荼毒生灵，曹操抵制住董卓的高官显爵的诱惑，辞去职务，冒着生命危险，逃回家乡，散尽家财，聚拢家乡子弟，组建军队，起“义”军讨伐董卓，以一个维护汉朝统治，维护封建统治秩序的忠臣良将的身份出现。

②刘备成功的原因

三国时期诸葛亮“光复汉室”战略。诸葛亮在《隆中对》中提出了“光复汉室”战略。基本思想为：现在曹操已拥有百万大军，挟制皇帝来号令诸侯，不能与他较量。孙权占据江东，已经历了三代，地势险要，民众归附，有才能的人被他重用，可以以他为外援，而不可谋取。荆州的北面控制汉、沔（miǎn）二水，东面连接吴郡和会稽郡，西边连通巴、蜀二郡，这是兵家必争的地方，但是他的主人刘表不能守住，益州牧刘玲昏庸懦弱，有智谋才能的人都想得到贤明的君主。如果占据了荆州、益州，凭借两州险要的地势，西面和各族和好，南面安抚各族，对外跟孙权结成联盟，对内改善国家政治；天下形势如果发生了变化，就派一名上等的将军率领荆州的军队向南阳、洛阳进军，将军亲自率领益州的军队出击秦川，汉朝的政权就可以复兴了。

③华为成功的原因

华为基本法包括宗旨、经营政策、组织政策、人力资源、控制政策及修订办法 6 个部分，其中宗旨部分包括核心价值观、基本目标、公司的成长、价值的分配思想内容。华为核心价值观有 7 条：

第一条　华为的追求是在电子信息领域实现顾客的梦想，并依靠点点滴滴、锲而不舍的艰苦追求，使我们成为世界级领先企业。

第二条　为了使华为成为世界一流的设备供应商，我们将永不进入信息服务业。通过无依赖的市场压力传递，使内部机制永远处于激活状态。

第三条　认真负责和管理有效的员工是华为最大的财富。尊重知识、尊重个性、集体奋斗和不迁就有功的员工，是我们事业可持续成长的内在要求。

第三条　广泛吸收世界电子信息领域的最新研究成果，虚心向国内外优秀企业学习，在独立自主的基础上，开放合作地发展领先的核心技术体系，用我们卓越的产品自立于世界通信列强之林。

第四条　爱祖国、爱人民、爱事业和爱生活是我们凝聚力的源泉。责任意识、创新精神、敬业精神与团结合作精神是我们企业文化的精髓。实事求是是我们行为的准则。

第五条　华为主张在顾客、员工与合作者之间结成利益共同体。努力探索按生产要素分配的内部动力机制。我们决不让雷锋吃亏，奉献者定当得到合理的回报。

第六条　资源是会枯竭的，唯有文化才会生生不息。一切工业产品都是人类智慧创造的。华为没有可以依存的自然资源，唯有在人的头脑中挖掘出大油田、大森林、大煤矿……精神是可以转化成物质的，物质文明有利于巩固精神文明。我们坚持以精神文明促进物质文明的方针。这里的文化，不仅仅包含知识、技术、管理、情操……也包含了一切促进生产力发展的无形因素。

第七条　华为以产业报国和科教兴国为己任，以公司的发展为所在社区作出贡献。为伟大祖国的繁荣昌盛，为中华民族的振兴，为自己和家人的幸福而不懈努力。

除了《华为基本法》之外，华为也有战略规划，华为的成功，是战略管理的成功，更是《华为基本法》的成功。

④ Facebook 成功的原因

2012 年 9 月，Facebook 的用户达到 10 亿，2014 年 4 月，Facebook 每月移动活跃客户突破 10 亿，2016 年达到 15 亿，如果将 Facebook 作为一个国家，将列为世界第一大国。Facebook 的成功，是理念的成功。扎克伯格的创业初衷，不是为了成就商业奇迹，并非是怀着一个互联网淘金的梦想，只是为了“让世界更加开放融合”，用个性化的服务帮助人们更好地展现自己，更好地获取信息并做出抉择。

（三）战略管理是走向成功，实现基业长青的必由之路——结论

在一个百舸争流、万马奔腾、你追我赶、力争上游的世界里，没有人或组织仅凭幸运、仅凭一种精神理想，或者仅凭吃苦耐劳就能够获取出类拔萃的长久的成功，必须进行超前的谋划和长远布局，必须进行战略管理。

公元 195 年左右，曹操担任兖州长官，高级谋士毛玠提出了“奉天子以令不臣，修耕植以畜军资”的战略性建议，曹操深以为是。几乎同时，袁绍的谋士沮授、田丰等人也劝袁绍“挟天子以令诸侯，畜士马以讨不庭”，袁绍不从。公元 197 年八月，曹操亲至洛阳朝见汉献帝，随即挟持汉献帝迁都许县，

曹操被封为大将军、武平侯。同年，曹操在许下（许昌）募民屯田，当年即大见成效，得谷百万斛。曹操高举“奉天子以令不臣，修耕植以畜军资”的战略大旗，赢得了道义、赢得了人心、赢得了资源，各路人才多为其用。如郭嘉、许攸等一流人才均先后弃袁绍投靠曹操，两人在官渡之战中起到了重要作用。“奉天子以令不臣，修耕植以畜军资”战略成就了曹操大业。

亚洲首富李嘉诚依靠战略管理获得成功。李嘉诚被称为“超人”，当我们深层次的研究李嘉诚的奋斗过程、成长过程、成功过程时，就会发现李嘉诚的眼光始终锁定未来，这就是他成为“超人”的主要原因。李嘉诚说：“我每天90% 以上的时间都不用来想今天的事，而是想明年、五年、十年后的事情”。所以，李嘉诚能够走在时间的前头，能够先人一步，拔得头筹。

七、战略管理有关误区

（一）战略管理相当于计划经济，束缚了企业的手脚

计划经济与战略管理完全不同，战略管理是市场经济的产物，它体现的是企业的自主决策，决策者为决策结果负责，决策信息相对较为充分；计划经济又称命令经济、指令经济，它是中央机构对全国经济的决策，决策者对决策结果不负责任，决策信息也极为不充分。

（二）世事难料，规划跟不上变化

经济现象的变幻多端也不能说明战略管理无能为力。战略管理的目的之一就是透过对经济现象的分析，洞察经济发展和变化的先机，为企业赢得市场竞争的主动。相反，如果市场没有变化，战略管理就完全多余了。

（三）将战略管理等同于战略规划及其执行、评估、修正等

战略管理包括战略研究、战略制定、执行与评估，此为一个基本的操作框架，但不是全部，不能局限于此。这样就容易将战略管理搞成以战略规划为中心，战略管理要以企业的未来发展为中心，战略管理需要企业家更多的投入和更广泛的关注。

大前研一认为，直觉和洞察力相对于成功的战略而言，比理性的分析更

为有效，尽管理性分析在战略流程中也是必要的。大前研一有一句著名的话：战略思维体现一种生活态度。他最终的结论是，战略的制定就是一个人平时思考过程的合乎逻辑的扩展。他认为他的目的就在于通过实践形成某些心理习惯和思维模式，帮助人们从自己的潜意识中释放出创造力，以增加成功的机遇。

明茨伯格等人在《战略历程：纵览战略管理学派》一书中，用了一个众所周知的寓言比喻“盲人摸象”贯穿于全书始终。在“女士们先生们，快来看战略管理这只大象”的呼声中，明茨伯格开始了他的战略之旅。明茨伯格深知，任何对局部的观察，不管是看到了象牙还是抱住了象腿，都不足以了解全部，各个不同部分是无法拼接成一个整体的。然而，由于我们并非全知全能，至今没有一个人能够完整地审视整个大象。这样，为了了解整体，必须从局部开始，哪怕是从大象尾巴开始也是必要的。我们需要超越每个学派的狭隘，需要把这些学派乃至更多的学派结合到一起来掌握战略这只大象。“我们要关心过程与内容、静态的与动态的、约束与启示、个人的认知与集体的思维、计划的与学习的、经济与政治。换句话说，除了探索局部之外，我们还必须对战略形成的整体给予更多的关注。我们可能永远也找不到它，永远也不会真正地看见它的全貌。但我们肯定能看得越来越清楚一些。”这种综合眼光，这种对战略的整体关注，可以说对我们有着极大的启发。

（四）战略管理可以一蹴而就

战略管理成功与否关键还在于企业高层的眼界和素质，需要付出长期艰苦探索，绝非一朝一夕之功；战略管理要建立在规章制度之上，形成机制，融会贯通于企业文化之中，要具有较为刚性的执行措施。当前，我国经济发展模式遇到很大困难，急需转型。为什么会这样，就是因为战略管理没有搞好，或者说松懈了战略管理。当一种发展模式十分有效、高歌猛进的时候，就应该考虑它是否有瓶颈，有天花板，怎样进行克服和避免。

一个企业也是这样。如果建立了一个有效的发展模式之后，就沿着既定的方向埋头拉车，不再对前进方向进行质疑和论证，不再关注市场的动态变化，当某一天突然抬头一看，前面已经没有路了。（2014 年 10 月）

第六章 宏观视野

54

治理高房价应正本清源

一、房价“疯牛”正重伤中国

由于房价过高，以至于有人将高房价比作为压在人们头上的“新的三座大山”之一。但也有人不以为然。北京师范大学房地产研究中心主任董藩认为，“在我国，房地产不仅是主导产业和支柱产业，还是先导产业，直接间接拉动了 1/4 的 GDP”。“房地产正在拯救中国”（郝倩，第一财经日报，2009 年 7 月 30 日）。将拉动 GDP 与拯救中国画等号是不正确的。诚然，由于房地产行业的拉动，我国 GDP 数量一路攀升，但房地产在拉动 GDP 数量增长的同时，却恶化了 GDP 的质量。当我们将大部分财力、物力和人力投入房地产时，我们对其他行业（比如教育、医疗、科研等）的投入就会减少。如我国钢铁、水泥等行业产能十分庞大，一直处于过剩状态，而教育、医疗等供给却长时期短缺，就是房地产行业拉动的结果，是被房地产价格疯长所扭曲的结果。如果一国 GDP 主要由砖头、钢铁、水泥构成，教育、医疗、居民消费、科技产品所占比重少之又少，这种 GDP 就是弱智的 GDP，是缺乏生命活力和创造精神的 GDP，是不可能持续繁荣的 GDP。房地产不仅不能拯救种种，疯长的房地产价格也正在重伤中国。

二、房价“疯长”源于“根深”

许多人抱怨政府和开发商制造了高房价。龙永图则认为，“若丈母娘无房

不嫁女 住房问题解决不了”（中国经济网（北京），2010 年 4 月 2 日）。丈母娘实难承受中国高房价责任之重。龙永图的真实意思是“民众要改变住房的观念，不一定每个人都要有自己的房子”（同上），应将买房习惯改为租房。富人买房、穷人租房，高房价问题就解决了。此论逻辑不通。穷人住房的需求没有减少，富人买房需求也不会减少，房价怎能降低？而且，租房者的房租成本反而会比购房成本要高，因为开发商与房东的利润都必须来自租房者的租金支出。投资房产是富裕阶层钱生钱最轻松惬意的途径，将广大群众说服到租房的通道，不是正中富人下怀？有人说房地产是投资品，在国家现有投资渠道较少的情况下，人们只能选择房地产投资，因而推高了房价，此为因果倒置。房子之所以成为投资品，是因为房价一直在涨，房价上涨是房子成为投资品的原因而不是结果。价格不上涨的商品绝不会成为投资品。有人将高房价归责于中国土地的招牌挂制度，招牌挂不断推高地价，从而推高了房价。

2010 年 3 月 18 日，国务院国资委勒令 78 家央企退出房地产业，部分可能与央企频频充当“地王”，推高了地价有关。招牌挂制度本质就是市场竞争制度，其科学性就是保证价高者得。否定价高者得原则，就彻底否定了招牌挂制度，就是市场机制的倒退。其实价高者得与推高商品价格没有必然联系。如果用来招牌挂的商品较多，虽然每次成交仍然是价高者得，但随着交易的不断进行，该种商品的价格却可能会越来越低。从市场竞争的角度来看，央企错不在当“地王”，或以房地产为主业或辅业，错在其社会功能定位及其不公平竞争。任志强、陈啸天、潘石屹等都曾有过土地成本高是房价过高的主要原因的观点。但是，经济学理论告诉我们，房子的价格是由供求决定的，而不是由其原料成本决定的。同理，地产商囤地捂盘、中间商及投资者炒作也不是推高房价的根本原因，它们仅仅是在总体供求格局既定的情况下，通过对局部供求进行干扰和扭曲而获利，虽然在一定程度上影响房子价格，但不对房价起根本决定作用。上海大学房地产学院副院长周洛华博士认为房价不是由成本决定的，但他也认为“房价不是由供求决定的”“房子的价格由该资产所隐含的预期收益和风险所决定的”（周洛华，经济学家是我的“敌人”，山西出版集团 · 山西人民出版社，2009 年 10 月第 1 版，第 15 页、21 页）。诚然，周洛华指出了影响房价的一个重要的特殊因素，但这并不能否定供求决定价格这一基本原理。房子的预期收益和风险也要通过影响供求来影响或决定房价，影响房价的因素多种多样，但这些因素最终都汇集为供给或需求两个方面，并通过供求的相互作用，影响或决定房价。

当然，关于目前的高房价，我们不能止步于供求决定论，而是要进一步追究决定供求的深层因素。本文认为，土地供给制度及经济发展模式等缺陷共同造成了我国商品房供求的扭曲，是我国高房价的深层根本原因。我国农村用地不能自由转让，国家对土地用于商品房开发的数量实行严格计划审批控制，农村土地转变为商品房用地必须经过政府征用，且不可突破国家控制的“红线”，房地产用地的供给是计划经济模式。1994 年我国开始城镇住房市场化改革，现在城市商品房需求已经完全市场化。历史经验告诉我们，计划供给与市场化需求不可能相吻合；又由于商品房用地受土地控制“红线”的绝对制约，增长无弹性，相对于增长较快的需求来说，存在较大的供给缺口。因此，僵化的土地供给制度是高房价的第一条“病根”。我国实行的是一种非平衡发展模式，具体表现为集中全国的人财物，优先发展个别领域、个别地区。一些大城市往往集政治中心、文化中心，经济中心、金融中心、产业发展中心、物流中心、科研中心、教育中心等于一身，而大片中西部地区长期以来没有得到发展政策应有的眷顾，经济积弱，文化教育落后，产业荒疏。因此“孔雀东南飞”，几乎全国的商品房需求都汇集到了北上广深大城市，造成了这些大城市商品房供求的严重不平衡。极端的非平衡发展模式是我国高房价的第二条“病根”。发展经济学家赫尔希曼认为，不同产业对国民经济其他产业的联系效应不同，一个国家应该选择联系效益大的产业优先发展（谭崇台主编，发展经济学，上海人民出版社，1989 年 10 月第一版，第 358 页）。本文认为，一国国民经济是一个不断演化着的有机系统，各产业间“血脉”相连，不能对其某部分人为的肆意拔高、降低或任意肢解拼凑，否则就会伤及经济有机体的“筋骨”，危害国民经济的健康协调发展。不幸的是，我国根据上述“优先发展理论”，选择了房地产作为优先发展并带动其他产业的国民经济支柱产业，最终导致了当前不利局面。不科学的经济发展理论是高房价的第三条“病根”。经济学家发明了 GDP，用来衡量一国或地区经济绩效的指标。国民创造的财富都表现为 GDP，并用 GDP 来衡量，但并非所有的 GDP 都一定是财富，更不一定是高质量的财富、健康的财富。因此并非 GDP 增长越快越好。但是我国政府似乎对 GDP 情有独钟，全力以赴千方百计做大 GPD。高房价无疑是做大 GDP 最便捷的手段，因此，面对目前舆论的强大压力，各地方政府对高房价也只能是适当调控，难以下狠心打压。经济发展的 GDP 导向，是高房价的第四条“病根”。

三、控制房价既要剪“疯枝”，更要除“病根”

高房价已成为众矢之的，政府也早就同时一再下决心治理高房价。但道高一尺，魔高一丈，房价屡创新高，治理高房价成为我国一个长期的历史任务，且前景不容乐观。高房价是中国经济的不治之症吗？不然。

我国高房价治理无效的主要原因有三个。一是恐怕控制房价会影响 GDP 的增长，有的甚至若有其事地指出，控制房价会危及中国经济。这种观点将控制房价会造成房地产及其相关领域里的一部分人暂时失业，认为是危及中国经济，其结论显然过于草率。暂时的结构性失业是经济发展过程中的一种自然现象，无法人为避免。高房价对国民经济的危害正像一个不断长大的肿瘤，不容再迁延犹疑。另一个原因是治理方法不对，如仅仅调整一下房贷利率、房地产交易税、房款首付比例，要求地产商不能囤地捂盘、地方政府加强市场监管或银行注意风险防范等，没有充分认识高房价的根源，不能从根子上治理高房价。高房价根生于我国不科学的土地供给制度、经济发展模式、经济发展理念及发展导向。彻底治理高房价必须对上述根本因素进行变革，舍此则别无他途。三是计划经济思维作祟。一些人认为治理高房价必须避免“硬着陆”，甚至房价年涨落应控制在 10% 以内等，以为房价也能带上龙套，植入计算机之类的程序进行控制，思维机械而肤浅。

当然，治理高房价不可能一蹴而就，需要一段较长的时间，但只有踏上正确道路，才能走到终点目标，而犹疑徘徊将一事无成。（2010 年 4 月）

55

金融风暴，金融扭曲的破坏性矫正

——当前金融风暴的成因及其启示

2008 年 7 月以来，美国次贷风波逐渐加强，演变为金融风暴。7 月 12 日美国第二大房贷银行 IndyMac 被迫关闭，9 月 7 日，房利美、房地美被美国政府托管，9 月 16 日，美国第四大投行，拥有 158 年历史，资产高达 6000 亿美元的雷曼兄弟公司宣布破产，美国股市当日狂泻 504 点，创下美国 2001 年 911 以来的最大单日跌幅，并从此江河日下。截至 2008 年 10 月 24 日，美国股市跌至 2003 年以来的新低。受金融风暴的影响，金融机构纷纷倒闭，华尔街五大投行高盛、摩根士坦利、美林、雷曼兄弟、贝尔斯登，其中三家已经不复存在，高盛与摩根士坦利也被迫变为商业银行；另外，美国相继有 11 家银行倒闭，117 家处于破产的边缘。估计美国金融业资产损失超过 1.4 万亿美元（国际货币基金组织，2008 年 10 月 9 日），全球金融资产损失高达 27 万亿美元（日本，每日新闻，2008 年 10 月 11 日）。受金融风暴的冲击，世界实体经济开始减速，多国经济出现衰退，较为悲观的观点认为，美国经济要放缓甚至衰退 3 至 5 年。

关于本次美国金融风暴成因，有各种不同的解读。有人认为产生于人们的贪婪和无知，有人认为原于房地产泡沫的破灭，也有人认为是由于金融生产力的过剩、错误的金融创新、美国政府监管的失败等等。从美国乃至世界近年来金融政策导向、金融机构经营手段及经营模式的发展现状来看，当前金融风暴实际上是市场均衡力量对金融扭曲的一种矫正，当然，这种矫正会给金融业及整个经济造成较为严重的破坏和损失。

一、金融机构扭曲发展，过度冒险终于翻船

近年来，金融机构特别是投资银行的经营模式发生了严重扭曲。投资银行的传统业务是金融中介，即将资金介绍给企业或项目所有人，或者将项目介绍给资本所有者，如证券的发行与承销、证券交易等，投行的主要收入是佣金收入。现代投资银行的经营模式发生了巨大变化，主要表现在如下两个方面：其一，金融中介业务退居其次，风险投资、资产证券化、金融创新等成为投资银行的核心业务。特别是近年来，投行大量从事风险极高的次贷及其衍生产品投资。例如，风险投资、次贷及其衍生品投资与交易已成为雷曼等华尔街投资银行的主要业务，其收入比重有的达到了 80% 以上。所谓次级贷款，就是给那些根据正常标准不具备贷款资格的人提供的贷款。次级贷款利率较高，但违约率也高，情况严重时达到 50%。2001 年以后，次级贷款规模在美国迅速扩

大，2003~2005 年增长格外迅速，2003 年达到 4000 亿美元，2005 年增加到 1.4 万亿美元，2006 年增长放缓。次级贷款共涉及近 500 万美国家庭。其二，投资杠杆比例奇高，约为 50 倍左右，即负债是资本金的 50 倍，有 1 元资本金，就有 50 元负债，而且基本为短期负债。这样，投行要不停地借新债还旧债，对现金流的稳定性极为敏感，要求相当高，经营中相对较小的亏损或者现金流稍有不畅，就可能使投行资不抵债或陷入困境，面临破产。

投资银行将其经营和发展的基本力点放在风险极高的次贷产品上，虽然可以实现十分丰厚的收益，但很难长期保持经营的平衡，一有风吹草动，就会出现危机。以雷曼兄弟为例。为了能够扩大次级贷款业务规模，雷曼先后收购了 BNC 与 Aurora 两家房贷公司，以便能有持续不断的次级房贷打包成债券出卖。次贷危机爆发前，雷曼成为华尔街打包发行房贷债券最多的银行，自家也积累了 850 亿美元的房贷资产，比摩根士丹利高出 44%。随着美国利率上调、房价下跌等宏观经济形势逆转，房贷违约率快速上升，雷曼所持有的次贷及其衍生产品的价值受到严重侵蚀，破产前累计亏损额达到 150 亿美元，而且据市场估计，还可能面临 460 亿美元左右的潜在亏损。早在 1999 年，雷曼就用账上资产作抵押大量借贷，再将借来的资金购买房贷资产，打包发行给投资者，将杠杆机制用到了极限。根据该公司 2008 年 5 月 31 日的季报，该公司的总负债高达 6132 亿美元，而所有者权益仅为 263 亿美元，杠杆指数高达 23 倍。考虑 460 亿美元的潜在亏损，雷曼此时实际已资不抵债。市场经济对经济异动信号的反应非常敏感，任何企业经营损益的不寻常变化，市场都会立即做出反应。受巨额亏损的影响，雷曼的信用价值迅速消失，投资者抛售所持雷曼债券，银行拒绝向雷曼融通资金；其股票也一路狂泻，截至 2008 年 9 月 17 日，雷曼兄弟股价在 180 个交易日内，从 62.19 美元跌至 0.13 美元，累计跌幅为 99.79%。9 月 15 日，雷曼已山穷水尽，正式发布公告，宣告破产。雷曼的破产有其必然性，内因就是过度的高杠杆高风险投资，外因是美国货币政策的突然转向及其所引起的房市大跌。美林、贝尔斯登等其他金融机构，也由于类似原因或破产关闭或被迫出售。

二、总量金融严重失重，根基遭损危楼倾覆

截至 2007 年第一季度，美国房屋抵押贷款余额约为 10.4 万亿美元（中

国经济研究报告，2008年8月5日第69期），其中次级贷款为1.3万亿（按13%比例计算），假设次级贷款损失率为30%，全部损失约为4000万美元，相对于美国13.2万亿美元的GDP来说也显得微不足道。但是次贷危机却引起了美国金融市场的剧烈动荡，其原因是什么呢？就在于美国经济的大厦已经过度倾斜，过度虚拟化和泡沫化。

首先，美国金融经济高度膨胀，过度虚拟化和泡沫化。2002年，美国金融业资产为37.9万亿美元，2004年为45.3万亿美元，2006年达到55.6万亿，其规模超过美国GDP的400倍，2002~2007年复合增长率超过10%。在金融资产中，金融衍生产品比重大幅增加，目前已达到约300万亿美元，是美国GDP的23倍，是股市和地产总值的11倍（章玉贵，上海证券报，2008年10月07日）。与此同时，金融业利润迅速增长。1990年，美国广义金融业产值占国内生产总值的比重为18%，首次超过制造业，2003年这一比重升至20.4%，2007年美国金融企业利润占美国企业利润总额高达40%（袁东、沈飞昊，上海证券报，2008年06月20日）。无论从资产规模、盈利水平以及其增长速度方面来看，美国金融业均远远超过美国国民经济整体的增长速度，更大大超过实体经济的增长速度，美国金融业越来越脱离其国内实体经济的支撑。另一方面，这一庞大的金融经济躯体蕴藏着巨大的泡沫。这是因为金融资产的价值具有虚拟性，受人的主观心理预期的影响很大，当通货膨胀引起金融资产价格上涨时，人们会形成金融资产进一步上涨的预期，从而引起更多的资金投向金融资产，进一步推动金融资产价格的上涨，如此循环往复，金融资产泡沫被推向极致，金融肌体日趋虚化脆弱。

其次，美国金融经济的根基不实，也已经高度泡沫化。由于美国刺激房市及发展金融业的政策导向，美国房地产市场近年来发展迅速，以房地产为基础的房产抵押贷款、再贷款、房贷支持证券等金融及金融衍生产品等迅速发展，房地产金融日益繁荣起来，而房地产金融的发展反过来又促进了房地产市场的膨胀。二者相互推动形成了金融和房地产的螺旋式上升，使房地产市场形成了巨大的泡沫。有关统计显示，2000~2007年，美国全国的住房价格增长了1倍，年复合增长12%以上。房价的超速上升使房地产业泡沫化。据估计，2007年初，美国房地产市场房屋总价值约21万亿美元，其中有8万亿美元是投机性价值，泡沫占房屋总价值的38%（大卫·科茨，乌有之乡，2008年10

月 22 日）。建筑在房地产业的泡沫之上，庞大的金融大厦还能安然无恙吗？

其三，长期偏颇的金融政策，将经济体系引向失衡。2001 年，美国发生了 IT 泡沫破灭和“911”恐怖爆炸两件大事，对美国经济造成巨大冲击。美联储为了防止经济衰退，采取了大幅降息政策，1% 的联邦基金利率维持了一年多，从 2001 年 9 月到 2004 年 5 月，短期利率一直在 3% 以下。自“911”以来，美国经济年均增长速度约为 3%，而广义货币（流通中的现金 + 支票存款 + 储蓄存款）年均增长率约为 7%，后者是前者的大约 2.3 倍。由于货币供应过多，不能被生产的扩大所吸收，大量货币追逐小量的商品，必然会引起物价上涨和资产泡沫，金融及房地产尤为严重。金融资产及房地产是现今社会最主要的投资品。作为投资品，不同于通常的实业投资，其特点是可以通过虚拟价值（建立在心理预期上的价值）的不断上涨来获得收益，无论其实际价值如何变动，其虚拟价值可以几乎毫无限制的上升。因此，金融、房地产资产往往会受到资金的青睐，当资金充裕时，更是受到强烈追捧，其价格也被轮番推到历史新高水平。

泡沫越来越大，最后必然会破灭。当物价上涨严重影响了经济的发展和社会稳定的时候，美国货币政策开始转向。自 2004 年 6 月以来，美联储连续 17 次加息，联邦基金利率从 40 年来的最低点 1% 升至现在的 5.25%。美联储大幅加息使货币供应减少，房价暴跌，美国经济泡沫随即破灭。美联储突然降息紧缩货币，显然打开了金融风暴的潘多拉盒子，但关键不在于谁打开了盒子，而在于魔鬼已在里面。美国过于宽松和严重偏斜的金融政策种下了金融风暴的种子。

近一段时间以来，美国金融风暴迅速横扫整个世界，全球股市连续暴跌，其原因有多个方面，如经济全球化、许多国家金融机构购买和持有了大量的美国证券，人们信心崩溃、市场出现恐慌等。但最根本原因应是，世界许多国家的经济都出现了不同程度的泡沫化。从 2001 年 1 月起，美国开始降息，日本、欧洲、英国等世界各国利率也降到历史最低，可以说全球许多国家进入了一个所谓“低利息时代”。低利率的推行必然使货币量增加并推高物价。从 1997~2006 年，全球主要经济体狭义货币 M1 与 GDP 的相对比例，美国从 40.6% 提高到 53.3%，欧盟从 24.1% 提高到 44.6%，日本从 29.5% 提高到 78.5%。过去 10 年，全球狭义货币 M1 与 GDP 的相对比例上升了 50% 以上，广义货币 M2 与 GDP 的相对比例上升了 30% 以上。1996~2006 年，英国房价上涨 187%；据共同社报道，截至 2006 年底，全球股票市场上的股票总市值达到 50.6 万亿美元，比 2005 年同期增长 23%。1993 年，全球金融资产价值为 53 万亿美元，为当年全球 GDP 的两倍，到 2003 年，全球金融资产价值就达到 118 万亿美元，约为当年全球 GDP 的三倍。2006 年，全球的金融系统继续充盈着大量的股票、债券和其他金融资产，总值已经超过 150 万亿美元。显然，全球范围内的金融、地产等资产价格中早已蕴藏着巨大泡沫，只是于现在被美国引爆。

三、走上正途，路在何方

2008 年 10 月 3 日，美国众议院通过 7000 亿美元救市方案，其他国家也纷纷向金融机构注资救市。当前，美国及世界经济急于摆脱困境，走向健康发展的轨道，各国政府及经济界人士都积极为金融业的健康持续发展出谋划策。本文认为，本次金融危机可以得出如下启示，我们应该认真吸取教训，在以后的国家经营中进行系统的政策调整和创新。

首先，需要树立正确的经济发展观。市场经济有其自身的规律，人们必须认识和顺应这些规律，而不能违背这些规律。多年来，许多国家误认为通过扩大货币供应就可以刺激经济快速发展，纷纷大幅度的增加货币供应，不切实际的追求经济的高增长和社会的快速繁荣，追求短期效应和任期业绩，结果导致了全球性的通货膨胀，引发了当前的金融风暴。要保持经济健康可持续发展，不能随意过分的动用所谓货币政策刺激经济，必须使货币的增加与经济的增长保持适应。经济发展的质量及其速度主要取决于经济经营实体的素质及经营和创新活力，政府应将工作的重点转向供给方面，着重从改善投资环境、完善经济机制、培育人才、服务创新等方面用力。

其次，必须保持国民经济各行业的相对均衡发展，特别是虚拟经济与实体经济的相对均衡发展，使各个行业相互支撑，相互促进。任何行业的单独过快发展，都会产生泡沫，造成浪费，危害国民经济整体的健康。

再次，必须适度加强金融监管，优化设计金融产品创新、交易及金融业经营机制，明晰金融产品创新、交易及经营中的责、权、利关系，尽量缩短责任追溯环节，增强风险的可控性。对于质量模糊、定价机理不清的金融产品，应避免上市。有人说这次危机是自由主义的错误，但实际上更是国家干预主义的错误。强发货币刺激经济，是国家干预主义的重要思想主张。正是因为国家奉行了这种思想和主张，才造成了巨大的金融和地产泡沫。

最后，应加强全球合作，力求共同发展。在过去长时期的国际竞争中，发达国家希望继续保持和扩大超前优势，而落后国家则急于赶超。相互博弈的结果是各国都长期实行低利率，以便促进投资的增长，使自己的产品占领别国市场。这样，全球性通货膨胀乃至金融或者其他方面的危机也就在所难免了。维持世界经济的可持续协调发展，必须抛弃过去以邻为壑、相互掣肘、机会主义的经济政策，实现各国经济竞争和经济发展中的合作博弈。（2008年11月）

56

经济急剧退潮，谁能主导沉浮

——当前宏观调控浅议

一、有形之手力挽经济狂澜

2008年下半年以来，世界各主要经济体纷纷推出重量级“救市”措施，试图减轻经济退潮的冲击，力挽经济下滑狂澜。一是货币政策措施，即通过降低利率，降低准备金率甚至央行增发货币，增加经济中的流动性。2008年12月16日，美联储将联邦基金利率由1%降低到0.25%的历史最低点。2009年3月18日，美联储开始实施定量宽松货币政策，也就是开动印钞机，直接向社会供应货币。日本、欧洲等主要经济体也纷纷将基准利率降低到历史低点，并在不同程度上实行了定量宽松政策。从2008年9月以来，我国连续五次下调利率，四次下调存款准备金率，加之鼓励银行对企业贷款的政策，货币供应量连创新高，2009年一季度人民币新增贷款达4.58万亿元，超过往年全年新增贷款金额，为历年所罕见。

二是财政措施，即增加政府支出救助或刺激经济。如美国布什政府及奥巴马政府分别推出的7000美元亿及7870亿美元的财政救市方案，英国政府的5000亿英镑财政救市方案等。我国中央政府决定将在2010年底之前投资约4万亿元人民币，各地方政府计划的财政投资约18亿元，合计规模达22亿元之多。总体上讲，美欧各国方案的重点是救助陷入困境的银行、保险等金融机构以及减税、救助困难群体。而我国财政支出的重点是基础设施建设及扶持产业发展。

二、宏观调控能否降伏市场规律

所谓宏观调控，是指凯恩斯主义所主张的关于政府干预国民经济的一系列政策措施。其基本点是通过扩大或减少货币供应、增加或减少财政支出来熨平国民经济的波动，阻止经济过热及衰退，或者刺激经济的复苏甚至推动经济的发展。根据凯恩斯经济学的观点，当经济处于衰退期，有效需求不足，产品过剩，企业歇业或倒闭，工人失业。而工人失业又会进一步加深需求不足，以至形成恶性循环。这时，市场处于失灵状态，政府必须利用有形之手进行干预，包括增加政府投资和转移支付、增加货币供应等，将经济推出衰退的旋涡，走向健康发展的轨道。许多人认为，罗斯福总统就是根据凯恩斯主义的思想，实施了一系列新的施政措施，成功破解了美国20世纪30年代的经济危机，将美国经济推上一个新的发展高度。罗斯福“新政”成为当今诸多国家效法的楷模。当下世界经济一片萧条，哀鸿遍野，各市场经济政府纷纷祭起了“新政”的大旗。

反对政府救市特别是大规模救市的理由有如下几个方面。其一是救市有违公平。美国百名经济学家反对美国政府救市的第一条理由就是“公平性”。他们认为：这是用纳税人的钱去补贴给投资者。投资者在赚钱的时候自己获利，亏损了却要全民买单，不公平。其二是救市没有效果。我国著名经济学家张维迎、许小年等认为，中国不需要凯恩斯主义。他们认为，目前美国、中国这些救市政策只能延缓危机，把危机的时间变得更长，而不是变得更短。著名管理咨询顾问袁晓明（上海证券报，2009年2月16日）认为，美国之所以能够走出在20世纪30年代的经济危机，是因为第二次世界大战的爆发，刺激了对美国产品的需求。罗斯福的政策实际上是延缓而不是刺激了美国的经济复苏。其三是救市具有不良作用。救市会破坏市场机制影响市场效率。美国百名经济学家认为，政府实施救助计划“从本质上讲是为了避免短期的崩溃而弱化市场，是非常短视的。”它的不良作用将会影响整整一代人。北京大学中国经济研究中心周其仁教授认为我国近期货币投放太多了，眼下看起来好像会对经济带来高增长，但是也会带来不良后果。

本文认为，对宏观调控的观察与思考，应该放在整个社会的大系统及社会经济发展的历史过程中进行，唯其如此，才能对其有一个较为准确的认识。

首先，宏观调控有利于维护社会稳定，避免社会灾难。当经济出现大幅衰退的时候，大规模的企业破产及大面积的失业往往会给一国的市场经济结构造成急速的粉碎性破坏，引起社会的剧烈动荡。这时，国家有必要动用货币及财政手段，包括降息、减税甚至直接资助困难企业和失业工人，避免经济及社会悲剧的发生。

其次，宏观调控无法解决经济衰退的深层次问题，无法消除经济危机的根源，也无法有效推动经济的快速增长。如当出现消费需求或投资不足时，政府采购或投资可以予以弥补，但政府采购或投资并不能消除市场中需求或投资不足的原因，一旦政府采购或投资结束，市场需求或投资不足仍会重新出现。因此，彻底解决经济衰退及危机的深层次问题，需要宏观调控之外的手段。至于运用政府投资来推动经济的发展，也往往更是事倍功半，因为政府的决策行为缺乏足够的激励与约束机制，且在决策信息获取方面也处于劣势。

再次，过度的宏观调控有害于经济的健康发展。一是过度调整会扰乱市场正常秩序，使企业无法作出符合市场实际的经营决策。如为刺激经济复苏，政府大规模扩大采购，市场需求一片繁荣，企业根据市场需求扩大这一现象决定扩产，但一旦调控结束，企业就会因产能过剩遭受损失。宏观调控时充裕的流动性及极低的利率，也会使企业的资金利用及其成本决策与真实市场基本面相差甚远，使企业日后陷入经营困难。二是过度调控往往会延缓经济的调整过程，阻止经济调整到位，甚至保护了落后的生产力和落后企业。三是过度调控会使市场机制严重破坏，降低经济发展的质量，甚至最终使经济荒废。如政府为了推动经济快速发展，长时期人为压低利率，扩大货币供应，最终必然陷入市场紊乱的泥潭。

最后，宏观调控对国民经济的长期可持续发展基本无所可为。一国经济发展的基本路径、规模、质量、速度及所能达到的高度，取决于其社会政治经济制度、思想价值观念、公民素质及资源禀赋等综合因素。宏观调控无法根本左右由上述因素决定的经济发展路径及其态势。正如意大利著名经济发展史学家卡洛·M·奇波拉所总结的那样：工业革命之所以首先发生在英国，主要是因为该国……社会和政治结构，人民精神面貌以及价值标准已经发展到适合工业化的程度。……工业革命在漫不经心观察者看来仅仅是经济和技术问题，实际上它是可怕的非常复杂的政治、社会和文化大变动问题。当然，这并不是说经济发展与一国的货币及财政政策无关，相反，货币及财政政策的健全稳定是一国经济健康发展的必要前提。正是因为经济的健康发展需要稳定的货币及财政政策，通过货币及财政政策的大幅变动来展开的宏观调控才是应该尽力避免的。

三、经济健康发展不在于调控，而在于改革与创新

经济植根于社会系统之中，受各种社会因素的影响和制约，政府和市场是影响经济的两个重要方面。然而，人们在观察和处理经济问题时，往往偏重于某一方面，忽视另一方面，甚至以偏概全。忽视市场机制的建设，忽视政府监管机制的建设，忽视核心竞争力的培育，过于夸大宏观调控的作用，以行政手段代替市场机制，拔苗助长，都是其中较为典型的表现。当前的经济危机，在很大程度上是政府利用宏观调控手段对国民经济拔苗助长的结果。政府的本位是维护、监管、改革与创新。为了经济的健康发展，政府应将宏观调控束之高阁，将工作的重点放在产权制度建设、市场法制建设、市场机制建设、市场竞争监管、保护市场活力等方面。

为了救市，世界各国不惜财力，但也应该适可而止。救市规模并非越大越好，经济的率先复苏也并非首选，关键是要抓紧解决产生危机的深层矛盾，明确经济发展的科学路径，调整和优化经济长期可持续发展的内在机制。因此，谁能根据当前市场经济的变迁及发展趋势，针对经济发展中出现的新矛盾、新问题，适时推出新的改革和创新，谁就能有效地摆脱经济衰退，重拾健康发展的道路，保持经济的长期可持续发展。（2009 年 4 月）

57

现代文明本质上是商业文明

一、重商主义，现代文明的一缕曙光

古代社会，人们对商业的认识处于蒙昧阶段，认为商业不创造价值，普遍重农轻商，将商业看作低俗的活动。古罗马著名政治家西塞罗在其《论责任》一书中表达了那个时代的普遍观念："公众舆论把各行各业分为高尚的和低俗的两类。我们谴责令人可憎的海关官员和高利贷者，以及非技能型劳动者卑贱低下的工作，因为他们获得的工资只是一种奴隶的象征。同样可鄙的是零售商的业务，因为他们除了虚情假以外很难获得成功，而虚情假意正是世上最令人可耻之事。工匠的工作也是不体面的，一家作坊绝无任何高尚可言。"

欧洲中世纪晚期，人文思想觉醒，即所谓"文艺复兴"，提出以人为中心而不是以神为中心，肯定人的价值和尊严，主张人生的目的是追求现实生活中的幸福，倡导个性解放，反对愚昧迷信的神学思想，认为人是现实生活的创造者和主人。随之，商业经营成为人们创造财富、追求幸福的重要活动，并逐步形成了巨大的社会潮流，重商主义就是这一商业经营潮流的思想总结，也是"文艺复兴"人文思想在经济领域的反应。重商主义是商业文明的开端，也是近代人类文明的开端。这一时期，人们对商业的认识大为改观，经商成为一种十分高尚的职业，富人、穷人、国王、执政者都成了金钱的奴隶，商人的地位大大提高，成为"第三等级"中重要组成部分。

二、商业文明，现代文明的机体

中世纪盛行庄园经济，各庄园自给自足，相互独立，没有什么联系，后来小微商业逐渐兴起，出现了贸易，但也仅限于城市的内部贸易，城市构成了一个个独立的经济单位，各城市之间几乎没有联系；重商主义及其大规模商业贸易实践活动，必然需要打破这种社会的碎片化状态，将其连为一体，达到“商行天下”，重商主义的这种思想和追求，促进了近代民族国家的形成。

重商主义把资本主义的营利观点灌输到政治上，国家似乎是只由资本主义企业主所构成：其对外经济政策坚持尽量廉价买入，高价卖出；其目的在于通过扩大国家对外的支配权力，使商人赚取更大的利益，使国家获得更多的税收，重商主义重塑了近代国家政治经济观念，推动了国家权利的发展，重商主义赋予国家权力新的使命。

商业惯例上升为国家经济法律，开启人类由身份社会到契约社会的转变。1673年，法国国王路易十四颁发了《陆上商事条例》，1681年颁布了《海事条例》，此为国家制定的最早的商法典。有关研究揭示，路易十四时代的商法典基本是商人的作品。在这部1673年商法的制定中，商人雅克·萨瓦里（Jacques Savary）扮演了关键性的角色，以至于这部商法典又被命名为萨瓦里法典（Code Savary）。这部法典的素材主要来源于各种商业手册（practical manuals），而雅克·萨瓦里本人即是这种商业手册的作者，他于1675年发行的《商人大全》是那个时代通行的商人教科书。德国从18世纪起也以商人习惯法为依据，开始制定成文商事法，当时的成文法主要有：《普鲁士海商法》《普鲁士票据法》《普鲁士保险法》等。欧洲各国早期的商事成文法实质上仅仅是对中世纪商人习惯法的确认，其内容明显带有浓厚的商人法或属于人法的特征。1804年，《法国民法典》颁布，亦即《拿破仑法典》，1807年通过了《法国商法典》。《拿破仑法典》是人类历史上资产阶级国家的第一部民法典，是世界法制史上的一个里程碑，其立法精神和原则也为后来许多欧洲国家借鉴和效仿。《法国民法典》《法国商法典》对《商事条例》和《海事条例》进行了大量的继承。

三、宪政民主，商业文明的新阶段

1688年，英国发生光荣革命，英国议会颁布《权利法案》，规定扩展国家的权力只应该是为了保护人们的自由和财产权利，奠定了英国君主立宪政体的理论和法律基础，确立了议会所拥有的权力高于王权的原则，标志着君主立宪制开始在英国建立，以法律形式对国王的权力进行制约，人类社会开始由专制转向民主，由人治转向法治。《权利法案》撤销了授予特别垄断权和干预自由竞争的旧法律，重商主义的原则被继续用于和殖民地的交易，但是在国内的商业范围内，许多限制逐渐被取消，重商主义逐渐退出历史舞台，自由主义思潮兴起。1776 年 3 月，亚当·斯密的划时代巨著《国富论》问世，在人类历史上第一次对政治经济学的基础问题作出了系统地研究，创立了一个完整的理论体系。《国富论》认为，个人财产所有权是个人自由最重要的部分，应该受到充分保护，市场是一只“无形之手”，可以自动调节供求，国家只应是“守夜人”，不能干预市场。该经济自由主义思想理论在英国本地及欧大陆引起了革命性的影响，对资本主义的发展起到了巨大地推动作用，亚当·斯密被世人尊称其为“现代经济学之父”和“自由企业的守护神”。

1844 年英国《合股公司法》诞生，此为世界第一部公司法，确立了以登记方式成立法人的程序，成立公司再无须政府特许，极大地简化了公司设立的程序；同时也确立了公司完全公开的原则，将公司注册登记情况向社会公开，有力地保护了公众利益。从此，自由经商、追求个人幸福、契约自由开始成为人们的权利，也成为现代文明社会的基本价值观。

宪政民主、自由平等是现代文明的核心价值观，其实质可归结为人民主权，包括政治主权与经济主权，而政治主权又为经济主权服务，以经济主权为依归。古典自由主义思想的集大成者洛克，在其《政府论》中驳斥了当时占统治地位的君权神授说和王位世袭论，系统地阐述了政府形成于公民的契约，政府的职责就是保护私有财产。洛克关于政府的论述说明，现代文明的核心及宗旨是商业文明。

四、政府干预，为商业文明护航

1929 年美国爆发经济危机，并迅速波及欧洲等地区，1933 年罗斯福出任美国总统，采用凯恩斯理论，对市场经济进行干预，拯救银行；开展政府投资，大规模兴建公共项目；建立社会保障体系，通过了《社会保障法》，使退休工人可以得到养老金和保险，失业者可以得到保险金，子女年幼的母亲、残疾人可以得到补助。20 世纪 70 年代初期，先后爆发两次石油危机，导致整个资本主义世界陷入了“滞胀”困境。面对“滞胀”，凯恩斯主义政策束手无策，新自由主义开始崛起，由理论、学术而政治化、国家意识形态化、范式化，成为欧美国家主导思想和政策观念，其标志性事件是 1990 年的“华盛顿共识”。该共识主张减少政府干预，开放市场，改革国企，保护私人财产权等。无论是凯恩斯主义（政府干预主义）还是新自由主义，都有一个公共的前提，就是私有产权，市场经济，契约自由，它们都只是对市场经济的微调与呵护，都没有改变市场经济的基础和主导作用，也不可能根本改变商业文明的发展方向和在人类社会文明中的本质作用。（2016 年 9 月）